I0127334

HISTOIRE

DES MONSTRES

DEPUIS L'ANTIQUITÉ JUSQU'A NOS JOURS

Tb 70

IL A ÉTÉ TIRÉ DE CE LIVRE 25 EXEMPLAIRES
SUR PAPIER TEINTÉ DE RENAGE

·HISTOIRE

DES MONSTRES

DEPUIS L'ANTIQUITÉ JUSQU'A NOS JOURS

PAR

LE DOCTEUR ERNEST MARTIN

LAURÉAT DE L'ACADÉMIE DE MÉDECINE
EX-MÉDECIN DE LA LÉGATION DE FRANCE A PÉKIN
CHEVALIER DE LA LÉGION D'HONNEUR
DE L'ORDRE IMPÉRIAL F.-J. D'AUTRICHE, DE CHARLES III D'ESPAGNE
ETC., ETC.

PARIS

C. REINWALD ET Cie, LIBRAIRES-ÉDITEURS

15, RUE DES SAINTS-PÈRES, 15

1880

Tous droits réservés.

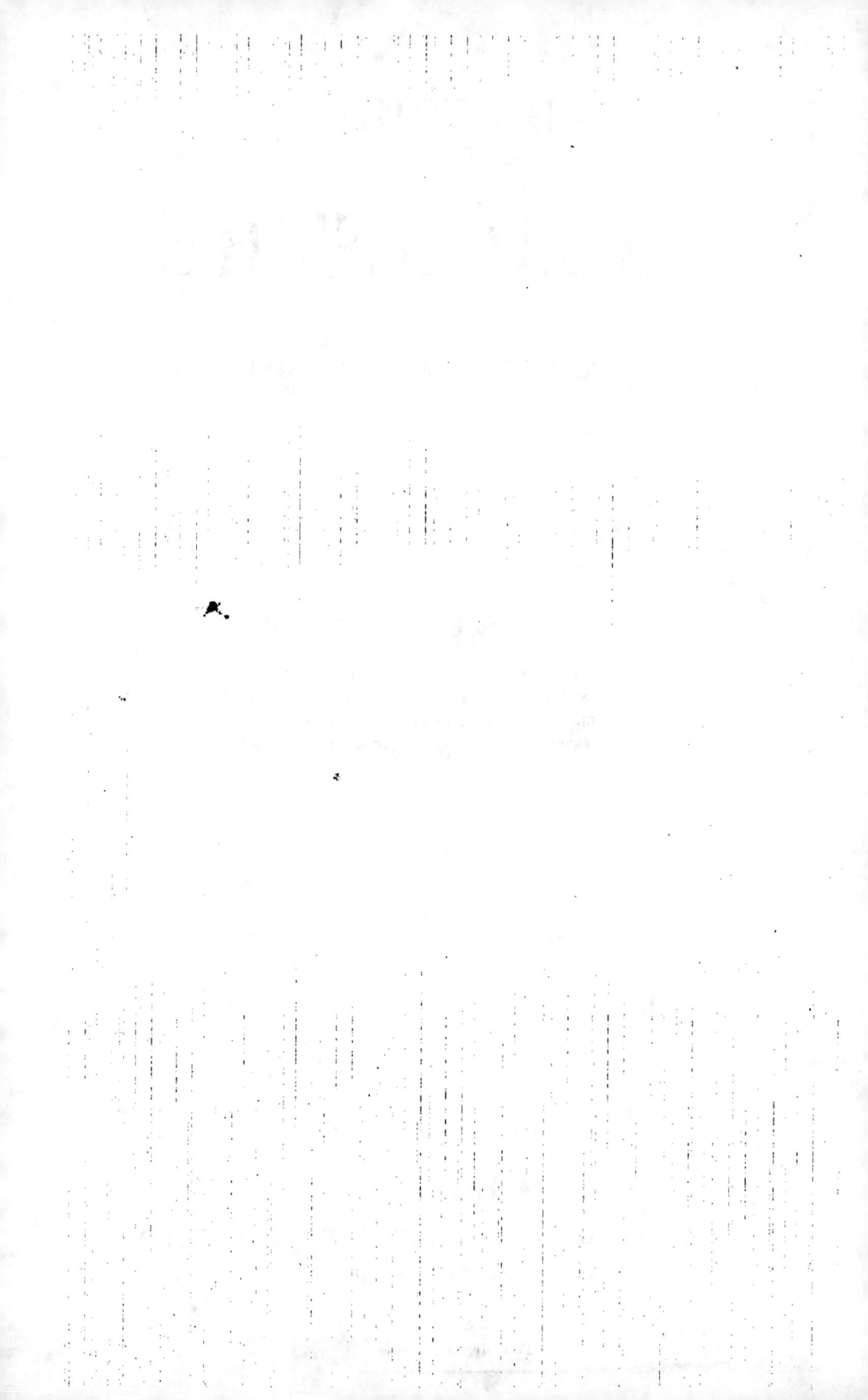

INTRODUCTION

Ce fut une séance mémorable que celle dans laquelle Etienne Geoffroy Saint-Hilaire présenta, à l'Académie des sciences de Paris, le 9 janvier 1826, un monstre humain trouvé à Hermopolis dans un sarcophage de la sépulture réservée aux animaux sacrés.

Un fait important venait de se produire ; un habile archéologue de Trieste, M. Passalacqua, était arrivé à Paris, avec une riche collection d'antiquités provenant de fouilles qu'il avait lui-même dirigées dans les ruines et les tombeaux d'Egypte. Parmi les objets de cette collection, acquise en grande partie, depuis, par le musée de Berlin, se trouvait une momie, et, près d'elle, une amulette en terre cuite, représentation grossière, mais fidèle, d'un singe, et dont l'attitude accroupie était tout à la fois celle de la momie et celle qu'on avait coutume de donner aux animaux de cette espèce ;

d'où l'on avait conclu que les bandelettes recouvraient le corps d'un singe ; mais, comme la taille et les dimensions dépassaient celles des animaux de ce genre, ensevelis dans les mêmes catacombes, on s'était demandé s'il n'y avait pas là quelque étrangeté et par conséquent quelque détermination à faire qui pût intéresser la science.

On fit donc appel aux lumières d'Et. G. Saint-Hilaire et c'est le résultat de son examen qu'il vint lui-même annoncer dans cette séance.

Aussitôt que les bandelettes enlevées eurent mis à découvert la momie, ce savant reconnut qu'il avait devant lui un être humain et en même temps monstrueux. Le doute n'était pas possible ; il s'agissait bien, en effet, d'une de ces anomalies de l'organisation, qu'il venait d'étudier avec tant de soin et qu'il avait décrite dans plusieurs mémoires sous le nom d'*Anencéphales*, c'est-à-dire d'êtres privés de cerveau ; une circonstance venait encore éclairer et appuyer cette détermination : en effet, le nez avait été creusé dans le but d'extraire toute la substance cérébrale qui, suivant la pratique ordinaire des embaumements, devait être remplacée par une coulée de bitume ; cette circonstance prouve que l'on ne s'était pas aperçu que le crâne, ouvert à la région supérieure, était vide de matière cérébrale, fait qui est la caractéristique des monstruosités de cette espèce.

Ainsi, on avait embaumé, puis enseveli un être né d'une femme, mais dont on regardait l'origine comme bestiale ; on l'avait assimilé à un animal, mais d'une espèce qui, dans la symbolique égyptienne, occupait le premier rang et dont la religion prescrivait de conserver pieusement les restes ; on l'avait, en un mot, honoré comme un animal sacré ; on l'avait exclu des tombeaux humains, mais la nécropole d'Hermopolis l'avait recueilli et la postérité devait un jour trouver en lui le témoignage indiscutable de la croyance des Égyptiens dans l'origine bestiale des êtres humains monstrueux.

LES MONSTRES

DEPUIS L'ANTIQUITÉ JUSQU'A NOS JOURS

CHAPITRE I.

LES LÉGISLATIONS ANTIQUES ET LES MONSTRES.

Jusqu'où faut-il remonter pour apercevoir des traces d'une législation relative aux êtres humains monstres?

Nous essayerons d'interroger ce qui se passait chez les peuples qui ont le plus marqué dans l'antiquité. Le plus ancien ouvrage connu, ayant trait à la médecine hindoue, le *Susrutas Ayurvedas,* ne fait aucune mention du sort réservé aux monstres; tout ce qu'on peut avancer, c'est qu'aux premiers temps de l'Inde, par conséquent à l'époque du brahmanisme, le pouvoir paternel est absolu, mais ce droit est insuffisant à lui seul pour qu'on en puisse conjecturer quoi que ce soit à l'égard des traitements exercés envers les êtres monstrueux; quant aux lois de Manou, elles sont partout également muettes sur ce point. Si de l'Inde on passe à la Perse, il semble que chez ce peuple

1

l'infanticide du monstre a été une pratique constante ; cette assertion se rencontre dans Tite-Live, Sénèque, Justinien, mais ces auteurs ne nous paraissent pas s'appuyer de preuves suffisantes : d'un autre côté, Hérodote, au paragraphe 136 du livre des *Histoires,* où il traite de l'éducation des enfants, aurait vraisemblablement fourni quelques renseignements sur ce point, tandis que son silence nous autorise à suspendre notre jugement à l'égard de la législation tératologique persane. Quant aux livres éraniens postérieurs à Hérodote, ils sont tous muets sur ce point. Les auteurs latins que nous avons cités plus haut signalent l'usage de l'immolation des monstres chez les Gaulois ; ici leur affirmation serait plus acceptable, en raison de ce qu'on sait de la fréquence des sacrifices humains chez ce peuple.

En Égypte, le récit qui fait le sujet de l'Introduction de cet ouvrage suffit à lui seul pour éclairer la question des traitements réservés aux monstres ; la découverte d'Hermopolis est un témoignage éclatant que ces êtres étaient mis au rang des divinités.

En Grèce, et spécialement à Sparte, les sources auxquelles on peut puiser des documents sérieux sont multiples.

Tout célibataire était privé de ses droits civiques ; aussi les mariages étaient-ils fréquents ; mais la privation de ces droits n'était pas la seule raison qui engageât à contracter des unions : la nécessité de se créer une postérité qui assurât aux mânes le repos et le bien-être dans l'autre vie, était un mobile bien

autrement puissant que la jouissance des priviléges
inhérents à l'institution du mariage ; c'est pourquoi,
à quelque âge qu'il fût arrivé, si un père veuf avait
perdu ses enfants, il faisait tous ses efforts pour contracter une nouvelle union ; et la façon dont Lycurgue
avait réglementé les conditions du mariage était la
garantie la plus sérieuse de la fécondité de la seconde épouse ; en effet, il la choisissait jeune, puis,
pour peu que son âge lui rendît suspectes ses forces
viriles ou le résultat qu'il en attendait, il la remettait
entre les mains d'un homme également jeune, robuste et sain [1] ; car, en dehors du culte rendu à
ses ancêtres, et qui constituait le seul indissoluble
lien à la famille, tout enfant appartenait à l'État ; il
ne devait donc être issu que de parents vigoureux,
afin d'être un jour lui-même supérieur en beauté,
en force et en stature. Avec de tels parents et de tels
procédés, c'était bien vraiment, suivant l'expression
de Platon, la patrie qui enfantait, qui nourrissait et
qui élevait.

Il en résulte donc que le père n'était pas libre de
disposer du sort de son enfant ; car, si sacré que fût
le culte des ancêtres, les intérêts de la patrie passaient encore avant cet enfant : aussitôt né, il était
porté au Lesché, afin d'être soumis à l'examen des
plus anciens de la cité ; s'il ne présentait aucune conformation défectueuse, il était déclaré apte à être
élevé, et à partir de ce moment il lui était assuré en

[1] On retrouve cette coutume dans l'ancienne Allemagne (Miche-
let, *Origines du droit*, p. 53).

héritage un neuf-millième des parts de terre appartenant à l'État.

S'il était contrefait, il ne pouvait plus reparaître au foyer de la famille; alors on le transportait au bord d'un gouffre, voisin du mont Taygète, et on l'y précipitait. Ce gouffre, appelé Apothètes, était profond, et la victime y était à jamais ensevelie.

Ce procédé sommaire, revêtu de formes juridiques, subordonnait donc, avec une effroyable rigueur, le droit de la famille à ceux de la cité; il effaçait les sentiments naturels au profit de l'idée de patrie; mais il assurait à l'État une population forte, saine et exempte d'infirmités. Une semblable institution existait-elle à Athènes? Plutarque n'en fait pas de mention expresse; cependant il n'est pas douteux que, eu égard aux pronostics dont les êtres monstrueux étaient rendus responsables, eux et leurs mères, ils n'étaient guère mieux traités qu'à Sparte.

De la Grèce passant à Rome, on découvre une législation tératologique qui prouve que l'esprit juridique de cette nation ne négligeait aucun des sujets susceptibles d'une réglementation.

Romulus défendit tout homicide d'enfant mâle ou de fille première-née, à moins d'une mutilation originelle; si l'enfant venait au monde avec une difformité, les parents ne devaient pas non plus l'exposer avant que cinq voisins eussent donné leur assentiment [1].

[1] Necessitatem cuique imposuit Romulus educandi omnem virilem prolem et filias primogenitas : et vetuit ne ullum fœtum trienno

Le droit papirien, recueilli sur la fin de la domina-
tion des rois, et aboli par la loi Tribunitia au nom
de la haine que ceux-ci avaient encourue, ne contient
aucune disposition légale relative aux monstres ; c'est
à ce moment que parut la loi des Douze Tables.
Or, cette loi s'occupe des monstres, et s'exprime
ainsi : « Qu'il soit permis de tuer sur-le-champ un
enfant monstrueux ! » Ce n'est là, d'ailleurs, que l'extension du droit accordé au chef de la famille d'exercer la justice à l'égard des siens, d'une manière
absolue et sans appel ; en consacrant ce droit, le lé-
gislateur était fondé à en regarder l'abus comme impossible ; quel intérêt, en effet, pouvait avoir à le
commettre un père à l'égard d'un fils dépositaire de
ses destinées éternelles, puisqu'après sa mort c'est
ce fils qui doit lui offrir les repas funéraires et assurer la sécurité de sa tombe ?

Le chef de la loi qui vient d'être rappelé nous a
été transmis par Cicéron dans son *Traité des lois* [1],
mais sans aucun commentaire ; Denis d'Halicarnasse
le reproduit aussi, et il ajoute que les décemvirs, qui,
avec l'aide des matériaux rapportés de la Grèce, co-
ordonnèrent les Douze Tables, ont extrait le précepte
tératologique du code de Romulus [2] ; mais il lui

minorem necarent nisi infans aliquis mutilus aut prodigiosus statim
in ipso partu editus fuisset : neque vetuit istius modi monstrosos
partus a parentibus exponi, dummodo eos priùs ostenderent quinque
vicinis proximis si et ipsi id comprobarent. (Ex Dion. Halic., IC,
2, 15.)

[1] *De legibus,* lib. III, § 8.
[2] Lib. III, *Antiq.*, p. 88.

ont fait subir une modification qu'il importe de signaler : la disposition en usage au temps de Romulus était restrictive, le sacrifice était toléré seulement, tandis que, d'après le code décemviral, l'immolation de l'être né monstrueux était ordonnée, et il n'était nullement nécessaire de demander l'avis des voisins et d'attendre leur assentiment ou leur refus; il semblait qu'il y aurait eu cruauté à différer jusqu'à l'âge de trois ans la consommation d'un sacrifice suffisamment justifié par une monstruosité notoire. Dans son *Dictionnaire des arrêts des Parlements de France* [1], Brillon estime que par cette loi tout père avait le droit de tuer son enfant, que les monstres privés de forme humaine sont inaptes à succéder, mais que cependant ils ne cessent pas d'être comptés au nombre des enfants, afin de conserver au père des privilèges et des exemptions qui sont en proportion avec ce nombre.

Brillon met-il à découvert l'esprit formel de la loi? en est-ce, en un mot, la véritable restitution? Il est assez difficile de se prononcer; car il existe une extrême diversité dans les textes fournis par les auteurs, ce qui tient à l'influence qu'a exercée sur le jugement des romanistes l'institution de la puissance paternelle; il leur arrive communément de confondre le droit de vie et de mort avec le droit de tuer les êtres nés monstrueux. Si explicite et si catégorique que soit le jurisconsulte dont nous invoquons l'autorité,

---

[1] T. IV, p. 130, *Loi des Douze Tables*, édit. 1727.

il n'en est pas moins le seul à attribuer à la loi cette
disposition restrictive; il se peut donc qu'il n'ait exprimé qu'un sentiment personnel insuffisamment appuyé de preuves.

Dans ses *Commentaires sur la loi des Douze Tables* [1], Bouchaud dit que le droit d'immoler les
monstres engendra des effets funestes, lorsque les
croyances primitives se furent affaiblies et que le
culte des ancêtres éprouva un commencement de désuétude pour faire place à une nouvelle religion; il
arriva alors que des pères immolèrent leurs enfants
sans qu'ils fussent difformes. Suétone, Tacite, Tertullien rapportent qu'un grand nombre étaient exposés et que le Tibre roula à la mer beaucoup de
victimes dont les pontifes avaient décrété la mort et
parmi lesquelles figuraient surtout des androgynes.
Suivant Tite-Live [2], Sénèque [3], Tibulle [4], ces derniers n'étaient jamais épargnés; Cicéron [5] confirme
cette assertion, et Turnèbe [6] ajoute que parfois ils
étaient brûlés.

Peu à peu cependant, le droit romain sort de cette
période impitoyable qui ne transige pas avec les
monstres et les sacrifie sans merci; il cherche à définir et à établir des catégories [7]. Les expressions

[1] Édition de 1787.
[2] Liv. XXVII, § 4.
[3] *De irâ*, lib. I, § 15.
[4] Liv. II, élég. v, vers 80.
[5] *Traité de la divination.*
[6] *Adversarior.*, lib. XXVIII, § 11.
   Ulpien, loi **28**, Digest., *De verb. sign.*, **50**, 16 ; loi 14, Digest., *De
statu hom.*, I, 5.

de *portentum* et d'*ostentum* désigneront une simple anomalie, et celle de *monstrum* s'appliquera exclusivement à tout être qui n'a pas forme humaine; or, les anomalies ne privent pas de la capacité personnelle les individus qui en sont affectés [1], tandis que les monstres qui n'ont aucune apparence humaine sont dépossédés de toute personnalité [2].

Dans la loi 10, au paragraphe 11, *De œdilib. edicto*, XXI, 1, Ulpien se demande si ceux qui sont seulement contrefaits peuvent être considérés comme atteints d'un vice auquel s'applique l'édit; il tranche la question par la négative, ce qui indique que le cas était litigieux. Ce même jurisconsulte recherche ensuite si, après le testament, un enfant malformé, mais qui a respiré, vient à naître, le testament ne doit pas être annulé [3]; cette fois il se prononce pour l'affirmative, et cependant on rencontre une solution différente dans une constitution de l'empereur Justin, loi 3, code *De posth. hœredit.*, d'après laquelle la naissance d'un posthume, fût-ce un monstre, pourvu qu'il ait respiré, entraîne la rupture du testament. Enfin Ulpien cherche à savoir si, par application des lois Julia et Pappia Poppæa, le monstre peut entrer en ligne

---

[1] Paul, *Sentences*, IV, 9, §§ 3 et 4.

[2] Certains commentateurs du droit romain ont déduit de la loi 44, Digest., liv. II, tit. VII, la règle que la formation de la tête aurait été, suivant ce droit, le signe distinctif des monstres. Il y a là erreur : dans les passages où le mot *caput* est employé, il signifie *personnalité juridique* et n'a aucun rapport avec le fait tératologique.

[3] Fragm. 12, *De lib. et posth.*, XXVIII, 11.

de compte et profiter à ses parents [1]; il estime qu'il doit en être ainsi, parce que, selon lui, ces derniers se sont, en se mariant, conformés aux prescriptions renfermées dans ces lois; si, en procréant un enfant difforme, ils n'ont pas réussi suivant leurs désirs, cet insuccès ne saurait leur être imputable, et ils ne doivent pas être atteints dans leurs privilèges [2].

Cette question des traitements terribles exercés à l'égard des monstres humains en soulève d'autres qu'il convient d'envisager successivement. Suivant toute probabilité, les Égyptiens se gardaient de toute représaille envers les mères qui mettaient au monde des enfants difformes. Tout porte à croire que la superstition des présages sinistres qui, en Grèce et à Rome, leur étaient imputés, n'existait pas chez ce peuple. Nous avons vu que la législation lacédémonienne, en prescrivant au père de tuer son enfant monstrueux, avait pour but d'assurer à l'État des citoyens capables de le défendre et exempts d'infirmités mettant en péril la vigueur et, par conséquent, l'avenir de la race; d'ailleurs, cette prescription s'accordait pleinement avec les exigences sacrées du culte des ancêtres; aussi le monstre était-il sacrifié, et souvent on allait jusqu'à lapider la mère, que la superstition populaire considérait comme la victime désignée pour l'expiation d'une faute dont le ciel, par cette naissance, la rendait responsable. A Rome, ces

---

[1] Trois enfants mâles donnaient, en vertu des lois pappiennes, des privilèges au père.

[2] Loi 135, Dig., *De verb. signif.*

traitements barbares étaient moins fréquents : si une
catastrophe publique venait à éclater en même temps
que l'apparition d'un monstre était signalée, malheur
à la mère qui l'avait enfanté ; son salut était dans la
fuite, la colère du peuple demandait sa mort ; mais
cette colère ne durait pas, et lorsqu'elle était apaisée,
la malheureuse rejoignait son foyer domestique et
s'empressait de se livrer à des lustrations qui la puri-
fiaient des souillures dont le monstre qu'elle avait
engendré était le témoignage fatidique. Tacite [1]
rapporte que la mort de Claude fut présagée par la
naissance de monstres doubles, d'aspect hideux. Lu-
cain [2] énumère les prodiges qui amenèrent la ruine
de la République et relate ce fait qu'Arnus, chef des
devins étrusques, ordonna de tuer et de brûler tous
les enfants monstrueux qui existaient à cette époque ;
car la crainte des dieux domine tout autre sentiment,
et le Romain, comme l'Athénien, qu'il soit patricien,
noble, riche ou simple plébéien, croit que ces êtres
sont des signes précurseurs de la colère céleste.

Cependant, si telle est la foi universelle, il se
rencontre parfois quelque sceptique ; le fait suivant, rapporté par Plutarque, en est la preuve : A
quelque distance de Corinthe, s'ouvre le port de
Léchéon, dominé par un hameau au milieu duquel
s'élève le temple de Vénus. C'est dans cet endroit
que Périandre a convié les philosophes, ses amis,
qui bientôt vont se réunir dans un grand festin.

---

[1] *Annal.*, I, XII.
[2] *Phars.*, lib. I, vers 589.

Avant le repas, il est allé au temple pour y offrir
un sacrifice à la déesse ; il s'apprête à rejoindre ses
hôtes, lorsqu'il voit venir à lui un de ses serviteurs
qui lui annonce qu'un évènement extraordinaire est
survenu : se dirigeant alors du côté du jardin, il se
trouve bientôt en présence d'un jeune garçon qui lui
montre un centaure qu'une de ses juments venait,
lui dit-on, de mettre bas. Fort troublé à cette vue, il
donne l'ordre à l'un de ses serviteurs de se rendre aussitôt du côté de la salle du banquet et d'avertir le devin Dioclès de l'évènement qui vient d'arriver. Le
serviteur entre au moment où les philosophes étaient
déjà réunis autour de la salle ; il s'adresse à Dioclès
et le prie, au nom de Périandre son maître, de venir,
accompagné de Thalès, afin de savoir si la chose
extraordinaire qu'on vient de découvrir est fortuitement advenue ou bien si c'est un présage qui pronostique quelque chose de grave. Il dit que son maître
est fort inquiet et qu'il redoute que le sacrifice qu'il
vient de faire à Vénus ne soit compromis. Thalès et
Dioclès sortent aussitôt et se dirigent du côté du jardin, où ils aperçoivent Périandre ayant près de lui un
jeune garçon, qui, dit Amyot dans sa charmante traduction, « sembloit être quelque pastre à le voir : il
n'avoit pas encore de barbe et au demourant n'étoit
point laid de visage ; lequel, desployant un manteau
de cuyr, monstra un petit tendron qu'il disoit estre né
d'une jument, duquel le hault jusques au col et aux
mains avoit forme humaine et tout le reste de cheval,
cryant au reste ne plus ne moins que les petits en-

fants quand ils sortent du sein de leur mère. » Thalès regarda attentivement le jeune pâtre et demanda
à Dioclès s'il ne songeait pas à faire quelque expiation, afin de détourner la colère des dieux. « Pourquoi non, lui répond le devin, car je vous advise,
Thalès, que c'est là présage de discord et de sédition
et ay peur qu'elle ne passe jusques aux mariages et
actes de la génération avant que le premier courroux
de la déesse ne soit apaisé : ce fécond pronostic nous
en témoigne suffisamment, » Thalès ne répondit rien ;
mais il sourit et regagna la salle du festin. Périandre
l'y suivit et, l'abordant, lui demanda ce qu'il pensait
de l'aventure : « Tu feras, si bon te semble, lui répon-
dit-il, ce que Dioclès te conseille ; quant à moi, je te
suade de t'abstenir désormais de prendre de jeunes
pastres pour garder tes juments, ou bien donne-leur
des épouses [1]. »

Dans ses *Paradoxes* [2], Plutarque affirme avoir lu
dans Aristote le récit d'accouplements illicites, entre
autres celui de Cœlius Aristoxène d'Éphèse, fils de
Démostrate, qui eut une fille qui reçut le nom d'Onos-
cellis, lequel en indique assez clairement l'origine ;
le livre d'Aristote dans lequel Plutarque a puisé ce
renseignement n'est pas parvenu jusqu'à nous ; il faut
donc s'en rapporter à la bonne foi de Plutarque et
admettre qu'Aristote a relaté sérieusement un fait
que la science considère comme invraisemblable et

[1] *Banquet des Sept Sages.*
[2] Liv. II.

qui, d'ailleurs, est en opposition avec les opinions
que le grand naturaliste a lui-même exprimées sur
les conditions de la fécondation entre espèces différentes [1].

Suétone fait mention du cheval de Jules César et
dit que ses pieds se rapprochaient de ceux de l'homme,
car ils étaient pourvus d'orteils ; les aruspices l'ayant
examiné, augurèrent de cette particularité que le
monde appartiendrait un jour à cet empereur [2].

Cicéron ne professe pas, en matière de présage,
une foi plus robuste que celle de Thalès ; il se refuse
à accorder aux monstres une signification pronostique
sérieuse ; son sentiment, c'est que toute chose créée
ne saurait exister contradictoirement avec la nature,
bien qu'elle puisse advenir contre la coutume et que,
conséquemment, il faut se garder d'y voir aucun prodige. J. Lydus a dressé un recueil très curieux de tous
les évènements extraordinaires que les pontifes romains étaient chargés d'enregistrer avec soin chaque
année, conformément à la pratique qu'ils avaient
empruntée aux Etrusques. Ce recueil fait mention,
notamment, de deux jumeaux soudés qui naquirent
sous les consulats de S. Flaccus et de Q. Colpurnius ;
les aruspices déclarèrent que ce monstre était le signe
avant-coureur d'une catastrophe prochaine ; on les
mit immédiatement à mort.

Julius Obsequens, écrivain des derniers temps du

---

[1] Dans sa *Mythologie zoologique* (t. I, p. 391), de Gubernatis regarde ce monstre comme un mythe et lui donne une origine solaire.

[2] Il s'agissait très probablement de l'hipparion.

paganisme, nous a transmis un recueil analogue à
celui de Lydus, et dans lequel il énumère tous les
prodiges nés en Italie, tels qu'un enfant à quatre
mains et quatre pieds, un autre à trois pieds et une
main, un androgyne, un bœuf parlant ; tous ces monstres furent immolés. Il y eut cependant pour eux des
périodes d'apaisement ; sous les premiers empereurs,
quelques-uns même furent des objets de curiosité,
traités avec sollicitude et aussi vendus fort cher ; on
s'en divertissait et on oubliait pour quelque temps
de voir en eux des témoignages de la colère des
dieux ; Sénèque confirme cette assertion dans un passage de ses *Controverses*[1]. Les nains étaient spécialement recherchés[2] ; Julia, petite fille d'Auguste, en
éleva un, appelé Conopas ; elle le choyait beaucoup,
et sa tendresse semblait faire contraste avec l'antipathie que son aïeul professait pour tout être difforme.
Plusieurs empereurs en entretinrent à la cour : Domitien en possédait un fort contrefait et dont il faisait
sa société habituelle. Ammien Marcellin, décrivant un monstre horrible né à Daphné, ajoute qu'il
ne fut jamais question de le tuer, comme cela eût
été pratiqué sans hésitation à une époque précé-

---

[1] *Controvers.*, liv. X, déclam. 4.
[2] Chez les Égyptiens, le nain est une idole : le dieu Bès ou Bas,
originaire de la Chaldée, a été importé chez eux de la Phénicie. Il
figure sur les tombeaux ; il tient une cassolette à parfums, ce qui
indiquerait qu'il présidait à la toilette des dames. Il est gras, à
jambes courtes, à nez épaté : c'est une véritable caricature ayant
l'expression grotesque que les artistes ont coutume de donner aux
nains.

dente, et saint Jérôme, dans sa LXXIII° épître, confirme lui-même ce fait d'immunité. Mais cette époque de calme ne devait pas durer, et, après la mort de Justinien, la persécution recommença; l'empereur Maurice rétablit le droit décemviral, et Nicéphore rapporte que deux monstres nés en Thrace, aux environs de la capitale, furent, aussitôt après leur naissance, égorgés par ordre impérial; car les aruspices les avaient accusés d'être les signes précurseurs d'une catastrophe que leur sacrifice devait avoir la puissance de conjurer.

Dans son livre sur la *Divination chez les Chaldéens*, M. Lenormand cite plusieurs textes qui prouvent que, chez ces peuples, les monstres avaient une signification pronostique précise et déterminée; ainsi, un enfant qui naissait avec six doigts à la main droite, était destiné à vaincre l'ennemi; on se gardait donc de le sacrifier. Si une jument mettait bas un petit n'ayant qu'un seul œil, on y voyait la menace d'un fléau dévastateur; si les ongles de l'animal ressemblaient à ceux d'un chien, on redoutait également une catastrophe prochaine; mais si une brebis enfantait un lion, le roi pouvait s'apprêter à la victoire.

De l'ensemble des faits que nous venons d'exposer, il résulte que, sous le rapport de la législation tératologique, les peuples de l'antiquité peuvent se ranger sous deux catégories.

Chez les uns, cette législation est dominée par la croyance aux présages néfastes, dont les monstres sont considérés comme les signes précurseurs : on les immole; dans un point de la Grèce, à Sparte, un semblable traitement leur est infligé, sous l'empire d'une préoccupation d'une autre nature : il s'agit d'assurer la vigueur et la beauté de la race en étouffant au berceau les êtres difformes.

Dans l'Inde, on les vénère; en Égypte, ils sont admis dans les sépultures sacrées.

Ainsi, d'un côté, les nations de l'Occident ont une législation tératologique basée sur une superstition qui tue les monstres; de l'autre, les peuples de l'Orient en présentent une opposée, qui les divinise.

CHAPITRE II.

LES CULTES ANTIQUES ET LES MONSTRES.

Les investigations portées dans le domaine des croyances philosophiques et religieuses peuvent-elles jeter quelques lumières sur cette distinction que nous venons de présenter entre les nations qui immolent les monstres et celles qui les divinisent?

L'Égypte, d'après le témoignage d'Hérodote, qui sur ce point possède une incontestable valeur, a été le berceau de la métempsycose; suivant cette doctrine, l'homme et l'animal se confondent; il en résulte que tous les êtres peuvent indistinctement devenir la demeure de l'esprit subtil qui, à la mort de l'un d'eux, abandonne le corps et redevient libre, jusqu'à ce qu'il soit entré dans une nouvelle demeure, c'est-à-dire dans un nouvel être; en outre, nous rappellerons que cette doctrine égyptienne a un caractère essentiellement naturaliste. Dans l'Inde et en Perse nous la retrouvons, mais elle y est complètement mystique, et elle embrasse toutes les créations de la nature : hommes, animaux et plantes.

2

Si nous passons maintenant aux nations de l'Occident, nous rencontrons en Grèce, notamment, la même doctrine. Pythagore l'y a-t-il importée de son séjour en Égypte? Non, elle y existait avant lui; mais une différence profonde sépare le dogme hellénique des enseignements professés par les sages des bords du Gange et les philosophes de Thèbes et d'Alexandrie; or, pour Pythagore, les métamorphoses ne franchissent pas les limites de la vie animale; elles s'arrêtent au seuil de l'humanité.

De ces données, il résulte que dans l'Inde, en Perse et en Égypte, la déification est la conséquence du dogme fondamental de la philosophie religieuse de ces peuples; de telle sorte que, lorsqu'une femme avait mis au monde un enfant ayant l'aspect d'un monstre, l'imagination, préparée par la conscience d'un phénomène considéré comme naturel, rapprochait aussitôt ce monstre de l'animal dont il reproduisait les traits : il était identifié avec lui; et si enfin l'animal occupait une place au panthéon des dieux, on donnait cette place au monstre, on le divinisait.

La découverte du cynocéphale d'Hermopolis autorise cette interprétation; mais celle-ci emprunte un nouvel appui aux idées professées dans les écoles d'Égypte touchent le mode de génération des êtres. D'après ces idées, toutes les espèces animales, y compris l'espèce humaine, sont fécondés entre elles; en outre, le mâle est le procréateur unique de l'enfant, auquel la mère ne fait que fournir l'aliment et la demeure [1]. Ainsi, la combinaison des croyances religieuses et scientifiques de l'Égypte donnerait la clef de ce vaste panthéon peuplé par cette variété infinie de types tératologiques qui, pour les mythologistes, constituent autant de symboles encore si obscurs.

En Grèce, le spiritualisme de Pythagore, qui avait créé entre ce philosophe et Platon une étroite communauté d'idées, n'admettait pas, ainsi que nous l'avons déjà dit, que le dogme de la transmigration s'étendît jusqu'à l'humanité. Lorsqu'une monstruosité se produisait, et qu'elle était soupçonnée d'être la conséquence d'un fait de bestialité, elle n'était pas considérée comme une dérogation aux lois naturelles de la génération, car la doctrine de la fécondité entre espèces différentes était universellement admise. L'histoire du centaure né dans les jardins de Périandre, extraite du *Banquet des Sept Sages* et rapportée précédemment, en est une preuve incontestable : cette naissance d'un monstre résultait d'un acte que ni la législation ni les mœurs n'atteignaient beaucoup ; mais il y avait la superstition des présages, qui se dressait contre lui ; ce monstre était le signe avant-coureur d'une catastrophe qui allait bientôt éclater, et c'était sur lui qu'en pesait toute la responsabilité : on ne le divinisait pas, on le mettait à mort. Le même sort lui était réservé dans la société romaine, où cette superstition était, au moins autant qu'en Grèce, profondément enracinée. Aux faits qui nous ont amené

[1] Diodore de Sicile.

à présenter ces considérations, sur lesquelles s'appuie la distinction établie à la fin du chapitre précédent, s'en ajoute un autre qui ressort d'une observation récente due au professeur Parrot, qui l'a soumise à l'appréciation des membres de la Société d'anthropologie [1].

En voici un extrait ne comprenant, bien entendu, que les seuls détails qui nous intéressent : au nombre des figurines que nous a léguées l'art égyptien, il y a celle du dieu Phtah ; les plus anciennes remontent à la dix-huitième dynastie ; les autres correspondent aux époques persane, grecque et romaine [2].

Ce dieu, vénéré à Memphis, est souvent appelé *Phtah-Embryon*, œuf de Phtah. Or, quand on rapproche une de ces figurines de l'enfant que le professeur Parrot présente à la Société, on est frappé de l'extrême analogie qui existe entre elles. En effet, il s'agit d'une petite fille âgée de sept années, ayant à peine 93 centimètres de haut, tandis que la taille habituelle des enfants de cet âge est de 1ᵐ,30 au moins ; son front est très bombé ; le nez est court et déprimé à la racine ; les jambes et les bras sont volumineux et courts ; les mains et les pieds sont larges ; les doigts atteignent à peu près tous la même longueur ; les reins sont fortement ensellés ; l'intelligence est sensiblement au-dessous de la moyenne.

---

[1] Séance du 18 juillet 1878 : *la Malformation achondroplasique et le dieu Phtah*, par le docteur Parrot, professeur à la Faculté de médecine de Paris.

[2] Musée du Louvre, salle des Dieux, 1ᵉʳ étage.

Quelque difficile, ajoute le docteur Parrot, que soit une description d'ensemble, la vue de cette enfant est si caractéristique, que l'impression qui en reste est ineffaçable, et si par la pensée on superpose ce corps sur la figurine du Phtah, il est impossible de méconnaître l'analogie et de douter que l'artiste égyptien ait pris pour type du dieu un monstre achondroplasique [1].

Maintenant, et pour n'envisager que le côté tératologique de l'observation, jusqu'à quel point le docteur Parrot est-il autorisé à admettre que cette malformation ait servi de modèle à l'artiste chargé de représenter Phtah-Embryon? Y a-t-il un rapport entre les formes de ce monstre et le symbole que cette divinité doit exprimer?

Les avis émis par ceux des membres de la savante société qui prirent part à la discussion, n'amenèrent pas de solution satisfaisante à ce problème, soumis auparavant à l'un de nos égyptologues les plus autorisés, qui ne lui a pas trouvé de réponse suffisamment plausible.

Quoi qu'il en soit, ce qu'il y a de très intéressant dans le fait qui vient d'être rapporté, c'est qu'il s'agit bien d'une monstruosité symbolisant une pratique religieuse dont il est difficile de préciser la significa-

---

[1] Cette difformité n'est pas très rare : beaucoup de nains ne sont que des êtres qui en sont atteints; jusqu'à présent on l'a considérée comme dépendante du rachitisme; le docteur Parrot l'en distrait complètement et le prouve par la qualification nouvelle qu'il lui donne et les investigations intéressantes auxquelles il s'est livré et qui sont consignées dans son remarquable travail.

tion, mais qui a été manifestement élevée au rang
d'une divinité funéraire.

A notre sujet, se rattache un point sur lequel nous
devons nous arrêter quelques instants : il s'agit de ce
culte des pouvoirs générateurs, qui tient une si grande
place dans toutes les religions du vieux monde et qui,
prenant ses racines dans le fétichisme le plus reculé,
se retrouve encore non seulement chez les peuplades
sauvages de l'Afrique et de l'Amérique, mais même
dans plusieurs régions de la France actuelle.

De nombreux travaux ont été produits sur ce sujet
qui intéresse à un si haut degré l'archéologie et la
connaissance des rapports entre les symboles et les
idées qu'ils expriment.

Parmi ces travaux, on doit citer au premier rang
ceux de d'Hancarville, qui ont été bientôt suivis de
ceux de Richard Payne Knight [1]. Tout récemment,
J. Baissac a également présenté des vues originales
sur cette question [2]. Ces travaux mettent en lumière
ce fait, que de ce culte sont dérivées des pratiques
nationales qui ont imprimé à la moralité des nations
de l'antiquité spécialement, un caractère étrange
qu'on ne parvient à bien saisir et à bien apprécier
qu'à la condition de s'identifier en quelque sorte avec
l'esprit général de ces époques reculées.

Il arriva, dit Hérodote, que, pendant que j'étais

---

[1] *Culte phallique, ses rapports avec la théologie mystique des anciens*; suivi d'un *Essai sur le culte des pouvoirs générateurs durant le moyen âge*. Traduit de l'anglais par E. W. Luxembourg, impr. particulière, 1866.

[2] *Histoire de la religion*. 2 vol., 1877. Paris.

en Égypte, une chose monstrueuse, τέρας, survint, et fut connue de tout le monde : *hircus cum muliere coiit propalam, quod in ostentationem hominum pervenit.* Dans les notes de l'édition de 1753, plusieurs auteurs cités rapportent des faits de cette nature [1].

Sans doute Hérodote a sujet d'être scandalisé de tels faits; mais, en sa qualité d'historien, dont le devoir est de ne pas s'en tenir aux apparences, il eût pu se livrer à quelques recherches sur l'origine et la véritable signification de cette coutume : ce n'était pas un fait isolé; cette pratique était périodique, et très en honneur dans un grand nombre de localités, et notamment dans la ville de Thmuis [2]. Dans le nome de Mendès, où cet historien se trouvait lorsqu'il fut témoin de ce fait qui le révolte, on entretenait un bouc vivant, et les femmes s'enfermaient avec lui, dans le but d'y accomplir le rite générateur. Ce symbolisme, si grossièrement matérialisé, n'est pas seulement attesté par Hérodote : Strabon [3], Plutarque [4], Clément d'Alexandrie [5] en parlent aussi.

J. Baissac donne [6] les preuves de l'existence de ce culte parmi les Israélites.

Richard P. Knight aperçoit là un fait de théologie

---

[1] P. Bochartus, p. 1. — Hierozoicus, l. II, p. 53. — Clément d'Alexandrie, *Protrept*, p. 27.

[2] Ce nom de Thmuis est donné au bouc de Mendès par saint Jérôme : ainsi que le fait remarquer J. Baissac (*Hist. de la religion*, t. II, p. 263), c'est plutôt le nom de la ville, et ce mot signifie *la mère*.

[3] Liv. VII, § 3.

[4] Gryllus, p. 988 et 989.

[5] *Protrept.*, p. 9.

[6] *Histoire de la religion*, t. II, p. 263.

mystique, la représentation de l'incarnation de la
Divinité et la communication de son esprit créateur à
l'homme : c'était, suivant l'expression de ce savant,
un sacrement consommé avec cette crainte respec-
tueuse qu'éprouve tout croyant lorsqu'il accomplit
les mystères de sa foi religieuse : or, ce culte prend
sa source à la plus haute antiquité, puisque la mythologie comparée le présente comme une des manifestations fondamentales du fétichisme [1].

A l'époque où Hérodote accomplissait son voyage
en Égypte, la civilisation offrait déjà le spectacle
d'une nation s'éloignant de plus en plus de son antique grandeur : il était naturel que la pratique eût
dégénéré et que, environnée à l'origine d'un caractère
sacré, elle en fût descendue à ne plus présenter que
le tableau d'une perversité bien faite pour arracher
un cri d'indignation non seulement à l'historien
grec, mais aussi à tous les commentateurs qui, d'après
son récit, ont devisé sur le sentiment moral des
Égyptiens, et ont trop facilement étayé leurs jugements sur un fait auquel il importe de restituer le
véritable caractère [2].

Dans son *Histoire de la religion*, J. Baissac exprime cette opinion, que la dépravation ne fut pour

---

[1] Dans son ouvrage sur *la Mythologie comparée*, Girard de Rialle
consacre à ce sujet un chapitre intéressant, t. I, p. 171.

[2] Bochartus, Hierozoicus et Clément d'Alexandrie mentionnent
aussi le même fait; et Larcher, commentateur de l'édition d'Hérodote de 1753, dit en parlant du bouc : « Hujus proprium uti Jovis in
feminas insanire. » Larcher est donc resté étranger au sens mystique
et a commis une erreur qui l'a entraîné à donner au fait une interprétation erronée.

rien dans le principe des cultes hystéro-phalliques qu'on rencontre à la racine des diverses religions : le sensualisme n'est pas l'apanage de celles qui se présentent comme les plus matérialistes, et les plus spiritualistes ne sont guère moins fécondes en lubricités que les cérémonies et les thiases antiques ; elles ont leur inceste spirituel qui prend sa source dans des mobiles sacrés.

La pratique que mentionne Hérodote était loin d'être spéciale au nome de Mendès : elle s'étendait dans toute l'Égypte ; mais lorsqu'il en parle, le moment était venu où elle dégénérait en une prostitution sans frein ; cette désuétude est, d'ailleurs, attestée encore par ce fait que, le rite mendésien n'étant pas public à l'origine, il s'accomplissait dans le silence et l'obscurité de la nuit. Ces mêmes remarques s'appliquent aux sociétés hétéaïriques de l'Asie et à la nation israélite, ainsi qu'il résulte des préceptes que Jéhovah transmet à son prophète, et qui se trouvent énumérés dans le dix-huitième paragraphe du Lévitique : les actes prohibés sont des turpitudes contre nature qui, suivant Baissac, n'ont jamais pu être commises, au nom d'aucun principe, par une nation, si dépravée qu'elle puisse être, et cet auteur ajoute que, si dissolues que fussent les mœurs chananéennes, les crimes de bestialité ne s'y rencontraient que comme des faits exceptionnels, contre lesquels la loi mosaïque avait édicté des peines très sévères [1].

[1] *Hist. de la religion,* t. I, p. 128.

Les Grecs avaient aussi des cérémonies analogues, que nul ne songeait à regarder comme profanes, car elles avaient pour fin d'honorer la divinité : la dionysia des Athéniens est une des plus célèbres. Dans le principe, les bacchanales reproduisirent les fêtes grecques de la dionysia ; elles se tenaient au temps de la moisson, et célébraient la puissance productrice de la nature, mais peu à peu elles dégénérèrent en obscénités, à ce point qu'on les empêcha, comme attentatoires à la dignité de l'Etat. Juvénal, d'accord avec l'opinion publique, les stigmatise comme il le fait des cérémonies de la *Bona Dea*, pompeusement célébrées sous la république romaine ; Ausone lança ses anathèmes contre les Floralia, qui, elles aussi, avaient fini par devenir des occasions de débauches effrénées.

L'ignorance du sens vrai des mythes antiques a perpétué les figures androgynes ; mais il est arrivé trop souvent que l'art, au lieu de leur conserver le caractère sacré de la procréation qu'elles avaient reçu à l'origine, en vue d'honorer la puissance la plus éminente de la nature, les a altérées, et s'est ainsi rendu le complice de spectacles indécents ; puis l'imagination s'en est servie pour exprimer des appétits désordonnés et contraires aux conceptions religieuses qui ont inspiré ce symbolisme.

Plutarque [1] rapporte qu'aux Lupercales, que Romulus avait instituées, deux jeunes gens de noble

---

[1] T. II, p. 122, trad. Amyot.

maison parcouraient la ville, armés d'une courroie de peau de chèvre immolée pendant les fêtes ; ils en frappaient doucement les jeunes femmes qu'ils rencontraient et qui s'en montraient joyeuses, parce qu'elles en présageaient un heureux enfantement. Richard Payne Knight donne une interprétation analogue aux écrits et aux monuments sanscrits [1] ; il rappelle que chez les Hindous la force créatrice est représentée par la figure d'un androgyne auquel on rendait les mêmes honneurs qu'en Égypte et en Grèce : nous-même avons été témoin, dans une ville du Japon située dans le voisinage d'Osaka, d'une procession phallique dont la solennité était attestée par l'immense concours d'une population recueillie et dont l'attitude pieuse était la manifestation non équivoque du caractère sacré du rite qu'elle accomplissait.

Ainsi, dans l'antiquité, aux époques de ferveur religieuse, succédèrent des temps où la pratique cessa d'être l'expression de l'idée contenue dans le symbole.

Dans le principe, les objets étaient honorés pour eux-mêmes, à cause de leur caractère fécondateur et parce qu'ils étaient regardés comme l'expression sensible de la fonction procréatrice, la plus importante

---

[1] Dans la poésie sanscrite, la terre est symbolisée par la vache; dans le poème *Ragou-Vansa,* le roi de Koçala est frappé d'anathème pour l'affront qu'il a fait à Sourrabhi, génisse destinée au culte sacré; mais il rachètera sa faute en épousant la fille de Sourrabhi, Nandini, consacrée au service de l'anachorète Vasikta. Après leurs relations, le roi obtient un fils.

de toutes ; plus tard, le christianisme n'a point ré-
pudié ce culte, mais il l'a dépouillé de son matérialisme primitif et grossier : il l'a spiritualisé et si,
dans cette religion, il ne s'est pas toujours trouvé à
l'abri de ces aberrations dont le paganisme nous offre
de si fréquents exemples, c'est que le mysticisme
produit, sur certaines organisations, des ardeurs qui
finissent, au moment de leur paroxyme, par entraîner
les mêmes résultats que les pratiques dégénérées des
cultes les plus fétichiques.

Ces remarques nous sont suggérées par un fait ra-
conté par l'historien Josèphe et dont voici un résumé : sous Tibère vivait une dame noble, belle
et d'une grande vertu ; elle était mariée au patricien
Saturninus, qu'elle aimait tendrement et qui lui était
fidèlement attaché : un jeune libertin du nom de
Mundus s'en éprit, et sa passion pour ses charmes
devint si forte, qu'il résolut de la lui faire partager,
car il comptait qu'une offre généreuse serait auprès
d'elle un moyen irrésistible ; il lui fit donc proposer
200 000 drachmes. Pauline repoussa avec mépris cet
argent et fit savoir à Mundus qu'elle professait pour
lui le même mépris. C'est alors qu'il eut recours à
l'artifice d'une courtisane du nom d'Ide très renommée et fort habile en proxénétisme : il se rendit
chez elle et lui exposa ses intentions. Celle-ci flaira
aussitôt quelque aubaine digne d'elle et consentit à
se charger de cette mission ; puis, afin de mettre
en bon chemin la réussite, elle se fit donner par
avance 20 000 drachmes que Mundus n'hésita pas à

lui faire remettre; après quoi elle se mit en campagne. Elle alla trouver les prêtres d'Isis, elle les
mit au courant de l'entreprise et leur demanda leur
complicité, ce qui lui fut assuré dès qu'elle eut délié
les cordons de sa bourse et leur eut donné une gra-
tification que lui rendait facile l'avance de Mundus.
On arrêta en commun le plan suivant : les visites
que Pauline faisait chaque soir au temple d'Isis devaient être mises à profit et servir de piège où elle
tomberait infailliblement ; c'est alors que les prêtres
firent savoir à Pauline que le dieu Anubis leur avait
exprimé le désir de l'entendre prier aux pieds de sa
statue, à une heure avancée de la nuit.

La noble dame, instruite de la volonté d'Anubis,
la considéra comme une marque de faveur insigne :
elle en ressentit une grande joie et s'empressa d'annoncer à son mari cette nouvelle inespérée. Elle se
prépara et, à la nuit et à l'heure convenues, elle se
rendit au temple ; à peine était-elle près de la statue
du dieu, qu'une voix lui ordonna de s'approcher et
dès ce moment elle fut livrée aux étreintes de la divinité. Quand l'aube fut venue, elle sortit du temple
et regagna sa demeure, où elle annonça à Saturninus
l'honneur qu'elle venait de recevoir d'Anubis. Quelques jours s'étaient écoulés, lorsqu'elle fut rencontrée par Mundus, qui s'approcha d'elle et se répandit
en félicitations et en remerciements de ce qu'elle lui
avait accordé gratuitement une faveur à laquelle il avait
cru un instant devoir renoncer, même au prix d'un
sacrifice considérable. Pauline n'eut aucune peine à

comprendre qu'elle avait été victime d'un stratagème infâme ; elle fut remplie d'horreur pour ce misérable, qui l'avait ainsi déshonorée. Elle s'empressa de regagner son palais et de raconter à Saturninus ce qu'elle venait d'entendre. Celui-ci jouissait auprès de Tibère d'une grande considération et d'un grand crédit ; il lui demanda audience et lui exposa le récit de l'aventure dont sa femme venait d'être la victime innocente. L'empereur, indigné, ordonna aussitôt qu'on rasât le temple d'Isis et qu'on jetât dans le Tibre la statue d'Anubis ; en même temps il prononça la sentence de mort des prêtres, qui furent crucifiés ; quant à Mundus, il alla dans l'exil expier sa faute ; Ide seule resta impunie. La sincérité du sentiment religieux, la spontanéité de l'élan mystique absolvaient la noble dame, qui ne perdit point l'estime de son époux [1].

L'antiquité juive se prête aux mêmes considérations que celles que nous venons de présenter sur l'Egypte, sur la Grèce et sur Rome.

Le culte naturaliste y eut primitivement un caractère sacré ; puis les désordres survinrent et Moïse fut contraint d'édicter des lois contre ceux qui s'accouplaient avec les animaux ; quand ils étaient surpris, ils étaient brûlés vifs en même temps que la bête qui avait servi à l'orgie.

Quelque pure que soit la source à laquelle l'esprit et le cœur s'exaltent, malheur aux organisations chez lesquelles les élans du mysticisme transgressent les

---

[1] Voir *Histoire de la religion*, de Jules Baissac, t. II, p. 81, sur l'initiation aux Bacchanales.

limites physiologiques de leur puissance nerveuse :
l'équilibre fonctionnel ne tarde pas à se rompre ; la
raison s'abîme sous les sens pervertis qui en ont
secoué le joug ; toute pudeur s'évanouit et l'être
entier s'effondre, inconscient et irresponsable !

Ces phénomènes, si fréquents aux sombres époques
du moyen âge, plus rares aujourd'hui, la science les
explique ; elle fait plus encore, elle en indique le
remède ; car elle interroge l'histoire, et l'histoire lui
répond que ces épidémies lamentables éclatent surtout aux époques de réaction religieuse.

CHAPITRE III.

DÉMONOLOGIE. — INCUBES ET SUCCUBES.
LEURS RAPPORTS AVEC LES MONSTRES.

Au premier jour de la création, dit une tradition sacrée, Dieu tira du néant les anges ; puis, après avoir formé l'homme, il leur ordonna de se prosterner devant son œuvre : tous obéirent, à l'exception de Satan ; aussitôt l'archange saint Michel rassembla la céleste cohorte et se dirigea contre le rebelle ; une lutte s'engagea. Satan et les siens furent anéantis et précipités dans les gouffres infernaux, où ils devinrent noirs et revêtirent des formes monstrueuses [1].

Mais le prince des ténèbres jura une haine éternelle au genre humain ; celui-ci fut accablé de maladies de mille sortes et destiné à être constamment troublé dans sa fonction la plus importante, la génération.

[1] Le Coran (II, 32) reproduit cette légende rabbinique et dit que Satan fut introduit dans l'Eden sous forme d'un serpent monstrueux à sept têtes.

Les Apocalypsès de Daniel et d'Hénoch et la plupart des commentateurs juifs tiennent pour des anges déchus les fils de Dieu qui s'unirent aux filles des hommes dont ils eurent des enfants, selon ce qui est enseigné dans les premiers versets du sixième chapitre de la Genèse ; il est certain que l'hébreu *Nephilim*, traduit par *géants*, signifie réellement: tombés de haut, dégradés, déchus [1].

Le livre d'Hénoch, sur l'autorité duquel s'appuie l'Epître de saint Jude, pour donner plus de poids à ce qui y est dit du jugement de Dieu contre les impies, et qui est cité avec respect par plusieurs Pères, bien que l'Eglise ne l'ait jamais admis comme canonique, ce livre s'exprime de la façon suivante au sujet des enfants de Dieu :

« Il arriva, lorsque les enfants des hommes eurent augmenté leur nombre, qu'il leur naquit de grandes et superbes filles ; et les anges, enfants du ciel, les ayant vues, s'éprirent d'amour pour elles et se dirent entre eux : « Allons, choisissons-nous des « femmes parmi la descendance des hommes, et « engendrons des enfants. » Alors Samiaza, leur chef, leur dit : « Je crains que vous ne répugniez « à l'exécution de l'entreprise et que je ne sois en- « suite seul pour supporter la responsabilité d'un « si grand crime ; » mais ils lui répondirent : « Nous

[1] Dans la Genèse, Géants, Titans, Zomzommin et Raphaïm sont synonymes; ce sont, d'après le Deutéronome, les habitants du pays d'Ammon. D'après la version des Septante, *Emek-Raphaïm* signifie *vallée des Titans*, ou *vallée des Géants*, suivant Josèphe.

« jurons tous et nous nous engageons par serment
« à ne pas changer de résolution, nous exécute-
« rons l'entreprise projetée. » Ils jurèrent donc et
s'engagèrent tous les uns envers les autres ; leur
nombre s'élevait à deux cents, et ils descendirent
sur Ardis, sommet de la montagne Harmon. Ils
avaient pour chefs Samiaza, Urakabaramœel, Aki-
beel, etc. Ils prirent des femmes, chacun la sienne,
ils cohabitèrent avec elles ; et les femmes conçurent
et engendrèrent des géants. »

Ce chapitre septième du livre d'Hénoch, qui remonte à plus d'un siècle avant Jésus-Christ, est,
comme on le voit, la paraphrase des quatre premiers
versets du chapitre VI de la Genèse.

Au chapitre XV de ce même livre d'Hénoch, Dieu
se plaint ainsi de ses anges :

« Pourquoi avez-vous abandonné le ciel, haut et
saint, qui dure éternellement, et vous êtes-vous
associés à des femmes, vous souillant avec les filles
des hommes, vous comportant avec elles comme des
enfants de la terre, et engendrant une descendance
impie ? Vous qui êtes spirituels, saints, vivant d'une
vie qui est éternelle, comment vous êtes-vous rendus
impurs ? comment avez-vous engendré dans la chair,
et accompli, comme font les hommes, chair et sang ? »

Saint Justin, martyr (*Apolog. brev.*), dit que les enfants issus de ces unions étaient des démons. Tertullien (*Apolog.*, c. XXII) exprime le même sentiment :
*Quomodo de angelis quibusdam sua sponte corruptis,
corruptior gens dæmonum evaserit.....*

Dans sa *Chronographie* [1], Georges le Syncelle fait aussi mention du commerce qu'eurent les anges prévaricateurs avec les filles des hommes ; de ce commerce naquirent les géants, et c'est après ces crimes que, suivant cet auteur, Dieu résolut d'engloutir le monde dans un déluge universel [2].

Mais cet évènement est antérieur à Abraham, car avant ce patriarche la Genèse ne parle pas des anges [3].

Georges le Syncelle reproduit la version d'Hénoch [4], et, à ce propos, il rapporte le sentiment de Bérose, qui a disserté sur les antiquités chaldéennes ; or, ces derniers écrivains donnent une version conforme à celle d'Hénoch et assignent à l'acte impie des anges l'an 1070 de la création du monde [5].

Saint Augustin, dont les démonographes ont coutume d'invoquer le témoignage, exprime sur ce sujet une opinion qui traduit une assez grande hésitation ; il n'est pas aisé, dit-il [6], « de décider si le prophète parle de corps matériels ou du feu spirituel de la charité, quand il est question des anges qui sont envoyés parmi les hommes ; cependant 'Ecriturel affirme que les anges ont apparu aux hommes dans des corps tels qu'ils pouvaient être vus et touchés :

[1] Publiée en 1652.
[2] P. 20.
[3] P. 98.
[4] P. 12.
[5] Le livre d'Hénoch, quelque en honneur qu'il soit auprès de l'Église, n'est cependant pas regardé comme canonique ; l'abbé Migne, dans l'*Encyclopédie théologique*, t. LII, art. Démonogr., le considère comme un document apocryphe.
[6] Liv. XV, § 23, trad. Lambert, 1875, édit. de Bourges.

il y a plus, c'est une opinion très répandue, que les sylvains et les faunes ont souvent tourmenté les femmes, et qu'ils ont sollicité d'elles des relations charnelles et les ont obtenues ; il existe même des démons que les Gaulois appellent Duses ou Lutins et qui s'adonnent régulièrement à ces pratiques impures ; ces faits sont attestés par des autorités si nombreuses et si graves, qu'il y aurait impudence à le nier. »

Jusqu'ici, saint Augustin est en parfaite communauté d'idées avec la tradition sacrée et ses commentateurs ; mais n'est-il pas poussé par un sentiment de déférence ? est-il, au fond, aussi croyant et aussi affirmatif que le prétendent la plupart des critiques qui ne le citent qu'en tronquant le texte ? En effet, le passage précité est suivi de cette phrase : « Je n'oserais me déterminer sur ces questions, ni dire s'il y a des esprits corporels pouvant avoir commerce avec les femmes ; cependant, je ne pense pas que les anges aient été capables de tomber dans de telles faiblesses. »

Ces géants lui paraissent donc fort suspects : il va même jusqu'à considérer leur origine comme légendaire ; il ne voit finalement en eux que des hommes à stature extraordinaire, « ce qui se rencontre à toutes les époques ».

Quelques lignes plus loin, il revient à eux et dit : « Ces géants qui n'ont pas eu pour pères des hommes, sont choses justement rejetées par les sages, comme fabuleuses. »

L'illustre saint, cela est de toute évidence, refuse

son adhésion au dogme de la genèse surnaturelle des démons-géants.

Or, tous les passages que nous venons de reproduire, ont été omis dans le manuscrit du P. Sinistrari d'Ameno [1], ainsi que dans la plupart des ouvrages où sont exposées les opinions de saint Augustin. D'un autre côté, il était bien difficile que la question démonologique ne fût pas pour le saint le sujet d'une grande préoccupation ; c'est pourquoi il se demande si l'enfer, étant matériel, peut brûler des êtres impalpables comme les démons, qu'il considère comme formés par une substance grossière, humide, pareille à celle qui vous impressionne lorsque le vent agite l'air ; cette particularité leur a fait donner le nom d'*aereas potestates* sous lequel quelques Pères de l'Église les désignent.

Dans un autre passage de *la Cité de Dieu,* il semble qu'il ait pris à cœur de combattre la matérialité des démons ; il nie les faits de métamorphoses et de lycanthropie, pris au sens physique de ces mots : il s'explique d'ailleurs à cet égard d'une façon remarquable et non équivoque ; voici ses propres paroles : « Dans ces cas, ce que fait Satan, c'est d'assoupir les sens de l'homme, et, comme sa fantaisie, quoique incorporelle, est susceptible de mille impressions diverses, il revêt cet homme d'un corps imaginaire et va même jusqu'à le faire paraître tel aux yeux des autres hommes [2]. »

---

[1] Ce manuscrit a été retrouvé et traduit par Liseux sous le titre : *De la Démonialité*. Paris, 1876.

[2] Liv. XVIII, § 18.

Saint Augustin, remarquons-le, expose là une théorie de l'hallucination pleine de justesse et de vérité et qui, bien que mélangée à l'hypothèse mystique de l'intervention du diable, mérite d'être retenue et mise à profit pour l'histoire de la médecine et spécialement des affections nerveuses.

Il ne faut pas l'oublier, les premiers Pères avaient été philosophes païens avant leur conversion au christianisme, et, jusqu'au cinquième siècle environ, leurs croyances sont tout imprégnées du matérialisme gréco-judaïque ; la foi de saint Augustin n'avait pas échappé à cette influence ; en outre, dans les derniers temps de sa vie surtout, il s'était adonné aux pratiques du plus rigoureux ascétisme, en sorte qu'il lui arrivait fréquemment d'être le jouet de ces hallucinations dont sa sagacité a pénétré le mécanisme et contre lesquelles il veut mettre en garde les autres.

Son compagnon et disciple chéri, Possidonius, rapporte que vers la fin de sa vie il opérait un grand nombre de miracles et d'exorcismes : dans ces cas, il priait jusqu'aux larmes, afin que le démon se retirât du corps des possédés, ce qu'il ne manquait jamais de faire [1].

On voit comment il est possible de faire prévaloir la doctrine de la matérialité des démons ou bien celle de leur incorporéité, tout en invoquant le témoignage de saint Augustin ; il suffit de le citer incomplètement ; ses opinions, sur ces points, manquent,

---

[1] *Histoire ecclésiastique*, t. VIII, p. 159.

il est vrai, de fixité, et leur valeur dogmatique ne s'en trouve guère rehaussée ; mais si l'on veut faire appel à son autorité, il faut justement tenir compte de l'influence qu'ont eue sur ses facultés intellectuelles les procédés de l'ascétisme excessif auquel il s'est graduellement élevé ; alors on reconnaîtra que, suivant qu'il était guidé par les inspirations de sa puissante raison, ou selon qu'il écrivait sous l'empire des troubles psychiques inséparables de ces procédés, il se montrait critique sévère, plein d'une circonspection qu'il savait allier à une grande déférence pour la tradition révélée ; tandis qu'il s'abandonnait à la croyance mystique lorsqu'à peine sortis des fatigues d'une longue extase, ses sens étaient encore agités par les hallucinations et tourmentés par les dernières secousses d'un démon qui ne lâche jamais sa victime sans frapper un coup dont celle-ci gardera longtemps le souvenir.

Ces réflexions que suggèrent les contradictions plus apparentes que réelles de saint Augustin au sujet de l'origine des démons, s'appliquent également aux écrivains sacrés qui ont disserté sur cette question et dont la vie comporte les pratiques de l'ascétisme.

De leur côté, les rabbins sont divisés au sujet de la nature et de l'origine des démons [1] : les uns les

---

[1] En littérature et en poésie, les expressions *démon* et *diable* s'emploient indistinctement; cependant l'étymologie en fait deux mots différents : en grec, démon signifie *savant, héros, âme divinisée par la mort*; les Latins lui donnent le sens de *génie, lare*; en hébreu, démon s'exprime par le nom de *Serpent, Sathan, Seddim, Schirim*, c'est-à-dire *tentateur, destructeur, bouc*; le mot *diable* signifie *impur*,

disent spirituels ; d'autres les regardent comme corporels et sexués, issus d'Eve et de Sammaël, leur prince,
ou d'Adam et de Lelith. Quelques-uns de ces rabbins,
Bartoloccus notamment [1], prétendent que pendant
le sommeil le démon pénètre dans le corps et y cause
mille impuretés : Elias enseigne qu'Adam fut visité
par des diablesses, et que ces succubes engendrèrent,
par ses œuvres, les lamies, les lémures et les spectres [2].

Certains passages des textes sacrés, autres que ceux
précités, appuient encore la thèse démonologique ;
c'est ainsi qu'au Lévitique [3] il est dit qu'Aaron érigea
le culte du diable et ordonna au peuple de danser autour du veau d'or ; mais un jour défense lui fut faite
de continuer les sacrifices, parce qu'il avait eu des
relations infâmes avec les démons. Les prophètes, à
leur tour, peignant la désolation de la terre, annon-
cent que les diables vont s'unir aux monstres : « Ils se
rencontreront avec les onocentaures ! » dit Isaïe [4].

Les plus savants démonographes voient des succubes dans la maîtresse de Joseph, la Dalila de
Samson, l'Hérodias d'Hérode, et, d'après eux, l'Ecri-

calomniateur, littéralement, qui se jette en travers. Certains mythes
antiques sont passés dans les formules du christianisme comme synonymes de démons : ainsi Cerbère, au seizième siècle, était conjuré
dans les cérémonies de l'exorcisme, et en 1565 l'évêque de Laon exorcise une femme possédée par Astaroth, Cerbère et Belzébuth, suivant
la relation de Boaistuau dans son Histoire, XLI.

[1] Bibliothèque rabbinique, t. I, p. 195.
[2] Dictionnaire infernal de Collin de Plancy.
[3] XVII.
[4] XXXIV, 14.

ture sacrée ne fournirait qu'un seul exemple d'apparition masculine, qui serait celle de Judas, de qui le Christ a dit : « L'un de vous est le diable, » et non pas : « L'un de vous est possédé du diable. »

Les évangélistes [1] représentent le Christ obsédé par Satan [2], dont il triomphe, et après sa victoire il exorcise les possédés de Bethanie et de Bethsaïde. Saint Thomas d'Aquin, dans son chapitre septième sur la Genèse, n'a pas les mêmes hésitations que saint Augustin : il pense que les enfants qui proviennent de source diabolique, sont d'une nature différente des autres. Pourtant, dans quelques passages de la *Somme*, il lui arrive d'interpréter certaines apparences par le phénomène de l'illusion : c'est ainsi qu'il explique les visions de loups, chiens, chats, par ce fait que, dit-il, le démon épaissit l'air qui nous environne et trompe nos sens. L'étude des affections nerveuses, et spécialement celle de la passion hystérique ou de l'hystéro-épilepsie, fait retrouver dans ce passage de saint Thomas d'Aquin les phénomènes de zoopsie qu'expliquent très nettement aujourd'hui les troubles visuels auxquels ces affections donnent naissance.

---

[1] Saint Marc, 1, 8, 5 ; saint Luc, 4, 9, 8 ; saint Mathieu, 16, 8, 4 ; Actes, 16.

[2] C'est bien réellement, pour les Évangélistes, Satan matériel, tangible, ce qui est une conception éloignée de la doctrine orthodoxe d'après laquelle Dieu ne peut être tenté ; aussi quelques théologiens considèrent-ils cette conception christologique comme une simple formule que l'enseignement ne maintient que parce qu'elle est liée avec tout le dogme, mais qui n'a cependant qu'une valeur idéale : Satan charnel n'est pas nié par les théologiens, qui lui refusent seu-

Saint Grégoire fait également intervenir l'influence des illusions, en sorte que saint Augustin, saint Thomas et lui se rencontrent en pleine communauté d'idées pour admettre le rôle que jouent les désordres nerveux dans le drame démonopathique [1].

Saint Jérôme professe pour les incubes et les succubes une foi aussi ardente que l'a été son existence ascétique : il nous a tracé l'histoire d'une diablesse accourue des régions infernales pour obséder un jeune néophyte de la Thébaïde ; car, pour lui, les satyres ne sont pas d'impalpables êtres, des visions imaginaires ; ils sont réels, il les a vus, il les regarde comme venant des enfers ; il en fait une description d'après laquelle ce seraient de petits hommes aux narines recourbées, au front cornu, aux pieds de chèvre : souvent, dans sa solitude du désert, ils se sont approchés de lui ; un jour il en apostropha un et lui demanda qui il était : « Je suis, dit le satyre, un des habitants de ce désert qui, abusés, ont offert imprudemment un refuge aux incubes et aux succubes. »

C'est sur cette donnée que toutes les tentations de l'illustre fondateur de la vie monastique reposent ; c'est un exemple de démonopathie qui, résultant d'un régime ascétique graduel et prolongé, ne pouvait faire naître que des désordres nerveux modérés, mais suffisants pour se traduire à leur tour par ces hallucina-

lement la puissance de tenter le Christ et de le transporter sur une montagne.

[1] Saint Jean Chrysostome, dans ses homélies sur la Genèse, ne nie pas l'existence des démons, mais il ne croit pas qu'ils puissent commettre œuvre charnelle.

tions si clairement indiquées dans la description dé-monographique du célèbre solitaire.

Bodin, dans son *Traité des sorciers*, a consacré un chapitre à la question suivante : Les sorciers ont-ils commerce charnel avec les démons ? [1]

Or, dans un passage de ce chapitre, il est dit que, le trentième jour du mois d'avril de l'année 1578, Jeanne Hervillier, née à Verbery, près de Compiègne, fut accusée du crime de sorcellerie ; elle confessa que sa mère avait été brûlée vive pour le même fait, en vertu d'un arrêt du Parlement, confirmatif de la sentence prononcée par le juge de Senlis. Dans son interrogatoire, elle déclara que, quelque effort qu'elle fît, il lui était impossible de vaincre les atteintes du diable ; la sentence capitale étant sans appel, elle fut exécutée le dernier jour d'avril, à la requête de maî-tre Claude Defay, procureur du roi, à Ribemont. Dans le temps qui sépara la condamnation de l'exécu-tion de Jeanne Hervillier, elle affirma qu'elle s'était sentie tout à coup transportée au sabbat par Belzébuth, avec lequel elle avait eu des relations charnelles.

A un autre endroit du même ouvrage, se trouve le récit des sorcières de Longny-en-Potez, qui furent condamnées au feu à la suite d'une accusation sem-blable à celle de Jeanne Hervillier ; Bodin tient le fait d'Adrian de Fer, lieutenant général de Laon.

---

[1] *Démonomanie des sorciers*, liv. II, § 7. — Ce livre a d'abord été publié en français ; puis il a été traduit à Bâle en 1590 et à Francfort en 1596. C'est un des plus curieux traités qui aient été composés sur cette matière.

Bodin reproduit plus loin la relation de Meyr, dans son *Histoire des Flandres*, d'après laquelle, en 1459, un grand nombre d'honnêtes femmes s'accusèrent les unes les autres d'avoir eu commerce avec le diable ; elles furent toutes brûlées.

Il tient du président de la Tourette le fait suivant, d'une femme du Dauphiné, qui tomba soudain en extase, puis en catalepsie ; la malheureuse femme passa pour possédée et sorcière ; on lui en arracha l'aveu et elle fut brûlée toute vive.

Notre démonographe n'admet pas qu'on philosophe trop sur les faits de sorcellerie ; il lui en coûte de convenir qu'il puisse résulter quelque chose des embrassements d'un sorcier avec une succube, et cependant il ne peut révoquer en doute certains cas tels que celui que cite Jacques Spranger, au sujet d'un sorcier de Constance, et cet autre de Jean-François Pie, de la Mirande, qui, dans son livre *De prenotione*, écrit qu'il connaît un prêtre sorcier, nommé Benoist Berne, âgé de quatre-vingts ans, dont il passa près de quarante avec une démone déguisée en femme, qu'il appelait Hermione. Ce pauvre curé fut appréhendé, fit l'aveu de son crime, et fut brûlé vif à Rome.

Magdeleine de la Croix, née à Cordoue, et abbesse d'un monastère, fut accusée, en 1545, de vivre en compagnie d'un démon. Interrogée, elle finit par reconnaître que le fait était vrai, et qu'il remontait à plus de trente années. On la condamna ; mais, ayant sollicité son pardon du pape Paul III, elle l'obtint.

Gertrude, jeune novice du monastère de Nazareth,

dépendant du diocèse de Coulongue, à peine âgée de quinze ans, fit l'aveu que Satan venait chaque nuit se placer auprès d'elle ; Jean Vier affirme la véracité du fait. On trouva, en effet, dans le coffre de la novice, une lettre d'amour écrite par une main diabolique. On lui épargna la mort, mais elle fut plus sévèrement cloîtrée.

Bodin s'étend assez longuement sur l'histoire d'une demoiselle espagnole qui, au récit d'Antoine Torquemada, reconnut qu'elle avait éprouvé les atteintes charnelles d'un démon qui, lorsqu'elle n'avait encore que dix-huit ans, lui fut présenté par une sorcière. Cette demoiselle, native de Cerdène, ne manifesta aucun repentir de sa faute, pas même sur le bûcher, où elle fut consumée toute vivante.

Maître Adam, étant procureur au siège de Laon, a entretenu Bodin du récit d'un procès qui fut intenté à la sorcière de Bieute, bourg situé à quatre lieues de la ville, en la justice de la Boue, bailli de Vermandois. L'évènement se passa en 1556 ; la sorcière déclara que Satan était son compagnon habituel ; elle fut condamnée au supplice du feu. Lorsqu'elle fut arrivée à la place où le bûcher était dressé, on commença par l'étrangler, puis on jeta son corps au milieu des flammes ; elle respirait encore, car la strangulation avait été mal faite ; c'était, dit Bodin, la « faute du bourreau, ou le juste jugement de Dieu, qui voulut par là que la peine fût selon la grandeur du forfait. »

Cet émouvant chapitre, auquel nous avons em-

prunté les principaux faits, se termine par le récit
de l'enfantement d'un monstre hideux, dont la mère
avait été maléficiée par son mari, réputé grand
sorcier.

Bodin mentionne parmi les démonographes Jacques Spranger, de terrible mémoire, et qui fut
nommé inquisiteur de la haute Allemagne par le
pape Innocent VIII, ainsi que nous le verrons plus
loin, quand nous aurons donné le texte de la bulle
de ce pontife; cette bulle constitue un document
d'une grande importance ; elle fut adressée, en 1484,
aux évêques de la chrétienté, entre autres à ceux de
Mayence, Cologne, Trèves, Saltzbourg, Brême, etc.;
elle renferme le passage suivant, relatif aux incubes
et aux succubes :

« Sanè nuper ad nostrum, non sine ingenti mo-
lestiâ, pervenit auditum quod in nonnullis partibus
Alemaniæ superioris, necnon in Mayuntinensi, Colo-
niensi, Trevirensi, Saltzburgensi et Bremensi provin-
ciis, civitatibus, terris, locis et diœcesibus complures
utriusque sexus personæ, propriæ salutis immemores
et a fide catholicâ deviantes, cum dæmonibus incubis
et succubis abuti; ac suis incantationibus, carminibus
et conjurationibus aliisque infandis superstitiis et
sortilegiis, excessibus, criminibus et delictis mulie-
rum partus, animalium fœtus, terræ fruges, vinearum
uvas et arborum fructus, necnon homines, mulieres,
pecora, pecudes et alia diversorum generum animalia,
vineas quoque, prata, perire, suffocari et extingui
facere et procurare ipsosque homines, mulieres, ju-

menta, pecora, pecudes et animalia diris tam intrinsecis quam extrinsecis doloribus et tormentis afficere et excruciare ac eosdem homines ne gignere et mulieres ne concipere, virosque ne uxoribus et mulieres ne viris actus conjugales reddere valeant, impedire, etc. »

Dans cette même bulle, le pape confirme dans leur emploi sacré les inquisiteurs Henri Justitor et Jacques Spranger; il les commet au soin de poursuivre les sorcières dans la haute Allemagne et dans la province rhénane. Ce qui détermina le pape à confier cette mission à Spranger, ce fut la grande autorité que lui avait acquise en la matière son fameux livre *Malleus maleficarum*, qui recevait, par cette haute faveur, une sorte de consécration. Or, dans ce livre, qui fut pendant plus d'un siècle le guide et la lumière des tribunaux d'inquisition, on lit le passage qui suit :

« Verum est quod procreare hominem est actus vivi corporis. Sed cum dicitur quod dæmones non possunt dare vitam, quia illa fluit formaliter ab animâ, verum est, sed quia materialiter descenditur ex semine, et dæmon incubus illud committere potest, Deo permittente, per copulationem, et non tanquam ab eo descissum, sed per semen alicujus hominis ad hoc acceptum (ut dicit sanctus Thomas in I part., quæst. 5, art. 3); utpote quod dæmon qui est succubus ad virum, fiat incubus ad mulierem, sicut etiam aliarum rerum semina assumunt ad aliquarum rerum generationem, ut Augustinus dicit (3, *De Trinitate*). »

La bulle d'Innocent VIII eut pour conséquence

d'imprimer un nouveau mouvement aux procédures
contre les sorciers, qui, depuis plus d'un siècle, avaient
été poursuivis avec une rigueur épouvantable, et à
partir surtout du moment où, en 1318, la Sorbonne
rendit un arrêt par lequel l'action des incubes doit
être regardée comme indéniable. Le même arrêt vise
l'action des succubes, qu'on doit considérer comme
problématique en raison de la difficulté qu'il y a d'en
démontrer les résultats; néanmoins, beaucoup de jurisconsultes démonographes n'hésitent pas à l'admettre : ainsi, Del Rio et Boguet, après avoir disserté
longuement sur ce point, arrivent à des conclusions
très affirmatives.

Parmi les procès célèbres qui ont trait aux succubes, l'histoire a enregistré celui des Templiers,
qui eut lieu sous Clément V, vers le milieu du quatorzième siècle : sur la liste des forfaits énumérés
dans l'acte d'accusation, il y a celui de renier Dieu
et de s'accoupler avec les démones. Nous avons cité
plus haut les faits de succubes relatés par Bodin.
L'Egérie de Numa était, suivant de Lancre [1], une
succube. Hector de Boëce, historien écossais, rapporte
qu'un jeune homme fut tourmenté par une démone
qui, sous les traits d'une gracieuse fille, lui demandait
de sacrifier à ses charmes; il sollicita l'intervention
de son évêque, qui le délivra de la belle succube. C'est
encore une diablesse accourue des enfers qui poursuivait un jeune néophyte de la Thébaïde, qui s'en

---

[1] *De l'inconstance des démons*, p. 216.

délivra par d'ardentes prières, nous dit saint Jérôme. L'histoire fourmille d'incubes célèbres : tel, par exemple, celui qui eut commerce avec une druidesse bretonne, laquelle engendra Merlin, ce barde fameux que la chevalerie du cinquième siècle adopta après l'avoir sauvé de l'excommunication ; tel, aussi, cet Apollonius de Thyane qui, selon Suidas, l'un de ses biographes, aurait vraiment une origine incube[1] ; tel encore Servius Tullius, fruit des amours d'une belle esclave avec un incube ; telle enfin la mère d'Auguste, qui passe pour avoir été visitée par un démon. Torquemada, dans l'*Hexaméron,* donne le récit d'une fille de Cagliari, qui, étant de qualité, ne pouvait confier le secret de ses sentiments au gentilhomme qu'elle adorait ; mais le démon vint lui prêter son aide : il prit les traits de l'être aimé et put par ce stratagème s'affirmer avec elle.

Dans *Cæsarii Heisterb. miracula*[2], il est question de la fille d'Arnold, prêtre de Bonn, que les chanoines de la ville poursuivaient : son père voulut la soustraire à leurs obsessions et il l'enferma ; mais, après quelques mois, elle avoua qu'elle avait été mère, et, ajoute gravement le chroniqueur, on n'eut aucune

[1] La légende dit qu'une gracieuse fille de Thyane, métropole de la Cappadoce, venait d'être mariée, lorsqu'une divinité lui apparut en songe : « Je veux être ton fils, lui annonça-t-elle ; je suis Protée et m'incarnerai en toi, afin de devenir homme et réformer le genre humain. » Au terme de sa grossesse, elle mit au monde un fils superbe qui joua le rôle de réformateur et jouit de la même célébrité que Moïse, Socrate, Bouddha, Jésus, et qui, comme eux, fit de nombreux miracles.

[2] Liv. III, § 8.

difficulté à découvrir que la pauvre enfant avait été victime d'un incube.

Le même auteur [1] raconte l'aventure survenue chez les convers d'une maison de Cîteaux, où l'un d'eux ne put parvenir à se soustraire aux étreintes d'une nonne qui, en réalité, n'était qu'une succube ou démone déguisée.

Hauppius [2] rapporte que dans le bourg de Schinin, administré par le seigneur Vladislas de Berstem, une femme donna le jour à un monstre privé de tête et de pieds ; ses bras étaient terminés par des pattes de crapaud. On s'empressa de l'étouffer et on l'enterra dans la partie du cimetière réservée aux enfants trépassés sans avoir reçu le sacrement du baptême ; mais lorsque la mère eut recouvré ses forces elle réclama le corps de son enfant-monstre dans le dessein de le brûler ; en même temps elle fit l'aveu qu'elle avait eu la visite d'un lutin incube. Ces faits arrivèrent à la connaissance du seigneur Vladislas ; il donna l'ordre qu'on fît l'exhumation du monstre ; celui-ci fut placé sur la roue et broyé ; puis le bourreau le transporta en dehors la ville sur un bûcher préparé pour la circonstance. Mais l'incinération ne pût se faire ; les langes eux-mêmes n'étaient pas atteints par la flamme ; c'est alors que le bourreau saisit le corps, le dépeça et jeta les morceaux sur le brasier, les uns après les autres : il parvint ainsi à les consumer non sans grande peine. Ces

[1] Liv. V, § 33.
[2] *Biblioth. port. pract.*, p. 454.

faits se passaient le vendredi qui suivit la fête de l'Ascension.

Cecco d'Ascoli, kabbaliste, fut brûlé en 1327 sur le champ de Flore, à Rome, pour avoir entretenu un commerce illicite avec une succube [1].

Le célèbre duel judiciaire qui eut lieu entre Jacques le Gris et messire Jean de Caroube en 1386, au sujet du viol de la femme de ce dernier, est un fait évident d'incube [2]. Dans la pensée de Froissart, il s'agit d'un incube incorporel, ce qui, aujourd'hui, serait considéré comme une hallucination qui a jeté le trouble dans l'imagination de la femme de Jean de Caroube.

Tous les récits qui viennent d'être exposés comprennent deux ordres de faits distincts; ceux qui ne sont que de pures supercheries cachant une action immorale et ceux qui relèvent des affections névropathiques. Celles-ci, depuis la plus haute antiquité, ont été rapportées à la présence d'un esprit logé dans le corps et qu'on chassait soit en trépanant le crâne dans lequel on le supposait cantonné [3], soit en exorcisant selon la pratique juive que l'on retrouve chez presque toutes les nations; de là cette pratique est passée dans la religion catholique, où nous la

---

[1] *Sciences occultes au moyen âge et à la renaissance*, par Ferdinand Denis, bibliothécaire à Sainte-Geneviève.

[2] *Chroniques de Froissart*, p. 345.

[3] *La Trépanation préhistorique*, par le professeur Broca (*Rev. d'anthropol.*, t. VI, 1877). L'auteur rapporte qu'en 1603, Jehan Taxil publia un *Traité de l'épilepsie* où se trouve un chapitre intitulé (liv. I, § VII) : *Que les démoniaques sont des épileptiques*, et Jehan Taxil propose d'ouvrir le crâne afin d'en faire sortir le démon.

voyons, au moyen âge, revêtue d'un appareil que l'Inquisition a rendu si épouvantable. Elle existe encore de nos jours, mais dépossédée de cet appareil. Il suffit d'avoir assisté une seule fois à une attaque hystérique pour comprendre le rôle qu'on faisait jouer au diable dans l'éclosion de cette affection, et les terreurs que répandaient autour d'elles les malheureuses qui en étaient atteintes; les chutes soudaines, les mouvements désordonnés, les grimaces affreuses, les attitudes passionnelles, les hallucinations, les visions d'animaux [1], les cris, toute cette scène, était bien faite pour terrifier ceux qui en étaient les témoins incapables de s'en rendre compte; mais aujourd'hui le médecin y assiste impassible, se livrant à une analyse raisonnée de l'affection et cherchant à en déterminer la nature afin d'y appliquer une médication efficace. Toutes les descriptions qu'on rencontre chez les démonographes sont la preuve irrécusable de l'identité des symptômes de l'hystéro-épilepsie avec la possession diabolique; aussi le professeur Charcot, qui s'est livré à une étude si approfondie de cette névrose, a-t-il pu justement

---

[1] Dans l'hallucination hystérique, les animaux qui s'agitent devant les yeux de la malade sont naturels, c'est-à-dire non difformes, tandis que dans l'hallucination produite par l'opium et surtout le haschich, ils sont fantastiques et monstrueux. Ainsi, l'affection hystérique engendre une zoopsie normale, qui devient tératologique pour les fumeurs d'opium ou de haschich. — Jean Muller est le premier physiologiste qui ait fait de savantes recherches sur les phénomènes visuels dans ces cas. Son livre : *Ueber die phantastischen Gesichserscheinungen* n'a pas été traduit en français; la *Revue germanique* de 1860 en donne une analyse de M. Dareste.

donner à l'une de ses phases l'appellation de *période démonopathique*.

On comprend qu'après avoir assiégé les esprits la superstition ait eu la puissance de faire éclater ces épidémies de convulsionnaires dont l'histoire nous a transmis les douloureux détails ; qu'elle ait imprimé ses terreurs jusque sur les monuments sacrés ; qu'elle se soit emparée des monstres, œuvres de Satan, pour en jeter à profusion les images sur les colonnes et sous les portiques des cathédrales ; qu'elle les ait faits plus hideux que l'incube et le succube eux-mêmes ; on comprend enfin que l'âme réfugiée sous les voûtes des sanctuaires sacrés pour y implorer l'assistance divine, se sentît assiégée par une terreur qui ébranlait tous les sens et aboutissait à la production de ces terribles épidémies !

L'abbaye de Moissac renferme des sculptures qui représentent des femmes tetées par des crapauds ; à l'église de Montmorillon, de Saint-Jouin, de Saint-Jacques de Ratisbonne, on voit des monstres plus hideux encore [1] : une statue obscène figure sous le portail de Notre-Dame de Caillouville ; à l'église de Saint-Nectaire, l'artiste a rep' senté un homme enchaîné avec un serpent par un diable ailé [2].

[1] Dans le langage de la scolastique, chaque démon est incarné dans un démon auquel on donne les traits d'un monstre.

[2] Chez certains peuples de l'antiquité, chez les Assyriens et les Chaldéens, on se servait de ces images pour lutter contre l'influence des mauvais esprits, qui s'enfuyaient à leur aspect ; on les voit semées à profusion dans toutes les pagodes chinoises et dans les temples consacrés au culte de Sinto, au Japon. En Chine, elles servent à conjurer les maléfices du mauvais fung-schue, c'est-à-dire de cet esprit

Toutes ces images avaient pour but de frapper l'âme d'épouvante et de rappeler les pécheurs aux pratiques expiatoires; mais saint Bernard les jugeait avec sévérité; il les regardait comme inutiles et il s'en offusquait. Pouvaient-elles aller jusqu'à exercer sur l'imagination d'une mère une influence tératogénique? Nous aurons à traiter cette question dans la suite de cet ouvrage et nous verrons que c'est une solution affirmative qu'elle a reçue d'une des autorités les plus compétentes en ces matières.

Ambroise Paré a composé un traité sur les monstres, dans lequel il énumère les causes qui entraînent les déviations organiques chez l'homme et chez les animaux. Il en trouve treize : la première proclame la gloire de Dieu, tandis que la deuxième indique son ire. Celles qui viennent ensuite méritent moins d'être rappelées ; elles ne sont que de grossières hypothèses qui témoignent de l'influence qu'exerce sur les plus puissantes intelligences le milieu moral où elles rayonnent, lorsque ce milieu est tout imprégné de superstition. Passant à la douzième cause, nous voyons qu'il la fait consister dans l'intervention des bélîtres de l'ostière. En d'autres termes, il admet que l'imagination de la mère peut être frappée et provoquer chez elle une monstruosité. La treizième cause enfin est la participation active du démon; de l'énoncé de cette dernière cause, il résulte clairement que A. Paré donne son adhésion à la doctrine des incubes.

néfaste qui, associé au bon fung-schue ou esprit bienfaisant, constitue un culte qui joue un rôle considérable dans la vie de cette nation.

Paracelse, son contemporain, a traité le même sujet ; par la nature de ses travaux on pourrait s'attendre à moins de réserve que n'en a apporté l'illustre chirurgien dans une question aussi métaphysique. Il est cependant hostile à la doctrine ; il admet bien que les démons, à la naissance d'un enfant, ont une notion exacte de ce qu'il fera jusqu'à sa mort ; il a foi dans les sortiléges ; il croit à la divination et aux pratiques de la magie ; mais, quand il aborde la question de l'intervention tangible, matérielle du démon incube et succube dans l'acte générateur, il se refuse à la regarder comme possible. Van Helmont, qui a été le disciple et le continuateur de Paracelse, repousse également cette doctrine ; dans un passage de son *Traité des maladies*[1], il s'étend sur les maléfices que peuvent causer les démons ; mais ce n'est là qu'une action spirituelle, car ces derniers ne sont pour lui que de pures abstractions ; il les regarde comme privés de chair, liés et garrottés par le péché ; la seule puissance qu'ils puissent manifester, c'est de mouvoir les corps et les changer de place, mais ils ne peuvent les toucher, puisqu'ils n'ont pas de membres ; ils agissent conséquemment par une influence comparable à celle des astres envers les météores. Après avoir développé ainsi ses vues, il reconnaît qu'il n'est pas douteux que le démon se serve des sorciers et des sorcières pour maléficier les femmes et leur faire engendrer des enfants monstrueux.

[1] § VII.

En résumé, van Helmont ne soutient pas d'autre thèse que celle de l'influence que l'imagination troublée de la mère peut avoir sur le produit de la conception ; il écarte l'action charnelle et directe du diable, et cette exclusion mérite d'être signalée, car, de même que Paracelse, il déduisait toutes ses opinions des principes de la Kabbale ; mais il conservait assez d'empire sur sa raison pour ne pas transgresser certaines limites et ne pas tomber dans les exagérations des ascètes et des mystiques. Cependant, comme ces derniers, ces deux philosophes célèbres ont éprouvé de fréquentes hallucinations, que créait la tension cérébrale exercée par leurs travaux incessants et la nature même des problèmes qu'ils poursuivaient. Il arrivait parfois qu'à la suite d'un effort contemplatif, van Helmont s'abandonnait au sommeil : son âme lui apparaissait comme un rayon d'une éblouissante splendeur ; mais l'équilibre organique n'était pas rompu, le corps ne cédait rien de sa vigueur et son cerveau n'était pas envahi par les fantômes et les spectres qui assiègent les êtres écrasés sous le poids de l'ascétisme [1].

Dans les *Histoires prodigieuses* rassemblées par

---

[1] Parmi les auteurs anciens, on peut en citer quelques-uns qui ont laissé de la maladie incube une description qui contraste avec celle de la théologie mystique. Cœlius Aurelianus, entre autres, au cinquante-deuxième précepte, la présente comme une affection qui immobilise le corps, le plonge dans la torpeur et détermine une oppression extrême ; on éprouve la sensation d'une irruption soudaine, violente, comme si quelqu'un vous arrachait l'âme. Cœlius ajoute, au précepte suivant, que ces phénomènes peuvent résulter d'un égarement des sens ; il rappelle que les Grecs donnent à la maladie le nom

Boiastuau [1], cet écrivain estime que rien n'est plus propre à faire naître l'admiration que les monstres, par lesquels éclate le courroux de Dieu ; il rappelle les prophéties d'Osée et d'Esdras et les anathèmes qu'ils ont lancés contre ces êtres ; il se demande ensuite si le démon est capable d'exercer des œuvres de nature. Cette recherche lui est suggérée par l'apparition d'un monstre humain né en 1543, à Cracovie, de parents fort honorables ; il en fait une description qui donne au monstre une tête de chat, une trompe, et, sur les genoux, la figure de plusieurs têtes de chien de mine truculente et furieuse. Gaspard et Egidius, qui parlent aussi de ce prodige, le regardent comme ayant été engendré par un esprit malin.

Boiastuau se montre fort embarrassé en face d'une question aussi grave ; il fait alors appel à tous les témoignages de l'histoire : il a vu que Platon est regardé par quelques biographes comme issu d'une vierge et du fantôme d'Apollon. Lactance a soutenu cette opinion, et cet auteur est fort loué par saint Jérôme ; c'est aussi l'avis d'Agrippige et de Cardanus dans son traité *De rebus contrà naturam*.

Boiastuau fortifie son argumentation par le récit de l'histoire de cette demoiselle écossaise qui eut des relations avec un incube, pendant que sa pensée

d'*éphialte,* qui indique en effet l'envahissement subit. Les Latins appellent les incubes *conferentes,* qui a le même sens qu'*éphialtes*; dans *le Songe de Scipion,* Macrobe dit que l'éphialte a une forme vague comme celle d'un fantôme ou d'un spectre. Aujourd'hui ces phénomènes ont reçu le nom de *cauchemar.*

[1] Six volumes, 1598.

était dirigée du côté d'un beau jeune homme qu'elle adorait; il relate encore bon nombre de faits analogues, puis, arrivant à la conclusion, il prétend que si la mère peut en effet recevoir la compagnie d'un diable, il est absurde de supposer qu'elle puisse engendrer par ce moyen; puis, comme s'il craignait le reproche d'une crédulité exagérée, il rappelle qu'il existe un très grand nombre de monstres artificiels que les charlatans de son temps, paraît-il, fabriquaient lorsqu'ils parcouraient les villages; ils pénétraient en effet dans les familles, abusaient les parents, brisaient adroitement les bras et les jambes des nouveau-nés, enflaient leur ventre et se livraient enfin à toutes les pratiques les plus odieuses, dans le but de faire croire aux maléfices de Satan.

Le deuxième volume des *Histoires prodigieuses* a été composé par Claude de Tisserant, Parisien, en l'année 1597. Cet auteur accorde une confiance entière aux récits des monstres dont parle toute l'antiquité; il leur donne une provenance diabolique; il voit dans les faunes et dans les sylvains des incubes. Quant aux quatre derniers volumes des *Histoires* de Pierre Boiastuau, ils ne font que reproduire les mêmes doctrines et les mêmes observations.

J. Wier, dans son ouvrage ayant pour titre *les Discours et les Impostures des diables* [1], parle de la maladie incube; il croit à la réalité de la possession démoniaque; mais pourtant il évite de se prononcer

[1] En six livres traduits par J. Grévin, 1578.

sur la matérialité et l'action directe dans l'acte de la génération.

F. Hédelin [1] entreprend la réfutation de ceux qui considèrent les satyres comme une espèce d'hommes distincts des adamiques; cela le conduit à poser le problème de l'aptitude génératrice des incubes. Cependant son sentiment reste obscur; il laisse à son lecteur le soin de se former une opinion d'après les descriptions qu'il donne de certains monstres; il s'étend beaucoup sur les propriétés du bouc. Il le regarde comme un animal infect; il rappelle que ce fut un bouc noir qui apparut au comte de Cornoube, portant sur son dos l'âme de Guillaume le Roux, roi d'Angleterre, afin de la déposer aux enfers; c'est encore un bouc qui apparut dans le désert à la belle Simonis de Jamblic pour la solliciter d'amour.

Le célèbre jurisconsulte et criminaliste François Torréblanca, dans son chapitre sur la *Magie opératrice*, admet l'intervention des démons, mais en tant seulement que perception mentale de fantômes ou d'images capables alors de troubler le cours de la conception [2].

La plupart des annales démonographiques font mention d'un juge du nom de Boguet, qui, grâce à sa grande expérience, parvint à faire condamner deux hommes, Gaudillon et Pierre, convaincus d'avoir couru la nuit sous la forme, le premier d'un loup, le

---

[1] *Traité des démons et des monstres.* Paris, 1617.
[2] *Épitome des délits de sorcellerie*, dans laquelle intervient l'invocation occulte ou ostensible au démon. Londres, 1679. In-4°.

second d'un lièvre ; dans l'acte d'accusation, il est spécifié que ces formes ont été revêtues à la suite d'invocations à Satan. Les deux condamnés furent brûlés vifs ; aujourd'hui on verrait là des faits de somnambulisme compliqués de lycanthropie, c'est-à-dire d'hallucinations zoopsiques.

L'un des oracles de la démonologie, M. Antoine Delrio [1], enseigne que les sorciers ont coutume de s'accoupler avec les succubes et les sorcières avec les incubes ; il s'appuie sur de nombreuses autorités, telles que Philon, saint Cyprien, Tertullien, saint Thomas d'Aquin, Lactance, etc.; puis il formule les cinq propositions suivantes :

1° La Genèse est affirmative sur l'origine des géants, monstres issus des fils de Dieu, qui ont eu des relations avec les filles des hommes;

2° Une sorcière et un incube sont aptes à procréer ensemble ;

3° Le démon ne peut toutefois engendrer par sa propre substance : dans ce cas, le père réel est l'homme, dont l'incube a supposé la semence ; ce qui, ajoute-t-il, est le propre sentiment de saint Thomas ;

4° Une femme peut concevoir sans être corrompue, mais non sans se livrer à l'œuvre de chair ;

5° L'art magique peut faire naître des géants et des pygmées.

---

[1] *Recherches magiques*, Louvain, 1598. Ce traité, en six livres, a eu de nombreuses réimpressions; l'édition la plus complète est celle de Venise, 1746. En 1611, André Duchêne l'a abrégée et traduite en français, en 2 volumes. C'est certainement le recueil le plus complet sur les questions qui se rattachent à la démonologie.

Le savant jésuite belge n'a pas manqué de s'appuyer sur l'autorité de la liturgie romaine, qui a consacré la doctrine de l'incube dans une hymne qu'on chante aux vêpres à complies, au temps de Pâques.

La première strophe de cette hymne, que cite Delrio, est la suivante :

> Procùl recedant somnia
> Et noctium phantasmata,
> Hostemque comprime,
> Ne polluantur corpora!

L'action démoniaque ne saurait être plus énergiquement matérialisée ; ce n'est pas une obsession spirituelle, une provocation mystique contre lesquelles le secours divin est invoqué ; c'est bien réellement l'étreinte charnelle, effective, capable de souiller le corps. Ces tentations sensibles sont des faits si fréquents, que le prieur d'un couvent de Carmes avait dû se faire garder jour et nuit par deux cents hommes occupés à frapper l'air de leurs épées, afin de couper la route aux démons qui s'approchaient de lui [1].

Mais toutes ces précautions prises contre Satan sont souvent impuissantes à en triompher, ainsi que l'atteste le récit d'un évènement horrible qui se passa en l'an 1640, dans le faubourg Saint-Marcel à Paris. Un misérable mécréant eut l'audace de blasphémer

---

[1] *Histoire de Paris*, par Maxime du Camp, t. IV, p. 375.
Les gestes que les prêtres font avec la main, à certains temps de la célébration des offices, ont pour origine le soin qu'on doit prendre d'écarter les démons qui peuplent l'air (*aereas potestates*) et cherchent à troubler la sainteté du sacrifice divin.

contre Dieu ; aussitôt des légions de démons se
transformèrent en dogues et le dévorèrent. Les voisins prévinrent le curé de la paroisse ; celui-ci,
accompagné du vicaire et de deux religieux, se rendit
auprès de lui. A peine s'étaient-ils approchés de ce
malheureux, qu'ils furent pris d'une vision diabolique et, vite, s'en retournèrent chez eux : ils venaient d'apercevoir le cadavre du blasphémateur dé-
chiré par des chiens furieux !

Le narrateur fait suivre son récit émouvant de
réflexions dans lesquelles il prétend qu'on doit voir
là un cas spécifié par la théologie et dans lequel les
démons corporels et incorporels s'incarnent dans la
chair des hommes, saisissent les âmes et opèrent
leurs maléfices ; il conclut en disant que les monstres
sont des signes précurseurs des catastrophes [1].

Dans maints endroits de ses écrits, Mélanchthon a
certifié la réalité des apparitions sataniques. Luther
voulait que le démon pût vivre jusqu'à sept années
dans le corps d'un possédé [2]. Pour lui, tout enfant
provenant de source incube est d'essence particulière,
et meurt avant la huitième année ; il croit, par conséquent, aux incubes, et s'est laissé raconter par
l'électeur de Saxe Jean-Frédéric qu'une très illustre
famille d'Allemagne avait eu pour premier ancêtre
le diable lui-même, incarné dans une succube. Ce
fait est rapporté dans les *Propos de table de Luther,*

---

[1] L'auteur de ce récit est anonyme ; il en existe un exemplaire à
la bibliothèque Carnavalet (n° 14838).

[2] Ce chiffre sept est familier au grand réformateur ; il est emprunté à la Kabbale, à laquelle il était initié.

et, si tout ce qui se trouve dans ces récits posthumes [1] est l'exacte reproduction des idées du célèbre réformateur, il est difficile de contester ses convictions en fait de démonialité. Le diable, dit-il, a le pouvoir d'attirer à lui les vierges et d'engendrer avec elles des diablotins; quant à lui, il l'a vu bien souvent. Lorsque, livré à ses méditations, il le sent s'approcher, il lui jette son encrier à la face. Satan affectionne beaucoup ceux qui sont plongés dans le travail de la pensée et dans la solitude; Luther le sait. Il fuit donc et conseille de fuir l'isolement: « Malheur, répète-t-il avec Salomon, malheur à ceux qui vivent seuls ! « Et il cite ce moine qui, en butte aux tracasseries du diable, s'écrie qu'il désertera à jamais la cellule où il se tient renfermé [2].

En effet, l'isolement est une des conditions les plus favorables à l'ascétisme; saint François n'est pas moins obsédé que Luther, mais il s'ingénie, comme lui, en tours malicieux, et, comme lui aussi, il parvient à vaincre Satan.

En 1611, à Lyon, Jude Serclier, chanoine régulier de l'ordre de Saint-Rufz, Dauphinois, fit paraître son *Antidémon historial*. Le chapitre XIV traite de la génération, conservation et résurrection du corps

---

[1] Ces *Propos de table* ont été publiés par G. Brunet, 1844. — A la page 27 on trouve la note suivante du traducteur : « La maison de Haro a pour souche une succube; les individus de cette famille ont tous des pieds de biche, et c'est de là qu'elle tire son nom. »

[2] Contraste singulier! Luther croit au diable, mais il ne poursuit pas les sorciers; Calvin n'a pas cette superstition, mais il fait brûler les possédés et pendre les enfants qui appellent leurs mères diablesses !

humain, contrefaites par Satan. Le troisième paragraphe est consacré aux incubes et aux succubes : il y est dit que le diable se mêle aux humains par commixtion charnelle, en se formant un corps aéré ou bien en empruntant quelque carcasse d'un roué ou d'un pendu ; c'est ainsi qu'il allèche les misérables, et les rend criminels devant Dieu. Il rapporte l'histoire de ce diable qui apparut sous la forme d'un beau et jeune soldat à une femme mariée, avec laquelle il vécut six années ; au bout de ce temps, elle se repentit et s'adressa à saint Bernard, qui lui donna son bâton pour le chasser ; elle parvint, en effet, à s'en délivrer [1]. Serclier relate ensuite le fait suivant, qui se passa de son temps : une jeune fille trouvait chaque nuit, dans sa couche, un incube admirablement beau ; elle ne savait comment il pénétrait ainsi chez elle. Ses parents résolurent de l'épier, afin de surprendre ce démon audacieux ; mais, au lieu d'un bel adolescent qu'ils s'attendaient à voir, ils se trouvèrent en face d'un monstre hideux. Ils s'enfuirent précipitamment ; pourtant le prêtre qui les accompagnait tint bon et récita le commencement de l'Evangile de saint Jean : *In principio erat Verbum...*; arrivé aux mots : *et Verbum caro factum est,* il entendit un bruit effroyable, la flamme consuma tous les meubles de la chambre, et le monstre disparut, soulevant le faîte de la maison !

---

[1] Serclier ne semble pas convaincu du pouvoir antisatanique du bâton, car il ajoute que ce furent plutôt les prières de saint Bernard qui opérèrent le miracle !

On voit combien, à ces époques, la démonologie obsède tous les esprits, et quels crimes sont commis en son nom.

Quelques années avant l'évènement du faubourg Saint-Marcel, le maréchal d'Ancre avait été assassiné par ordre de Louis XIII. A cette nouvelle, tout Paris se mit en fête ; on déterra le cadavre, on le déchira et on le réduisit en cendres. Deux mois après, la Galigaï, sa femme, fut accusée de sorcellerie, traduite en jugement et condamnée à être décapitée en place de Grève ; l'infortunée maréchale fit preuve d'un tel courage devant la mort, qu'elle désarma la colère du peuple, et sa mémoire reçut les marques les plus touchantes de compassion et de regrets.

Telles sont, dans leurs débordements, les masses populaires ; toutes faites de manifestations extrêmes nées du conflit entre le cœur qui ordonne et la raison aveugle qui refuse : organisme sans équilibre qu'enchaînent l'ignorance et la superstition !

Le lendemain de la mort de la maréchale, un pamphlet circulait, dans lequel est décrite la figure d'un esprit étrange, roulant des yeux hagards ; sa bouche a l'aspect d'un gouffre ; il a le corps d'une chenille ; des ailes remplacent les membres ; il ressemble enfin à un monstre aquatique ! Tel est le mauvais ange qui garde Concini ; puis, à côté de lui, paraît le fantôme de ce dernier, sous la forme d'un monstre humain tout couvert d'écailles [1].

---

[1] Ce pamphlet, dont un exemplaire existe à la bibliothèque Carnavalet, a pour titre : *Dialogue entre la Galligaya et le Misoquin,*

Dans son sermon pour le premier dimanche de carême, Bossuet soutient la réalité de la possession diabolique.

En 1700, le R. P. Louis-Marie Sinistrari d'Ameno, fait paraître, à Venise, la première édition de son ouvrage ayant pour titre : *Des délits et des peines*, comprenant tous les crimes, et notamment celui de bestialité. Il soumet à un examen approfondi la question de la démonialité. Tout récemment, M. Liseux a découvert et traduit un manuscrit de Sinistrari, traitant de la démonialité et des animaux incubes et succubes; l'auteur prouve l'existence sur terre de créatures raisonnables autres que l'homme, pourvues comme lui d'un corps et d'une âme, naissant et mourant dans les mêmes conditions, rachetées par le Christ, et capables de salut et de damnation. Ce manuscrit faisait-il partie du *De delictis et pœnis*, dont l'édition vénitienne fut mise à l'index par la Cour de Rome? Le traducteur le soutient et en découvre la preuve dans quelques fragments reproduits sans correction dans la deuxième édition de l'ouvrage, autorisée et publiée en 1754. Il en résulterait donc que la doctrine de la bestialité et de la démonialité continuait à se perpétuer dans l'enseignement ecclésiastique. Il ne semble pas, en effet, que la mise à l'index ait visé cette doctrine, puisqu'elle se trouve exposée dans l'édition de 1754[1]; d'ailleurs, elle est encore

---

esprit follet qui lui amène son mari; rencontre dudit esprit avec l'ange gardien de monsieur le prince. Ce pamphlet parut en 1617.

[1] Tit. VIII, § v, p. 496.

formulée dans l'*Embryologie sacrée* de Cangiamila et dans toutes les conférences ecclésiastiques subséquentes, ainsi que nous le verrons au chapitre consacré au baptême des monstres [1].

Nous ne pouvons omettre de citer l'opinion d'un des plus célèbres écrivains de l'Allemagne : Goerres soutient que l'action du démon est certaine et positive [2].

Le P. Delaporte, dans son livre ayant pour titre : *Le Diable,* consacre également la doctrine démonologique ; le diable, selon lui, est dépourvu de corps, et conséquemment n'a ni pieds ni cornes ; si, avec la permission de Dieu, il communique avec l'homme, il faut qu'il ait recours, comme le font les bons anges

[1] Liseux, Paris, 1876. — Dans la préface, Liseux avance que le chef-d'œuvre du P. Sinistrari a reçu par sa traduction un accueil favorable de la part du clergé catholique, à cause de l'éclat qu'il jette sur l'enseignement de l'Église romaine. A la fin de l'ouvrage est la reproduction d'une lettre d'adhésion signée du R. P. provincial des Capucins à Paris. — Le même sentiment est exprimé dans la préface du *Dictionnaire infernal* de Collin de Plancy, 6e édition.

[2] *La Mystique chrétienne,* t. III, p. 440 et suiv. — Goerres est né à Coblentz en 1776 et est mort en 1848. Il fut pendant sa jeunesse un défenseur ardent des principes de la Révolution française en Allemagne. Son livre sur l'Allemagne et la Révolution effraya les souverains. Vers 1827, il occupa une chaire de philosophie à l'université de Munich. C'est à cette époque qu'il passa dans le camp de la réaction catholique et monarchique et qu'il chercha dans le moyen âge son idéal religieux et politique. Comme philosophe, il est le disciple de Schelling et de la philosophie de la nature, dont il développe le côté mystique et théosophique.

Il a exposé ses vues dans sa *Mystique chrétienne* (1836) et dans son ouvrage sur l'Eglise et l'Etat (1843). Ses idées sur la démonologie dérivent sans doute de ses études sur l'Inde ; il a d'ailleurs publié un livre sur la *Mythologie asiatique.*

eux-mêmes, à une forme visible ; il ajoute que rien n'empêche que le bouc ne soit l'aspect sous lequel il se montre parfois, car c'est cet aspect bestial qui révèle le mieux la dégradation qui lui est infligée par son juge et maître.

Il termine en déclarant que la question des formes diverses qu'il peut revêtir sort du domaine de la foi pour entrer dans celui de l'art, créateur du symbolisme satanique [1].

Ce rapide aperçu sur la démonologie était indispensable à notre sujet ; il en ressort que la doctrine des incubes et des succubes, qui remonte aux premières époques de l'humanité et qui s'est perpétuée jusqu'à nos jours, joue un rôle considérable dans la production des monstres.

---

[1] *Le Diable,* par le P. de la Porte, de la société de la Miséricorde, docteur en théologie, professeur de dogme à la Faculté de Bordeaux. Paris, 1864. Dillet, éditeur.

CHAPITRE IV.

HYPOTHÈSES NOUVELLES SUR L'ORIGINE DES MONSTRES.

Quelque variés que soient les aspects sous lesquels se présentent les doctrines démonologiques dans les religions et les philosophies de l'antiquité, un lien commun les réunit : c'est le dualisme, c'est-à-dire le principe opposé à la conception de l'unité créatrice. Chacun des éléments de ce dualisme, le génie du Bien et le génie du Mal, sont en lutte incessante l'un contre l'autre : le premier crée parfaits tous les êtres; le second les déforme et crée les monstres. Que sont, dans la pensée des hommes, ces monstres, sinon des infractions aux lois de la nature? Le génie du mal manifestera donc sa puissance en multipliant les êtres hideux qui deviennent ainsi les témoignages les plus éclatants de la doctrine dualiste.

Or, le christianisme est sorti des doctrines de l'antiquité; il les résume toutes dans une synthèse dont son fondateur a dégagé d'une manière éclatante la pensée morale, mais sans toucher à ce dualisme,

qu'on y retrouve sous la forme d'une démonologie
qui continue la tradition de celles qu'on rencontre à
la base de tous les cultes polythéistes [1] ; c'est ainsi
que Satan a pris la place du Typhon des Égyptiens,
des Érynnies grecques, du Mordad persan, de l'As-
modée mède, etc., et qu'il travaille sans relâche à
troubler la nature dans l'harmonie de ses créations.
Cependant, au milieu de l'affolement universel qu'une
démonomanie effrénée fait éclater à certaines époques de l'histoire, quelques esprits courageux auront
l'audace de faire entendre leurs protestations ; l'un
des plus illustres, Pierre Pomponace, publia vers
1520 un traité sur *le Destin*, dans lequel il déclare
qu'il n'y a que les sots qui songent à attribuer à Dieu
ou au diable les effets dont ils ne connaissent pas les
causes ; il veut qu'on s'en tienne à la nature chaque
fois que, pour l'explication d'un phénomène, si extraordinaire qu'il paraisse, les raisonnements naturels sont suffisants. Il ne fait pas, il est vrai, l'application particulière de cette sage maxime aux monstres,
mais, quelque indirectement que ce soit, il n'en arrive
pas moins à saper la démonologie tératogénique ; il
nie énergiquement que les démons soient capables
de porter le moindre trouble dans le corps, et il invoque l'autorité d'Aristote, qui s'est toujours montré

[1] A ce dualisme répondent :
1º La théurgie ou magie blanche ; c'est la science des génies bien-
faisants ;
2º La goétie ou magie noire ; c'est la sorcellerie qui la pratique.
C'est à cette démonologie que nous pouvons donner le nom de *démonologie tératogénique.*

très hostile aux génies du mal intervenant dans les actions humaines.

Mais Pomponace ne parvient pas à vaincre Satan; les monstres restent son ouvrage et l'on continuera à voir en eux le témoignage de ses maléfices : l'incube tentera toujours la femme qui succombera, et l'infortunée, traînée sur le bûcher, expierra dans les flammes le crime imaginaire qu'elle a cependant confessé elle-même; car son esprit, déjà ébranlé par la maladie hystérique, s'est affaissé sous le poids des terreurs qu'une accusation horrible lui a inspirées.

La démonologie, en effet, procède de la démonopathie, c'est-à-dire de symptômes réels que la science rattache à une affection parfaitement définie, à un trouble fonctionnel qu'éclairent chaque jour la physiologie et la clinique, et que l'impuissance à guérir diminue au fur et à mesure des progrès de l'hygiène intellectuelle et morale.

Au moyen âge, une des sources les plus fécondes de cet état était l'ascétisme religieux.

Nous allons voir maintenant la superstition tératologique persister dans le domaine de la religion, mais elle sera ébranlée par une doctrine qui, bien que fausse, n'en sera pas moins un acheminement vers la vérité dont la science est aujourd'hui en possession.

Nous avons vu que la croyance dans l'origine adultérine des êtres humains monstrueux avait reçu, grâce à la découverte de l'anencéphale d'Hermopolis, une démonstration éclatante. Cette croyance repose sur

une conception commune à toute l'antiquité et qui
s'est perpétuée jusqu'à une époque récente ; elle consiste à regarder comme possible la fécondation après
l'accouplement d'êtres appartenant à des espèces différentes, y compris l'espèce humaine. Cette conception a été, en effet, celle de la nation juive, de
l'Égypte, de l'Inde, de la Grèce, de Rome, etc. Nous
avons vu Thalès ne s'étonner aucunement de la naissance d'un centaure qu'il met sur le compte du jeune
pâtre gardien des juments de Périandre, mais réser-
ver son scepticisme et son ironie pour le mauvais
augure que ce dernier en tire au sujet de son sacrifice à Vénus.

Cependant le scepticisme du plus illustre des sept
sages de la Grèce n'empêche pas que les présages
néfastes annoncés par l'apparition d'un monstre ne
soient la croyance universelle ; Thalès n'est pas
d'ailleurs le seul, et nous avons signalé les efforts
que Cicéron fera de son côté pour vaincre cette superstition ; mais pour ce qui est de la fécondation
entre tous les animaux à quelque espèce qu'ils appartiennent, il y a une unanimité presque complète:
les savants philosophent tous sur ce sujet et cherchent à en fournir des exemples et des explications.

Faisons donc une rapide excursion dans le domaine des idées qui se sont produites aux diverses
époques au sujet du mode de génération des êtres
monstrueux.

Les Éthiopiens se prétendent le plus ancien peuple
de la terre ; ils avancent que, depuis les premiers

temps de la création du monde, leur contrée est celle qui a été la plus échauffée par les rayons du soleil; ils voient dans la naissance d'un être une fermentation provoquée et activée par ces rayons; dans le principe, l'animal est neutre; il se transforme graduellement jusqu'à ce qu'il arrive à se sexualiser; il est alors apte à s'accoupler avec un être d'un sexe opposé, et c'est du sein de ces phases incessamment variables que sortent des individus monstrueux.

Hippocrate s'est occupé des monstres, mais le mécanisme de leur genèse lui a échappé et il n'a hasardé aucune explication.

Galien a également porté son attention de leur côté; il s'est arrêté sur l'hippocentaure; mais il doute de la réalité d'un tel phénomène. Cette association d'un homme-cheval est cependant affirmée par tant d'écrivains, qu'il termine sa dissertation en disant que, si ce prodige se produit parfois, il ne peut vivre que quelques instants. C'est la même opinion qu'Héraclite exprime; il croit à la naissance d'animaux possédant une double nature, mais il les regarde comme n'ayant aucune chance de prolonger leur existenee au-delà de quelques instants.

Aristote, dans son *Traité de la génération* [1], tout en reconnaissant qu'une malformation peut entraîner une certaine ressemblance entre un animal et un être humain, a essayé d'éclairer ce point; il pense qu'un animal déterminé, quant au type spécifique, ne

[1] Liv. II, § III.

pourrait avoir été engendré par des parents appartenant à des espèces différentes ; par exemple, jamais un chien ne proviendra d'une femme, une brebis
d'une vache ; ce qui s'y oppose, c'est que le temps
de la gestation est réglé et n'est susceptible d'aucune
variation pour chacune de ces espèces.

Aristote est donc le premier et sans doute le seul à
protester contre le sentiment de toute l'antiquité, et
les arguments qu'il invoque, pour n'être pas les plus
puissants, n'en témoignent pas moins d'une grande
portée de vue. En tous cas, c'est dans cette voie d'observation qu'il convenait de s'engager, et nous allons
constater cependant que les naturalistes qui vinrent
après lui ne trouvèrent rien de mieux que de se
livrer à des spéculations stériles ; c'est ainsi que Pline[1]
fait remarquer que les monstres sont d'une extrême
rareté chez les oiseaux, ce qui serait dû, d'après lui,
à ce que ces animaux sillonnent dans tous les sens
les espaces infinis, et qu'ils ne peuvent se rencontrer
que très difficilement. Pour les poissons, il en est
tout autrement ; en effet, la mer reçoit dans son
immensité les germes qui tombent de ses mains
fécondes et incessamment actives, et elle leur procure
une alimentation riche et abondante ; mais, comme
ces germes sont sans cesse agités par les vents et les
flots, ils se mêlent entre eux et de cette confusion
résultent des anomalies et des monstres. Cette conception plus poétique que scientifique conduit Pline

---

[1] *Histoire naturelle*, § AQUATILIA.

à exposer le récit d'une députation qui fut envoyée de Lisbonn eà Tibère, afin de lui annoncer qu'un Triton venait d'être aperçu sur la plage jouant des airs avec une conque marine ; il ne doute pas de la réalité de ce cas ; il prétend du reste que, sauf les écailles, les néréides revêtent des formes tout à fait humaines. On comprend que Buffon et Lacépède n'aient pas dû se livrer à de bien grands efforts pour réfuter un fait de ce genre sorti de la plume d'un écrivain qui est cependant mis au rang des plus grands naturalistes de l'antiquité ; mais Pline ne s'arrête pas là, il admet l'existence d'animaux bien caractérisés et qui auraient été engendrés par des femmes ; il a donc le droit d'affirmer avoir vu de ses propres yeux le célèbre hippocentaure, né en Thessalie, et dont l'empereur Claude avait ordonné qu'on enregistrât l'apparition ; malheureusement pour Pline, on a, depuis, acquis la certitude qu'il n'a pas vu, comme il le prétend, le monstre vivant, mais seulement une momie qui avait été rapportée d'Égypte à Rome ; or, cette momie n'était elle-même que le corps d'un jeune cheval réuni à un fœtus humain au moyen d'une suture adroitement dissimulée. Pline a donc été le jouet d'une supercherie, comme il l'a été de sa facile crédulité quand il rapporte ailleurs qu'une femme a mis au monde un éléphant très caractérisé.

La doctrine de la naissance des monstres résultant du mélange des espèces différentes a été également le sujet des préoccupations des théologiens.

Saint Jérôme dogmatise gravement sur ce point : pour lui, la douceur du climat des Gaules explique la rareté des êtres hybrides, qui pullulent, au contraire, sous les zones brûlantes de l'Afrique équatoriale, et que la facile promiscuité des animaux engendre incessamment. Cette origine n'exclut pas, d'ailleurs, le procédé satanique, et le diable, ajoute le saint, ne mêle que trop souvent son œuvre à celles de la nature.

Les astrologues viennent, à leur tour, proposer une explication du phénomène : pour eux, la plus grande fréquence des monstres des contrées chaudes n'est pas douteuse, et elle vient de l'écartement que fait la planète Vénus avec le Zodiaque et qui atteint son maximum dans ce point du globe. D'autres astrologues ont calculé que, si la lune se trouve en une certaine conjonction au moment où la femme conçoit, il peut en résulter un être difforme.

Ces théories astrologiques ont leur importance à cette époque, et nous verrons un peu plus loin qu'elles ont servi à sauver de la mort un berger accusé d'être le père d'un monstre. Suivant Boiastuau [1], la doctrine astrale aurait eu pour promoteur principal le savant Alcobiti, et il ajoute que Julius Maternus et le jurisconsulte Alciat lui ont prêté l'appui de leur haute autorité.

C'est vers cette époque que parut la *Grande Encyclopédie universelle de Henricus Asteldius*, où il est rap-

---

[1] *Hist. prodig.*, t. I, §.5.

porté qu'un astronome danois, dont l'auteur omet de citer le nom, a trouvé le secret de la genèse des monstres : ceux-ci seraient engendrés par les comètes. Cet astronome était en même temps médecin ; il pensa que l'étude des deux sciences qu'il menait de front l'avait mis sur la voie du véritable mécanisme de la formation des êtres difformes ; il les considérait comme des tumeurs éparses dans le firmament, et qui, venant à être précipitées sur la terre, y prenaient toutes sortes de formes insolites et extraordinaires.

Sans doute cette conception est toute fantaisiste, au moins autant que les précédentes ; mais elle avait le mérite d'ébranler la doctrine démonologique et de déposséder Satan de son pouvoir tératogénique : l'incube cédait la place à une influence céleste irresponsable ou à des phénomènes auxquels il était absolument étranger. On aurait donc pu espérer que les flammes des bûchers allaient s'éteindre ; il n'en fut rien : elles continuèrent à dévorer les mères qui mettaient au monde des monstres ; trop heureuses étaient celles qui en étaient quittes pour les anathèmes de l'Eglise ! En voici un exemple mémorable que nous a transmis l'histoire :

Robert le Pieux avait épousé, en 995, Berthe, veuve d'Eudes, comte de Chartres, sa cousine au quatrième degré. Cette parenté constituait un obstacle canonique au célibat. L'archevêque de Tours avait bien octroyé une dispense, mais le légat de France avait refusé de donner son assentiment et il avait fait déclarer par la curie romaine l'illégitimité de

l'union, suivie de l'excommunication du couple royal.
Le cardinal saint Pierre Damien, écrivant à l'abbé
du Mont-Cassin, raconte que la terreur produite par
cette excommunication fut telle, que tout le monde
s'enfuyait à l'approche du roi. Le pauvre monarque
fut peu à peu délaissé par toute la Cour et par ses
serviteurs, à l'exception de ceux qui lui préparaient
ses aliments ; de plus, la colère d'en haut s'étendit
jusque sur la reine, qui mit au monde un enfant
ayant une tête et un col d'oie.

Sismondi, dans la relation qu'il donne de cet évènement, met en doute l'abandon du roi par ses sujets,
et il pense que Damien a exagéré et assombri le sujet ;
mais, quant au monstre, il le considère comme un
fait indiscutable et qui résulte, selon lui, des terreurs
que les menaces et les foudres romaines ont semées
dans l'esprit de la reine Berthe, au cours de sa
grossesse.

Plein de respect pour la sentence papale, Robert
répudia Berthe, et épousa Constance, fille de Tail-
lefer, comte de Toulouse ; mais la vengeance divine
n'était pas assouvie, et la conduite scandaleuse de la
nouvelle reine continua à faire le tourment du malheureux Robert.

Le comte de Ségur [1] donne le texte du décret
d'excommunication, qui est ainsi conçu : « Qu'ils
soient maudits dans leurs biens et leurs enfants ; que
leurs intestins se répandent comme ceux de l'impie

---

[1] *Histoire de France*, f. IV, p. 66.

Arius!» Et cet historien ajoute qu'aussitôt que le décret eut été lancé, tout trembla : le service cessa dans les églises; les sacrements furent refusés aux vivants, et la sépulture aux morts; en chaire, les prédicateurs annoncèrent que la reine Berthe avait mis au monde un enfant qui avait les pattes d'un oison, en punition de Dieu!

Et Sismondi termine le récit par cette réflexion : « Ce qui est plus étrange que la barbarie de l'arrêt d'excommunication, c'est la lâcheté d'une grande nation qui s'y soumit ! »

Vers 1200, au temps d'Albert le Grand, une vache mit bas un veau à demi humain : un berger fut aussitôt accusé de ce crime ; moins heureux que le pâtre des troupeaux de Périandre, il fut condamné à être brûlé vif, ainsi que la vache, conformément à la loi mosaïque. Mais Albert le Grand intervint; il étudia le cas et exposa que ce phénomène pouvait être dû à l'influence de quelque constellation. Le berger fut remis en jugement, acquitté et rendu à la liberté, grâce à la puissance tératologique des astres, invoquée si à propos par l'illustre dominicain.

Dans ses annales de Portugal, Castaneda rapporte qu'une femme avait été, à la suite d'un crime, transportée dans une île habitée par des singes ; elle eut commerce avec eux et devint grosse. Le bruit ne tarda pas à s'en répandre dans tout Lisbonne : ordre fut donné de rapatrier la malheureuse, afin qu'elle fût traduite devant la Cour criminelle, qui la condamna à être brûlée vive. L'arrêt allait recevoir son exécution, lorsque les grands de la ville intercédèrent pour elle ; ils obtinrent qu'on lui ferait grâce du bûcher, mais elle dut aller se renfermer dans un cloître, où elle termina ses jours.

On trouve, dans les écrits de Bartholin, qu'une fille, ayant mis au monde un monstre à tête de chat (*katzenkopf*), fut brûlée toute vive, sur la place publique de Copenhague, *ob lasciviorem cum fele jocum*. Ce fait se passait en l'an 1683 : le grand anatomiste, en le racontant, ne paraît pas s'en émouvoir, bien que, mieux qu'un autre, il eût pu rechercher si un tel crime est possible, et s'il n'existait pas uniquement dans l'imagination des juges.

Cependant, quelque éloigné qu'on fût, et pour bien du temps encore, de la notion vraie des causes qui concourent à la production des anomalies et des monstruosités, le courant des opinions s'écarte de plus en plus de la doctrine de l'antiquité.

Nous avons mentionné l'opposition faite par Paracelse à la genèse démoniaque ; mais il a un système tératogénique à lui, et il en donne l'exposé dans un traité spécial, qui a pour titre : *De generatione hominis ;* il constate que certains êtres viennent au monde avec des imperfections diverses : ils ont plusieurs têtes, plusieurs mains, plusieurs doigts, contrairement à l'arrangement ordinaire. Or, à quoi tiennent ces perversions ? C'est, d'après lui, à la viciation accidentelle de la liqueur vitale, et cela se produit de la façon suivante : lorsque la semence destinée à la tête se sépare en deux courants, tandis que celles qui doivent former les autres parties du corps restent unies, il en résulte l'apparition de deux têtes; que la semence digitale vienne à se trifurquer, au lieu d'un seul doigt il en poussera trois : voilà pour le phénomène des monstruosités par excès. Quant à celles qui rappellent la figure de tel ou tel animal, il suppose qu'elles sont dues à l'ingestion de boissons ou d'aliments qui contiennent un germe femelle d'un animal quelconque; ce germe, évoluant dans le sein d'un être d'espèce différente, aboutira à la production d'un monstre. Une telle hypothèse ne s'appuie, bien entendu, sur aucune observation sérieuse. Aussi, lorsque l'imagination de Paracelse lui en suggérera une autre, il ne fera aucune difficulté à l'abandonner, pour en proposer une nouvelle n'ayant pas de rapport avec la première. Cette fois, c'est l'astrologie qui en fera les frais : le ciel, dans le principe, comprenait de grosses masses qui, par des influences astrales mystérieuses, furent converties en géants, nymphes, gnomes ou pygmées; quant à nous, humains, notre origine est exceptionnelle; nous sommes tous issus d'Adam, créés par les mains de Dieu, et nous n'avons rien de commun avec les constellations qui ont fourni la matière de ces géants!

Dans son *Traité des expressions météoriques*, il enseigne que la nature est capable d'engendrer des oiseaux ignés, tels que le dragon ou la salamandre, qui, selon lui, prennent naissance dans les airs. Il importe ici de faire remarquer que, dans le langage métaphysique de Paracelse, l'expression d'« astres » n'a pas le sens habituel ; pour lui, les astres ne sont pas ces clartés qui brillent au ciel, mais bien les germes de choses, les forces supérieures qui engendrent tout, fécondent tout ; ces astres ne sont pas visibles à nos yeux, ils sont immatériels ; Dieu les met en mouvement pour produire le monde. En résumé, la doctrine tératogénique de Paracelse est très confuse, et il est bien difficile de pénétrer le fond de sa pensée, au sujet des causes des monstruosités.

Van Helmont a exposé également ses vues sur la formation des monstres, mais elles ne sont guère plus nettes que celles de son maître. Il existe, dit-il, une splendeur donnée aux semences des choses et des êtres ; cette splendeur, distincte de l'âme, ne représente pas la forme de la plante ni celle de l'animal, car il n'y aurait aucune différence entre les formes des diverses créatures ; mais elle possède quelque chose de spécifique : elle constitue la vie et les modes de tout ; c'est un supplément nécessaire, faute duquel le fœtus dégénère en un autre être mal fait, en un monstre [1].

Quand nous avons traité de la question de l'intervention matérielle des incubes, nous avons vu que van Helmont ne l'admet pas, mais il croit cependant que la terreur que Satan inspire à la mère peut déterminer chez elle une perturbation et causer une monstruosité ; par quel mécanisme ? C'est en soustrayant aux semences des choses et des êtres la

---

[1] *Principes de physique*, p. 118 et suiv.

splendeur, sans laquelle leur perfection ne peut s'accomplir ; puis il cherche à appuyer par un exemple cette théorie, en quelque sorte spiritualiste, et qui, en tout cas, ne heurte pas l'orthodoxie. Il rapporte le fait suivant, qu'il a emprunté aux *Annales belges* : une truie met bas six petits, dont les têtes, les visages et les membres étaient humains, tandis que le reste du corps était porcin ; or, dit notre philosophe, la mère était, à n'en pas douter, de l'espèce porcine, et, si les têtes sont humaines, il faut bien admettre qu'elles contiennent autant d'âmes sensibles. Arrivé à cet endroit du récit, il se trouve en présence du problème de l'origine de la monstruosité ; il n'a garde de se contredire, et, fidèle à sa théorie, il repousse l'hypothèse d'un commerce illicite. Mais comment appliquer cette théorie à un animal ? Le démon a-t-il maléficié une truie ? Cependant le chroniqueur belge l'affirme. Il se tire de toutes ces questions fort embarrassantes, en dissertant sur le problème de l'âme, et en s'écartant de plus en plus de son sujet, c'est-à-dire des six petits porcins qui, vraisemblablement, étaient beaucoup moins humains qu'il le croit, et que l'historien belge le prétend.

Ainsi, toutes les hypothèses qui viennent d'être rappelées et que la scolastique suggérait pour expliquer la formation des monstres n'arrivaient guère à s'imposer aux esprits superstitieux de l'époque. Cependant, si fausses qu'elles fussent, elles n'étaient pas stériles ; elles contribuèrent certainement à ébran-

ler la démonologie. Satan conserva toujours sa royauté
tératogénique, mais il ne l'exerçait plus aussi souvent; on admit que d'autres causes que lui pouvaient
produire ces dérogations aux lois de la nature, et le
nombre des victimes qu'on poursuivait en son nom
s'apprêta à diminuer, en proportion même de la rareté de son intervention.

CHAPITRE V.

LE MOYEN AGE ET LES MONSTRES.

Les monstres continuaient à être l'une des graves préoccupations de cette époque ; les écrivains ne laissaient échapper aucune occasion d'en parler : les uns ne s'étendaient guère au-delà des simples descriptions, d'où le monstre sortait généralement plus déformé et plus hideux qu'il ne l'était en réalité ; les autres se livraient à d'interminables discussions sur leur origine, et leurs raisonnements reflétaient toujours la croyance dans l'origine bestiale de ces êtres, soit que le diable fût intervenu, soit qu'il fût regardé comme étranger à leur création.

M. del Rio rapporte le fait suivant : une jeune demoiselle suédoise, de très honorable maison, se promenait un jour, en compagnie d'une de ses servantes, sur la lisière d'un bois : soudain, un ours se précipite sur elle, l'enlève et, sans lui faire aucun mal, l'entraîne dans sa caverne ; elle y fut l'objet des plus grands soins, et, lorsque le neuvième mois fut écoulé, elle mit au monde un fils velu comme le père, et terminé par deux pieds humains. A la nouvelle du rapt de la victime, plusieurs chasseurs s'étaient réunis et avaient décidé qu'ils se mettraient aussitôt à la recherche du ravisseur ; ils réussirent, en effet, à le surprendre après la naissance de l'enfant ; mais il résista ; une lutte acharnée s'engagea, dans laquelle il fut vaincu et tué ; quant au nouveau-né, ils s'en emparèrent et le conduisirent à la ville. Lorsqu'il fut devenu grand, il s'enquit du sort qu'avait eu son père et il réussit à assassiner ses meurtriers. Ensuite, il se maria et il eut un fils, qu'il appela Tregel Sprachaleg ; ce dernier engendra à son tour Ulfus, père de Suénon[1], roi de Danemark.

Ce récit est confirmé par Saxon le grammairien et par Jean Magnus et Olaüs Magnus, qui successivement occupèrent l'évêché d'Upsal. Palfyn rapporte aussi ce fait dans son *Traité des monstres* et il déclare qu'il ne met pas un instant en doute son authenticité.

Suivant la *Grande Chronique des Pays-Bas,* parue en 1433, on pêcha sur les côtes de Pologne un poisson qui avait la forme d'un homme ; sa tête était coiffée d'une mitre et il tenait entre ses bras une crosse ; il était enfin, dit le chroniqueur, revêtu de tous les ornements d'un évêque qui officie ; il marchait sur des pieds ; il se laissait volontiers approcher et toucher

---

[1] Ce Suénon est-il le Suénon Ier, surnommé Tyfve-Skeg, quatorzième roi de Danemark, et qui vivait vers l'an 985 (av. J.-C.(? Ce surnom signifie *barbe fourchue;* de plus, ce roi était cruel. Mallet, dans son *Histoire de Danemark,* ne donne aucun détail sur son origine.

par tout le monde, mais affectait une préférence marquée pour les évêques ; il ne parlait pas, mais entendait fort bien tout ce qui se disait à côté de lui.

Le roi de Pologne ordonna qu'on le tînt enfermé dans une tour, mais le monstre conçut un si violent chagrin de cette captivité, que le clergé adressa au monarque une supplique pour le délivrer. Il fut conduit sur les bords de la mer, s'appuyant sur les épaules de deux personnes. Arrivé à la plage, où s'était réunie une foule considérable, il fit un salut, plongea et ne reparut plus.

Tel est le récit que donne le *Dictionnaire universel*, en l'an 1759. Il se rapproche beaucoup de la relation de Rondelet, qui, vraisemblablement, est la reproduction de celle de Gesner et Ruysh, au sujet d'un poisson monstre, pêché sur les côtes de Norwège, et qui avait la figure d'un moine. Nous ajouterons que les chroniques polonaises ne font aucune mention de ces relations, qui ne contiennent pourtant rien de plus invraisemblable que celle que, deux siècles plus tard, les historiens de ce pays devaient nous transmettre, en décrivant très minutieusement un monstre chargé d'annoncer cette guerre où les Russes écrasèrent la Pologne. En 1623, en effet, on pêcha dans la Vistule un poisson, long de dix mètres, ayant une tête humaine surmontée d'un diadème, avec un pied d'aigle et un autre de lion, tout hérissé de lances, épées, dards et javelots, en guise de nageoires, etc., etc.

Simon Goulard, dans ses histoires admirables, reconnaît bien, dans ce poisson gigantesque et terrible, l'ouvrage du démon ; et cependant il était calviniste, mais il n'avait garde de heurter la croyance commune. L'esprit superstitieux de cette époque avait donné une réalité à ce monstre, comme autrefois il en avait donné à ces tritons que décrivent Pline et Elien, et qui n'en ont pas davantage que le Scylla d'Homère, dont les six têtes, sortant tout à coup du sein des ondes, enlacèrent les rameurs d'Ulysse pour les entraîner dans le gouffre de Charybde, ainsi que le ferait un immense polype déployant ses tentacules géants.

Ainsi, la relation de Rondelet, comme celle des historiens polonais de 1623, comme celle de Goulard, ne le cèdent pas en naïveté au récit d'Hérodote nous montrant Arion chargé de richesses rapportées de Grèce en Italie, puis jeté à la mer par l'équipage du bâtiment, pour être finalement recueilli par un monstre, qui le transporta sain et sauf dans sa patrie. Ce monstre était un dauphin [1].

Quelques années plus tard, vers 1448, parut l'*Encyclopédie universelle* de Kobürgher, de Nuremberg. Cet énorme in-folio, écrit en latin, commence à la création d'Adam et déroule la série de tous les évènements importants qui ont marqué dans l'histoire. Il abonde en illustrations destinées à faciliter au lecteur l'intelligence du texte. Dans un passage de ce vaste compendium, Kobürgher rapporte la naissance d'un enfant extraordinaire qu'une grande dame, *mu-*

---

[1] Liv. I, p. 247.

lier nobilis, avait récemment mis au monde pendant un violent orage. Il ne cherche pas à établir de connexité entre cette monstruosité et la tempête qui, en impressionnant la mère, aurait pu retentir jusque dans ses entrailles et troubler l'évolution de l'enfant; il ne s'inquiète pas non plus du pronostic auquel cette naissance pouvait donner lieu; il se contente de citer ce cas vraiment singulier, et comme il lui paraît mériter les honneurs d'un dessin, il place en regard de son récit, un corps de lion surmonté d'une tête d'enfant, dont les cheveux, bouclés avec art, se marient gracieusement à la crinière, et dont les traits sont remplis de distinction et de finesse; l'attitude tout entière respire la noblesse; il repose sur un soyeux coussin.

Est-ce bien là le portrait fidèle du monstre sorti des entrailles de l'illustre dame? Il est permis d'en douter; mais il y aurait injustice à chicaner Kobürgher cherchant à montrer, par ce dessin, qu'une patricienne qui vient à donner naissance à un monstre, ne peut qu'engendrer le plus noble des animaux, revêtu de l'estampille humaine. A-t-il cédé à des préjugés de caste, à la pensée de flatter l'orgueil de race de cette noble dame? Cette conjecture n'aurait guère de fondement, car, quelques lignes plus loin, il décrit un autre monstre, composé d'un corps unique terminé par deux têtes : ces jumeaux, incomplètement soudés, se tiennent enlacés ; tout est humain chez eux, et leur nudité n'a d'autre but, sans doute, que d'en fournir le témoignage. Or, cette fois, c'est pen-

dant toutes les horreurs d'un siège que ce phénomène a été mis au monde, et sa mère est désignée
par la simple appellation de *mulier*, ce qui veut dire
qu'elle n'était qu'une modeste bourgeoise, incapable
de prétendre à un royal enfantement.

Il ne paraît pas que notre historien se soit beaucoup
préoccupé de la question des causes qui ont produit ces
phénomènes insolites, à moins, cependant, que son
sentiment, à cet égard, ne se reflète dans un dessin
qu'on trouve dans un autre endroit de son livre et qui
représente un corps d'homme supportant deux têtes:
l'une d'un chien, l'autre d'un enfant à l'âge de l'adolescence : « C'est une femme qui, dit-il, a enfanté ce
prodige » ; et comme aucune qualification n'accompagne le mot *mulier*, il faut croire qu'il s'agit encore
d'une simple femme du peuple. Quant à expliquer
cette association de deux parties, dont l'une est bestiale et l'autre humaine, il n'y songe pas et s'en tient
à la narration pure et simple du cas.

Rabelais, au milieu de ses plaisanteries si pleines de
finesse, ne laisse pas percer ce qu'il pensait de l'origine des monstres ; il les prend tels qu'il les trouve
et établit avec eux la généalogie de Pantagruel, qui ne
comprend pas moins de cinquante-huit familles : les
premiers ancêtres de son noble maître sont pourvus
d'oreilles de dimension telle que, l'une faisant pour-
point, chausses et sayon, l'autre couvre le corps à
l'instar d'une cape espagnole ; chez les suivants, le nez
arrive à croître de manière à ressembler à la flûte
d'un alambic tout diapré. Il est aisé de reconnaître,

dans ces premiers parents, des êtres conformes à ces sciapodes, mentionnés par les historiens grecs, et qui ont pour caractère principal de se tenir sur une seule jambe : Pline, Aulu-Gelle et saint Augustin, qui en parlent, leur assignent pour pays les confins de l'Orient ; ils se couchent sur le dos et se garantissent des rayons du soleil à l'aide de leur large pied, qui fait ombre.

D'après Berger de Xivrey, il s'agirait d'un oiseau palmipède, auquel Aristote consacre une description intéressante ; d'ailleurs Rabelais semble devancer cette interprétation, car il dit qu'ils ressemblent à des grues ou à des flamants [1].

Relativement aux ancêtres dont le nez était aussi long qu'un alambic, on ne saurait se refuser à reconnaître en eux ces êtres qui ont un nez en forme de trompe, ressemblant soit à un éléphant, soit à un tapir, et qui, dans les classifications scientifiques, ont reçu le nom de *rhinocéphales ;* quant à ceux qui croissent tout en long et dont la liste commence par Chalbroth pour se terminer par Pantagruel, ils personnifient ces géants dont parle la Genèse et qu'on trouve dans toutes les cosmogonies.

Au fond, Rabelais nous paraît assez sceptique à l'égard de ces monstres, qu'il peint avec tant de finesse. Sa foi n'est guère ardente non plus à l'égard

---

[1] On trouve un dessin de ces sciapodes dans la *Cosmographie universelle* de Sébastien Munster, publiée en 1552, où il est dit qu'ils sont originaires de l'île de Gilo et furent vus et décrits par les Espagnols lors de leur expédition aux Moluques.

des prodiges par lesquels s'annonça la naissance de Pantagruel et sur lesquels il s'étend avec beaucoup de soin ; car c'était une occasion excellente pour lui de fustiger les superstitions de son époque, en les enveloppant dans de spirituelles, mais prudentes fictions.

Au milieu du seizième siècle, Sébastien Munster donne, dans sa cosmographie, le dessin d'un monstre né à Cracovie en 1544 ; il ne cherche pas quelle peut être la cause de cette difformité, mais il a soin d'avertir de l'utilité qu'il y a à connaître ces phénomènes et d'autres analogues, parce qu'ils peuvent « *admonester le lecteur de plusieurs choses* ». C'est évidemment une allusion aux présages.

Les ouvrages qui traitent des monstres sont très nombreux à cette époque ; l'un des plus célèbres est celui de Lycosthènes, du collège de Paris et de la Compagnie de Jésus [1] ; il fourmille de dessins de monstruosités étranges, dont l'existence est attestée par l'auteur ; mais c'est surtout au point de vue des prodiges qu'elles ont, suivant lui, une très grande importance ; car leur apparition correspond toujours à un évènement extraordinaire : il donne, entre autres, le récit d'une guerre qui éclata entre les Perses et les Romains ; ceux-ci furent défaits et le roi Hiberinus fut tué dans la mêlée. Après le combat, le bruit se

---

[1] *Prodigiorum ac ostentorum chronicon quæ præter naturæ ordinem, motum et operationem, et in superioribus et in inferioribus mundi regionibus ab exordio mundi usque ad nostrum tempus accederunt.* (Basileæ, 1557.)

répandit qu'un bœuf à deux têtes était né peu d'instants avant que l'action fût engagée; on en conclut que le monstre avait été envoyé par les dieux pour annoncer aux Romains qu'il seraient vaincus.

En 1599, Ulysse Aldrovande composa une histoire complète des animaux, et dont le mérite n'est pas contestable, puisqu'elle lui a valu les éloges de Cuvier; mais la partie consacrée spécialement aux monstres n'a droit à aucun de ces éloges [1].

Ce sont ces ouvrages qui ont vraisemblablement servi à Ant. Liceti, qui, un siècle plus tard, vers 1615, fit paraître un ouvrage du même genre, dans lequel sont reproduites presque toutes les figures du livre de Lycosthènes; c'est donc un plagiat. Cependant il est juste de signaler une partie qui est personnelle à l'auteur : c'est sa classification, que Geoffroy Saint-Hilaire considère comme ridicule, ce qui constitue un jugement peut-être un peu sévère, en raison de l'époque de la publication de l'ouvrage, mais mérité, à n'envisager que sa valeur scientifique. Il n'est pas inutile de faire remarquer que l'iconographie de Lycosthènes, celle de Liceti et de tous ceux qui, aux diverses époques, ont fait paraître des travaux sur ces matières, ne contiennent que des peintures fantaisistes, dans lesquelles l'imagination s'est donné libre carrière; aussi, est-il impossible à la science d'en tirer le moindre parti; une de ces figures suffirait, à elle seule, pour en témoigner : c'est celle des cyclopes,

_____
[1] *Opera omnia*, 13 vol. in-fol.

qui sont toujours représentés à l'âge adulte. Or, ce genre de monstruosité est celle qui occupe le degré le plus inférieur de l'échelle de la viabilité ; il n'existe, ni chez les hommes ni chez les animaux, aucun exemple d'un monstre cyclope qui ait vécu plus de quelques jours, et, le plus souvent, ils viennent au monde mort-nés.

Dans un de nos voyages à travers les États-Unis d'Amérique, nous rencontrâmes dans l'Utah, non loin de Salt Lack City, ville des Mormons, une famille d'Indiens Sioux qui nous montrèrent un petit enfant cyclope né le matin et qui était pour eux l'objet des mêmes soins que s'il eût été bien conformé ; le soir de ce jour, nous les revîmes et ils nous dirent que le pauvre monstre s'était éteint lentement, quelques heures après notre examen, et conséquemment peu de temps après sa naissance.

Puisque nous avons mentionné l'ouvrage de Liceti, nous ne devons pas oublier de dire quelques mots de celui de J. Palfyn, chirurgien et anatomiste de Gand, lequel fit paraître vers 1700 un *Traité des monstruosités*, précédé d'une préface de Liceti ; il reproduit à peu près les mêmes théories sur les causes, la nature des êtres difformes et les différences qui les séparent ; son texte est aussi accompagné de figures, qui sont les mêmes que celles qu'on trouve dans Lycosthènes, Paré, Liceti et tous les tératologistes précédents, ce qui prouve que, comme eux, Palfyn s'est laissé aller aux caprices de son imagination et ne s'est pas soucié de vérifier l'exactitude des faits qu'il avance. Il élève

la prétention de réfuter Aristote sur l'impossibilité
pour les espèces différentes de se féconder entre elles,
à cause de l'inégalité du temps de gestation ; il pense
que si pour chacune d'elles la période est constamment la même, elle varie pour la femme de sept à
douze mois, et il en conclut que celle-ci peut être
fécondée par tout animal appartenant à une espèce
dont la gestation correspond à une époque comprise
entre ces deux limites. La plupart des causes qu'il
assigne à la monstruosité sont relatives aux circonstances matérielles, telles que la dégénérescence de
la semence, sa faiblesse, les maladies du fœtus ; il
admet l'influence de l'imagination du père et de la
mère ; au paragraphe 53, il s'arrête quelque temps
sur les opérations du démon qui, « moyennant la
permission de Dieu, dit-il, peut affaiblir en telle
proportion la vertu de la semence qui engendre et
celle qui forme le fœtus, qu'elle arrive à en produire
un dont la ressemblance s'éloigne tout à fait de celle
des parents ; le démon a aussi le pouvoir d'insérer
subtilement dans le corps d'une femme la semence
de tel ou tel animal, et le mélange produira une
monstruosité. »

Dans un des chapitres suivants, il admet qu'il
existe des monstres qui ont une grande ressemblance
avec les démons, et, à l'appui, il cite le corps humain
pêché dans le Tibre l'an du Seigneur 1646, et qui
avait une tête d'âne, un pied d'éléphant, une patte
d'aigle ; il rappelle aussi ce monstre que décrit
A. Paré, et qui fut mis au monde par une très

honorable dame piémontaise. Le prince régnant, auquel il fut présenté, s'y intéressa ; la cour s'en préoccupa beaucoup, et on porta sur lui divers jugements. Enfin il n'omet pas de parler du célèbre veau marin né à Walterdoff, et qui a vivement impressionné l'esprit de Luther.

Montaigne a consacré un passage de ses *Essais* à l'histoire des monstres ; mais les hypothèses qui ont été émises sur leur origine ne le satisfont point, et il évite de s'engager dans une discussion pour laquelle il ne se sent pas préparé, aussi se contente-t-il de philosopher sur le problème téléologique.

Pour lui, les monstres ne le sont « pas à Dieu qui, dans l'immensité de son œuvre, aperçoit l'infinité des formes qu'il a comprises, et c'est à croire que cette figure qui nous étonne se rapporte à quelque autre inconnue à l'homme et du même genre : c'est ainsi que nous appelons *contre nature* ce qui advient contre elle. »

Cependant, ayant ainsi devisé sur les causes finales, sans être arrivé à éclairer beaucoup le problème, il entreprend la description d'un monstre humain appartenant, selon toute présomption, au genre hétéradelphe, c'est-à-dire à ce type caractérisé par un corps double que surmonte une seule tête. Cette description n'offre pas le moindre intérêt anatomique, mais elle se termine par une boutade qui, sous sa forme humoristique, cache une pensée politique profonde : « Ce double corps, dit le grand philosophe, et ces membres divers pourraient bien servir de favorable pronostic au roy de maintenir, sous l'union de ses lois, les parties et les pièces diverses de nostre estat : mais de peur que l'évènement le démente, mieux vaut de laisser passer ce monstre devant. »

Montaigne fait-il profession de croire aux prodiges ? Veut-il profiter de cette occasion pour adresser à son roi un conseil qui, sous une adroite flatterie, cache un patriotique conseil ? Quoi qu'il en soit, il laisse, comme il le dit, le monstre, sans plus s'en occuper : sa curiosité a été éveillée, mais il a dû, lui aussi, renoncer à la joie d'être cet heureux qui pénètre la cause première des choses.

Cependant Is. Geoffroy Saint-Hilaire estime que Montaigne a exprimé, au sujet des monstres, des vues plus élevées que Bacon et de Chateaubriand ; il rappelle que saint Augustin a dit, en parlant de ces êtres, que Dieu connaît les rapports et les disconvenances des parties de l'univers qui contribuent à sa beauté et que, de ce que nous ne pouvons tout apercevoir, nous nous sentons parfois choqués de la forme de quelques-unes de ces parties. Cela tient, suivant l'illustre saint, à l'ignorance où nous sommes des proportions qu'elles ont avec le reste du monde ; il y a là, d'après Is. Geoffroy Saint-Hilaire, le germe de l'idée que Montaigne a si bien formulée ; et, dans son admiration pour saint Augustin, ce savant se décide à regarder comme apocryphe le passage sur l'intervention des démons dans la genèse des monstres. C'est peut-être aller trop loin ; mais il est certain, et nous l'avons reconnu en traitant des incubes, que saint

Augustin a sur cette genèse une doctrine hésitante et certainement plus spiritualiste que celle de la majorité des Pères de l'Eglise.

Le médecin Jacques Roy accorde aux monstres une valeur pronostique et, à l'exemple de Montaigne, n'aborde pas la question originelle. Voici la relation du cas qu'il a eu à examiner : en 1569, deux jumeaux vinrent au monde ; ils étaient réunis par toute l'étendue de la poitrine. Ce phénomène ne fut pas plus tôt connu, qu'il piqua vivement la curiosité de toute la cour ; Charles IX en entendit parler, et donna l'ordre qu'on les lui fît voir. Ils lui furent apportés ; mais ils étaient dans un tel état de langueur, qu'à peine de retour chez leurs parents, ils expirèrent. L'autopsie fut demandée à la famille, qui l'accorda, et Jacques Roy fut désigné pour procéder à cette intéressante opération. Mais, soit que ses connaissances en anatomie fussent insuffisantes pour le guider dans une dissection aussi délicate, soit qu'il préférât philosopher, il ne s'acquitta pas de la mission que le collège des médecins lui avait confiée ; il rédigea un rapport dénué de toutes considérations scientifiques, et qui se termine par un poème dans lequel il chante les louanges de la religion catholique et apostrophe vigoureusement la religion nouvelle ; il fait ressortir ce fait, vrai d'ailleurs, que l'un des deux jumeaux a expiré sans avoir reçu le baptême, tandis que l'autre a eu le bonheur d'en bénéficier ; de là il conclut que c'est de la même manière que la catholique survivra à l'huguenotte.

En résumé, ces deux jumeaux avaient eu la mission de pronostiquer ces deux choses, puis de quitter ce monde et de regagner le séjour des dieux infernaux ; car c'est là qu'il les envoie, et on ne s'explique guère pourquoi, du moment où ils avaient servi d'heureux présage à la religion, dont il se fait le défenseur, et lui avaient suggéré une épigramme bien sentie à l'huguenotte fort malmenée à cette époque.

D'ailleurs, l'heure de la revanche allait bientôt sonner où Jacques Roy sentira son épigramme se retourner contre lui. En effet, quelques années après la promulgation de l'édit de Nantes, qui rendait l'égalité civile à tous les Français, sans distinction de religion, un monstre naît en 1605, dans la nuit du 18 janvier, rue de la Bûcherie, près de la place Maubert. Il se compose de deux jumelles soudées par l'ombilic, filles de Jacques Charpentier et de Denise Coudin ; elles sont de fort belle apparence et d'excellente constitution ; tout porte à croire qu'elles continueront à vivre. Cependant on s'empresse de les ondoyer, car, suivant la remarque du chroniqueur, Dieu n'a point dédaigné de leur donner une âme immortelle. Mais on s'était fait illusion sur leur vitalité, et à la fin du deuxième jour elles trépassèrent. Il s'agissait dès lors de s'éclairer sur un phénomène aussi bizarre : les parents ne firent aucune opposition à ce que le monstre fût transporté à l'Ecole de médecine, afin que son autopsie fût pratiquée. Les savants les plus distingués, assistés d'un groupe choisi d'étudiants, y procédèrent, et il y a tout lieu de supposer qu'ils y apportèrent le plus grand soin. Les recherches furent consignées dans un rapport, qu'on adressa ensuite à l'autorité.

On peut présumer que ce rapport, rédigé par des hommes tels que Riolan, Malescot, etc., contenait des renseignements intéressants ; mais le chroniqueur, étranger sans doute aux choses de la science, ne s'en est point occupé : sous prétexte d'écrire « l'histoire véritable et remarquable de deux jumelles jointes », il rime une saynette où il déploie son talent de poète en même temps que sa haine contre Rome et le pape.

C'est ainsi qu'un médecin, un enquesteur et un théologien prennent successivement la parole : le premier déclare que le monstre est un exemple de surcroît « de matière, trop grande pour un seul corps, trop petite pour deux ». Cependant il ne tente pas « d'enfoncer le secret d'un aussi étrange cas » ; il passe donc la parole au théologien qui répond :

> Je tiens que ces deux fronts, cette face jumelle,
> Sont deux relligions dont l'une est qui s'appelle
> Papisme, et son autheur est l'antechrist romain,
> De l'autre est Mahumet avec son Alcorain.

Il n'eût certainement pas tenu ce langage sept années auparavant ! Enfin il termine, lui huguenot, par ce souhait vengeur :

> Que du grand pasteur la semence bénitte
> Chante de ces tyrans la force déconfitte,
> Disant, c'est pour le vrai que Christ tue à ce coup
> Le lion arabic et de Rome le loup.

Singulier retour des choses ! Dans l'antiquité, les

monstres sont les messagers de la colère des dieux ;
aujourd'hui, leur pronostic n'est plus regardé comme
aussi constamment néfaste : les dissensions religieuses ont changé leur rôle ; chaque secte, lorsqu'elle vient à triompher, se sert d'eux et fait tour-
ner leur apparition au profit de sa cause : la doctrine
des présages sinistres tend peu à peu à s'ébranler, et
nous allons voir un monstre célèbre lui porter un
coup dont elle ne se relèvera pas.

L'un des plus grands noms de la science médicale
de cette époque, Riolan, le même qui présida à l'autopsie des jumelles de la rue de la Bûcherie, fut
chargé de faire l'expertise d'un monstre qui venait
de naître et qui était constitué par deux êtres fe-
melles unies par la poitrine, ce qui leur avait fait
donner le nom d'*agrippines*.

Riolan examina très attentivement l'état physique
et intellectuel de ce monstre, et publia ensuite un
mémoire écrit en latin dont voici l'exposé abrégé : il
commence par regarder comme invraisemblable que
les êtres monstrueux dérivent du commerce des démons avec les humains; la raison qu'il en donne,
c'est que ces démons n'ont pas de semence ou que,
s'ils en ont, elle n'est pas proportionnée et conséquemment pas miscible à celle de l'homme; il ne
manque pas, selon la coutume, d'invoquer l'autorité
d'Aristote, « dont l'avis, dit-il, est que la divergence
entre l'organisation physique du diable et celle de
l'homme exclut leur fécondité réciproque ». Ainsi,
pour Riolan, la genèse incube n'a aucun fondement ;

ce point important une fois acquis, il aborde la question de l'âme et voici comment il raisonne : « Si le cœur est le siège de cette âme, le monstre, n'en ayant qu'un, doit conséquemment ne posséder aussi qu'une seule âme[1]. » Et il ajoute que cette manière d'envisager les choses est conforme au sentiment d'Aristote : si cependant c'était le foie qui fût la source du sang, l'âme serait alors dans le sang, car elle est placée dans le foie par Empédocle. Toutes ces hypothèses, il le confesse, sont loin de le satisfaire ; aussi préfère-t-il se ranger à l'avis de Platon et il regarde le cerveau comme le véritable réceptacle de l'âme : il en résulte donc que, puisqu'il y a deux têtes distinctes, il y a également deux âmes séparées ; du reste il a observé, chez les agrippines, une diversité de sentiments qui vient à l'appui de cette localisation : leurs faits, leurs cris, leurs gestes sont dissemblables ; elles lui rappellent ce monstre bicorps né en 1552, non loin d'Oxford, et dont l'un des sujets composants dormait, tandis que l'autre veillait et était ordinairement fort gai, au lieu que son compagnon était toujours triste et rêveur. Leur vie ne se prolongea pas au-delà de quinze jours, et ils moururent à quelques heures d'intervalle.

Riolan cite ensuite l'histoire de ce monstre originaire du Northumberland, et qui était fort semblable

---

[1] Ce détail anatomique de l'existence d'un cœur unique atteste que Riolan s'est livré avec soin à l'étude physiologique des agrippines ; de plus, il prouve que ce monstre appartient à la variété des sternopages.

à ce dernier ; mais, plus heureux que lui, il vécut vingt et un ans. Jean IV d'Écosse s'était beaucoup intéressé à lui : il avait fait apprendre à chacun de ces jumeaux trois langues et la musique, dans laquelle ils avaient fini par exceller. Leurs désirs étaient souvent opposés : ils se querellaient à chaque instant ; leur mort survint à la même minute.

Mais voici le moment d'aborder la délicate question de savoir si les agrippines doivent être sacrifiées ; l'embarras de Riolan est extrême : il hésite longtemps, puis il finit par appeler à son secours l'argument des distinctions et à proposer la théorie suivante : « Lorsque, dit-il, la malformation n'est pas très considérable et que, d'autre part, l'origine de la difformité n'a rien de suspect, il est convenable de laisser le monstre vivre ; mais, dans le cas contraire, il faut agir avec résolution et s'en débarrasser en agissant conformément au précepte grec, lequel s'est transmis à la nation romaine, ainsi que l'attestent les fréquentes applications qui en furent faites, particulièrement sous l'empereur Constantin. » Et puis Riolan, afin de justifier cette pratique, invoque plusieurs raisons d'ordre philosophique : les monstres, à ses yeux, pervertissent l'harmonie universelle et sont des injures à l'œuvre de la créature divine ; ils sont en outre un danger pour les femmes qui, ayant une imagination vive, peuvent en concevoir de pareils, quand leurs yeux en ont rencontré ; enfin, ils sont d'un présage funeste. Donc, revenant aux agrippines, il pense que toute la question doit se ramener à savoir si elles ont une origine bestiale ; si le fait ne peut être absolument prouvé, il ne faut pas songer à les sacrifier, et à ce propos il blâme l'empereur romain Maurice, qui, ayant su qu'un monstre était né en Thrace d'une union légitime, ordonna qu'il fût mis à mort, parce qu'il était privé d'yeux et de bras, et se terminait par une queue de poisson. « Quelle est donc, se demande-t-il, l'origine des agrippines ? Proviennent-elles d'une alliance adultérine ? » Et à ces questions il répond que cette recherche n'est nullement son affaire et que, conséquemment, il n'a pas à se prononcer sur ce point.

Cette réserve judicieuse ne l'abandonne pas, quand il pose le dernier problème, celui qui concerne les présages : il constate d'abord que l'observation de tous les temps désigne les monstres comme étant les signes précurseurs des calamités, et que leurs malformations sont le prélude d'autres malformations qui se manifestent autour d'eux ; qu'enfin Dieu a recours à ces êtres pour annoncer une peste, une famine ou tout autre fléau dévastateur ; et, une fois la preuve historique faite de cette assertion, il se demande ce que les agrippines pourraient bien présager : « Je n'en sais rien, dit-il ; et quant à moi, je ne crains rien ; ce que je sais cependant, c'est que ces jumelles ont été une source de félicité pour leurs parents, qui, avec elles, font tous les jours une quête fort plantureuse. »

Après des considérants aussi favorables, il était

vraiment bien difficile que l'autorité songeât à inquiéter la famille ; les agrippines continuèrent donc à vivre en paix et à grossir le gain que leur quotidienne exhibition leur rapportait.

Ainsi, dans son mémoire sur 'les agrippines[1], Riolan, après quelques hésitations, finit par secouer le joug de la superstition des présages ; mais sous le rapport scientifique, bien que son travail ne soit pas sans intérêt, il s'est évidemment montré inférieur à ce qu'il était quatre années auparavant, au sujet d'un procès intenté en 1601 par le parlement de Rouen à une nommée Marie le Marcis. Celle-ci avait été accusée de porter indûment des habits de garçon ; il s'agissait donc d'un cas de monstruosité hermaphrodite. Riolan l'examina avec soin et, sûr de lui, il rédigea un rapport très circonstancié dans lequel il confond ses adversaires, qui étaient en même temps des confrères, et à la tête desquels figurait le docteur Duval, premier expert chargé par le parlement de procéder à l'examen médico-légal de Marie le Marcis. De son côté, Duval avait écrit un très long mémoire, où les invectives à Riolan ne le cèdent qu'à l'outrage, au bon sens et aux notions les plus élémentaires de la physiologie. Riolan riposta et, après un long et curieux historique de la question, il arriva à cette conclusion que Marie le Marcis avait été de bonne foi, que les apparences de son sexe étaient telles, qu'elle avait pu se tromper elle-même sur la réalité

[1] Jean Riolan, *Sur un monstre né à Paris en 1605.*

du sien et que, pour lui, elle appartenait au sexe
féminin ; bref, grâce à ces conclusions, elle fut sauvée
de la prison perpétuelle à laquelle elle avait été condamnée dans le principe. Le parlement, déférant aux
conclusions de Riolan, ordonna qu'elle fût relaxée,
mais avec injonction formelle de prendre des habits
de femme et de rester célibataire, sous peine de
mort.

Quelque temps avant ce procès, c'est-à-dire vers
la fin de 1599, un fait analogue s'était passé ; mais,
cette fois, les juges avaient été beaucoup moins
indulgents. Une femme de Dôle, du nom d'Antide
Collas, fut poursuivie sous l'inculpation de présenter
une conformation qui, si on s'en rapporte aux détails
contenus dans les pièces du procès, devait être un
cas semblable à celui de Marie le Marcis. Des médecins furent requis pour procéder à un examen ; ils
rédigèrent un rapport, dans lequel ils établirent que
le vice dont Antide Collas était atteinte dans sa conformation sexuelle était le résultat d'un commerce
infâme avec les démons. Ces conclusions étant favorables à l'accusation, Antide Collas, fut réintégrée
dans sa prison. On la soumit à la question : elle fut
torturée ; elle résista quelque temps, mais, vaincue
par les souffrances horribles, elle finit par se décider
à faire des aveux : « Elle confessa, dit le chroniqueur,
qu'elle avait eu des relations criminelles avec Satan ;
elle fût brûlée vive sur la place publique de Dôle. »

En 1603, suivant le récit de Sauval[1], un jeune

---

[1] *Histoire de Paris*, t. II, p. 567.

hermaphrodite fut accusé d'avoir eu des relations
avec une autre personne présentant la même conformation. Le fait ne fut pas plutôt connu, que
l'autorité s'empara de ces deux malheureux : leur
procès fut instruit Sauval n'en relate pas les incidents,
mais il nous apprend que, la preuve ayant été faite
de leur culpabilité, ils furent condamnés à mort et
exécutés.

On trouve dans les lois ecclésiastiques de France [1]
le récit d'un fait qui se passa en 1603, et dans lequel
un hermaphrodite, qui avait choisi le sexe viril do-
minant en lui, fut convaincu d'avoir usé de l'autre.
Le parlement ordonna des poursuites, et le déclara
coupable. Il fut pendu et brûlé.

Cette question de l'hermaphrodisme avait pris, à
cette époque, une importance considérable ; il s'agissait, en effet, de la réputation des ordres monastiques.
Déjà Grégoire de Tours [2], Métaphraste et un grand
nombre de théologiens moralistes relatant et commen-
tant les faits parvenus à leur connaissance, s'en étaient
préoccupés et avaient appelé l'attention des canonistes sur ce point. Riolan, dans son mémoire au sujet
de Marie le Marcis, avait blâmé Platon de soutenir que
les premiers hommes étaient androgynes, en s'appuyant sur une traduction égyptienne qui lui semblait confirmée par un récit de la Genèse, où l'androgynisme d'Adam lui semble indiqué par le passage
suivant : « Deus fecit illos marem et feminam. » C'est,

---

[1] Revues par Louis de Héricourt, 1761.
[2] *Gloria confessorum*; fait de la religieuse Pappula.

suivant Riolan, une fausse interprétation que Platon donne au passage, et, d'ailleurs, cette doctrine est condamnée par les Pères de l'Eglise.

Au temps d'Innocent III, à la fin du douzième siècle, une hérésie s'éleva où on soutint que le sexe serait resté indivis, sans le péché adamique, et l'on conclut que l'hermaphrodisme n'est pas une monstruosité.

Quelques canonistes s'emparèrent de cette doctrine, et déclarèrent que la malformation sexuelle devait cesser d'être poursuivie, au nom de l'Eglise; mais cette sage jurisprudence ne devait pas prévaloir, car, en 1761, le recueil des lois ecclésiastiques de Louis de Héricourt renferme la prescription suivante [1] : L'hermaphrodite doit suivre le sexe qui domine en sa personne; et en note, on cite l'arrêt du parlement que nous avons mentionné précédemment, et qui condamne à la pendaison un androgyne.

Les tribunaux s'inspiraient de la jurisprudence ecclésiastique lorsqu'ils poursuivaient ces faits avec une inflexible rigueur; en voici un exemple : en 1761, Françoise Lambert se maria avec Grand-Jean, sur le sexe duquel des doutes s'élevèrent; des plaintes furent portées par le substitut du procureur général, à Lyon. Une commission de médecins fut désignée pour examiner Grand-Jean ; ils constatèrent de graves anomalies et conclurent à la prédominance du sexe féminin. Grand-Jean fut arrêté, condamné comme

[1] P. 88.

profanateur du sacrement, soumis au carcan, fouetté en place publique et envoyé en exil; mais une condamnation aussi sévère appela l'intervention du parlement de Paris, qui prononça la révision du procès. L'avocat Vermeil fut chargé de la défense [1]; il soutint l'innocence d'Anne Grand-Jean, et il réussit à faire prononcer son acquittement; mais son client n'en dut pas moins renoncer à porter des vêtements d'homme pour prendre ceux de femme; de plus, il lui fut enjoint de rester célibataire, sous peine de s'exposer à de nouvelles poursuites [2].

La jurisprudence ecclésiastique avait donc fini par se désintéresser des hermaphrodites, mais elle n'avait pas abdiqué devant les autres anomalies.

Si, au point de vue de leur origine, les monstres se sont peu à peu relevés, s'ils ont vu se dissiper les incertitudes au nom desquelles les législations anciennes leur refusaient les droits civils, désormais, leur personnalité morale va devenir le sujet d'une controverse religieuse qui, à l'heure actuelle, subsiste encore, bien que la science se soit prononcée depuis longtemps, et qu'elle ait formulé sur la genèse et sur la constitution des monstres la seule conception vraie, en même temps qu'elle est la plus conforme à la dignité humaine.

Cette conception, mies en regard de la doctrine professée dans l'enseignement ecclésiastique, consti-

[1] *Mémoires*, Paris, 1765.
[2] *Réflexions sur Anne Grand-Jean*, par Champeau, chirurgien à Avignon, 1765. In-4°.

tue une antithèse que les détails dans lesquels nous allons entrer mettront en pleine lumière.

Mais, avant d'entrer dans l'exposé de cette doctrine, il est indispensable de présenter une analyse des discussions qui se sont élevées dans la science, au sujet de la genèse des monstres.

CHAPITRE VI.

LA SCIENCE MODERNE ET LES MONSTRES.
LES MONSTRES SIMPLES.

Un des grands poètes de l'antiquité s'exprime ainsi : « La fixité des éléments assujettit les êtres à des progrès lents et leur imprime un caractère spécifique qu'ils conservent en croissant : c'est là une preuve évidente que chacun de ces êtres possède la matière propre qui est destinée à sa nourriture et à son développement[1]. »

Une étroite conformité rapproche le langage du poète des enseignements de la science : d'après elle, en effet, chacun des individus dont se compose la nature vivante, animale ou végétale, présente tout un ensemble de traits caractéristiques qui servent à les grouper en espèces distinctes.

Mais ces caractères, propres à chaque espèce, sont-ils vraiment immuables et jamais atteints par aucune modification ?

Cette question est l'une des plus considérables que

[1] Lucrèce, *De la nature des choses*, t. I, liv. I.

puisse poser la biologie : une école célèbre en a présenté une solution, en substituant à la doctrine de la fixité celle de la variabilité des espèces. Cette conception, que la science n'accepte jusqu'ici que comme une hypothèse, repose sur des faits : les changements, si faibles qu'ils soient, eu égard aux immenses périodes qu'ils ont mises à s'effectuer, sont indéniables, et le nombre d'observations sérieuses recueillies dans cette direction ont fait de cette hypothèse l'une des plus imposantes et des plus fécondes de la science contemporaine.

Mais, à côté de ces changements sur l'importance desquels repose l'avenir de la doctrine transformiste, il s'en produit d'autres qui intéressent à un haut degré cette doctrine et constituent une branche spéciale de la science.

Tandis que les variations qu'étudie le transformisme sont lentes, harmoniques, parce que telle est la condition essentielle de l'évolution normale des êtres, celles dont s'occupe cette science sont brusques et désordonnées en apparence, car elles ont leurs règles et leurs lois : elles constituent la tératologie ou science des monstres.

Au premier abord, on conçoit que ces modifications rapides, spontanées et le plus souvent considérables, aient pu faire rejeter les êtres qui en sont le siège en dehors des limites de l'espèce ; mais un examen plus approfondi a conduit à rendre manifestes les relations physiologiques qui les tiennent unis aux autres individus dont ils semblaient s'éloigner spécifiquement. Ces changements, considérés chez les êtres vivants, animaux ou végétaux, s'appellent des *anomalies,* et ils comportent de grandes variations d'intensité.

Lorsque les anomalies n'atteignent que faiblement un organe ou un petit nombre d'organes, leur valeur physiologique est toujours faible en ce sens qu'elles ne sont jamais une menace pour la vie de ceux qui en sont atteints : le bec-de-lièvre, l'albinisme, le mélanisme, le géantisme, le nanisme, les doigts surnuméraires, sont les exemples les plus fréquents qu'on puisse citer de ces anomalies. Mais, lorsqu'un ou plusieurs organes importants ont éprouvé des altérations profondes qui placent l'être à une distance considérable de l'espèce, il ne peut continuer à vivre bien longtemps après sa naissance : c'est un *monstre.*

L'instinct de l'homme lui suggère un ordre naturel, manifesté par la régularité et la constance des phénomènes qui l'environnent; aussitôt que cet ordre vient à être troublé, ces phénomènes prennent un autre caractère et lui apparaissent comme autant de choses extraordinaires.

Telle est la constitution primordiale de l'esprit humain; plus tard, la raison s'est développée : elle lui apporte alors la notion des lois qui régissent ces phénomènes, et le prémunit contre toute tendance à regarder comme surnaturelles les dérogations passagères à ces lois; les terreurs superstitieuses du règne de l'instinct pur ont désormais fait place aux lumières de la science.

Quelle idée pouvaient se faire les premiers hommes en présence des êtres monstrueux, lorsqu'ils n'avaient encore aucune notion du mode de constitution et d'évolution des êtres normaux ?

Il est difficile cependant de remonter plus haut que le siècle dernier, si l'on veut voir ces êtres soumis enfin à la discussion des problèmes que soulève leur organisation ; ce n'est réellement qu'à cette époque que des descriptions, dignes de ce nom, commencent à figurer dans les recueils scientifiques : elles sont tout d'abord mélangées de détails étrangers au sujet ; elles reflètent les préoccupations superstitieuses qui assiègent l'esprit de leurs auteurs ; puis, peu à peu, l'imagination cède devant la réflexion : on remarque que les mêmes monstruosités apparaissent avec les mêmes caractères ; leur régularité va se dégager et donner l'idée de types d'après lesquels ils sont constitués, et qui doit être en relation intime avec l'unité du plan d'après lequel est conçue et réalisée l'organisation normale.

Haller, et plus tard Meckel, ont amassé un nombre considérable de documents dont l'ensemble constitue des matériaux précieux : toutefois ils n'en ont tiré aucune considération générale, faute de les avoir coordonnés et comparés entre eux. C'est ce travail qu'accompliront un jour les deux Geoffroy Saint-Hilaire ; mais c'est surtout au premier, Étienne Geoffroy, que revient l'incontestable gloire d'avoir ouvert la route ; voici comment il y a été amené :

J.-B. Robinet, au début de ses considérations philosophiques sur la gradation des formes de l'être, s'écrie :

« Lorsque je contemple la multitude innombrable d'individus épars sur la surface de la terre, dans ses entrailles et dans son atmosphère, quand je compare la pierre à la plante, la plante à l'insecte, l'insecte au reptile, le reptile au quadrupède, j'aperçois, au travers des différences qui caractérisent chacun d'eux, des rapports d'analogie qui me persuadent qu'ils ont été tous conçus et formés d'après un dessein unique, dont ils sont les variations graduées à l'infini : ils m'offrent tous des traits frappants de ce modèle, de ce prototype qui, en se réalisant, a successivement revêtu les formes multipliées et différenciées sous lesquelles l'être se manifeste à nos yeux [1]. »

Le même grand fait avait apparu à Gœthe : il avait remarqué que l'étude séparée de chaque être conduit à la connaissance du mode de fonctionnement des organes; puis, son esprit, franchissant les limites de cette donnée, vit que, derrière l'immense diversité de formes et de fonctions, il existe un ensemble d'éléments communs à tous les animaux ou, au moins, aux groupes naturels désignés après lui sous le nom d'*embranchements*.

Il se servit de l'expression : *unité de type*, pour caractériser ce fait synthétique en vertu duquel tous les individus rangés sous la dénomination de *vertébrés* sont des copies plus ou moins ressemblantes d'un

---

[1] Liv. I, ch. 1, § 1. Paris, 1768.

exemplaire unique, qui a été le jet primitif, spontané de la puissance créatrice [1].

Étienne Geoffroy Saint-Hilaire, qui était parvenu à une connaissance profonde de l'organisation animale, arriva, à la même époque, quoique d'une manière indépendante, à la conception du même principe : il l'exprima par la formule de l'*unité de composition organique*, formule moins heureuse d'ailleurs que celle de Gœthe.

Un progrès immense était accompli : la zoologie se trouvait en possession d'une loi fondamentale.

Or, si l'organisation des êtres normaux est régie par une loi, pourquoi cette loi ne s'appliquerait-elle pas également aux monstres? Si, par exemple, les pièces osseuses qui entrent dans la composition du crâne des vertébrés se retrouvent dans tout cet embranchement, depuis l'homme jusqu'aux poissons, pourquoi ne les retrouverait-on pas encore chez les monstres dont la voûte crânienne est plus ou moins complètement atrophiée? Ces pièces seront, sans doute, réduites elles-mêmes ; mais n'en pourra-t-on pas retrouver les vestiges?

Toutes ces prévisions se confirmèrent : les monstres anencéphales, c'est-à-dire ceux qui sont en apparence privés de boîte crânienne, en possèdent pourtant une

---

[1] Le travail dans lequel Gœthe a développé cette loi a pour titre : *Première Ébauche d'une Introduction générale pour l'anatomie comparée.* Il a été élaboré en 1795; l'auteur le fit voir à plusieurs savants, tels que Sœmmering; mais ceux-ci n'y firent aucune attention; Gœthe, découragé, le laissa de côté; ce n'est que plus tard, en 1820, qu'il le reprit et le publia dans son *Journal de morphologie.*

qui est incomplètement développée, mais où sont représentés tous les éléments d'un crâne normal.

Ainsi, l'unité de type, suivant la formule de Gœthe, ou l'unité de composition organique, d'après l'expression d'Étienne Geoffroy Saint-Hilaire, devient la loi qui régit la constitution des monstres, comme elle régit celle des êtres normalement conformés. Isidore Geoffroy Saint-Hilaire, prenant les monstres qu'il avait pu lui-même observer et les comparant avec ceux qu'on avait décrits avant lui, détermina les types divers et établit des groupes tératologiques fondés sur les caractères essentiels des anomalies : il aperçut que les modifications, quelque graves qu'elles soient, dérivent toujours de l'état normal et peuvent être ramenées à un certain nombre de catégories ; prenant ensuite ces catégories, il les disposa suivant un ordre méthodique ; il établit enfin une classification.

Des essais de nomenclature ont été tentés après lui : la sienne n'a pas échappé à la critique ; mais l'expérience en a consacré la supériorité : à part quelques types nouveaux dont le chiffre ne dépasse pas trois ou quatre au plus, les autres — et le nombre en est considérable — sont toujours réductibles à l'un des groupes de cette classification ; quant aux exceptions auxquelles on est plus ou moins embarrassé d'assigner d'emblée une place, l'attention finit toujours par découvrir qu'il ne s'agit que de modifications accessoires, et par conséquent sans grande signification tératogénique.

A l'époque où Étienne Geoffroy Saint-Hilaire formula la loi d'unité de composition organique, il l'appuya sur des observations anatomiques faites d'après des animaux adultes, mais non sur l'embryogénie, science encore peu avancée. Cependant il avait compris que cette dernière science donnerait un jour la solution de ces questions, lorsqu'il rechercha les éléments de la tête osseuse des poissons dans ceux de la tête des embryons des vertébrés supérieurs. Gœthe n'avait pas agi différemment; mais la sanction expérimentale, qui manquait à cette loi, ne devait plus tarder à lui être conférée : en 1828, de Baër découvrit que le type des vertébrés se trouve réalisé dans tous les embryons de cet embranchement; il démontra que la période initiale de la vie est marquée par une forme générale commune à chacun d'eux, de sorte qu'il est impossible de les distinguer les uns des autres et que ce n'est qu'après qu'ils ont franchi cette période, qu'ils commencent à s'engager dans la voie où ils se différencieront en tant que classe, genre, espèce [1].

Cette grande découverte de de Baër était la confirmation éclatante des vues de Gœthe et de Geoffroy Saint-Hilaire : il semblait que celles-ci fussent désormais à l'abri de toute contestation. Cependant elles furent ardemment combattues, et l'histoire nous a conservé le souvenir de ces discussions plei-

---

[1] Au sixième jour, les caractères particuliers du type oiseau se distinguent assez bien; mais jusque-là, un embryogéniste, quelque exercé qu'il soit, ne peut affirmer qu'il a affaire à un embryon humain plutôt qu'à un embryon de poulet, par exemple.

nes d'aigreur dans lesquelles Cuvier, se prévalant
de quelques erreurs de détail, ne sut pas se garder de
ces emportements contre un rival qui, de son côté,
les oublia ; car, au jour de la tombe, ayant à prononcer son oraison funèbre, il n'eut que des paroles
de regrets et des hommages à son génie.

Ainsi, la science des monstruosités se trouvait
assise sur des bases inébranlables ; mais un seul
point restait encore dans l'obscurité : quel est leur
mode de formation ?

La tératogénie, qui traite des procédés qu'emploie
la nature pour imprimer à un embryon une direction
anormale dans laquelle il deviendra un monstre,
suppose la connaissance préalable de l'embryogénie ;
or, cette science ne remonte, en réalité, qu'au siècle
dernier, et c'est G.-Frédéric Wolff qui doit en être
considéré comme le fondateur. Qu'est-ce que l'embryogénie ? Nous en exposerons les principes élémentaires essentiels, pour comprendre l'évolution des
monstres. Lorsqu'on examine la surface d'un jaune
d'œuf, on aperçoit une petite tache blanche à bords
circulaires, située au-dessous de la membrane trans-
parente qui enveloppe ce jaune ou vitellus : chez la
poule, elle a de 4 à 5 millimètres de diamètre.

Dès que l'incubation a commencé, cette tache ou
cicatricule s'étend en tous sens et, après quelques
jours, elle est devenue une poche qui circonscrit
complètement le jaune : elle prend dès lors le nom
de *blastoderme*, et se compose de deux feuillets.
L'embryon apparaît au centre même de la cicatri-

cule sous la forme d'un disque constitué par des cellules et se trouve placé entre les deux feuillets du blastoderme : les états successifs par lesquels passe ce disque, pour devenir un embryon achevé, constituent l'étude de l'embryogénie. Le retard qu'a mis cette science à se fonder s'explique par deux raisons : la première, c'est qu'il fallait de toute nécessité disposer de moyens d'investigation que le microscope seul pouvait réaliser, et cet admirable instrument était ignoré d'Hippocrate, de Fabrice d'Aquapendente et d'Harvey : aussi leurs efforts ne purent-ils jamais dépasser les premiers éléments de cette science, c'est-à-dire ce qui est accessible à l'œil nu ; l'autre raison, c'est que la doctrine de la préexistence des germes dominait dans la science. Avec elle, sans doute, les choses étaient simplifiées ; mais elle perpétuait une erreur, attendu qu'elle enseigne que les êtres n'ont pas à se former, qu'ils existent depuis la création et qu'ils n'attendent, pour passer de l'état inanimé à la vie, que l'influence de l'acte générateur [1].

---

[1] En outre, dans cette doctrine, chaque germe résiderait en un point déterminé de l'organisme paternel ou maternel, selon que le père ou la mère était considérée comme le réceptacle du germe. Cette conception du rôle du mâle et de la femelle dans l'acte de la génération a éprouvé des variations extrêmes depuis la plus haute antiquité ; c'est d'abord la gynécocratie, la mère est tout, le père n'est que passif. Cette croyance précède celle de la race sémite ; alors le père est considéré comme l'agent actif et la mère n'est plus que le réceptacle unique du germe qu'elle abrite et nourrit. Au dix-huitième siècle, lorsque l'œuf et le spermatozoaire sont connus, le débat reparaît : il y a d'un côté les ovistes, qui regardent l'élément femelle comme jouant le rôle actif dans l'acte de la génération ; de l'autre côté sont les spermatistes, qui attribuent cette mission à l'élément mâle.

Si l'œil humain avait une puissance de pénétration, soit intrinsèque, soit empruntée à un artifice qui reculerait sa portée jusqu'aux limites de l'infini, il arriverait à constater qu'il n'existe, entre un germe pris au début et un embryon qui a réalisé toutes les phases de son évolution, qu'une simple différence de volume ; de telle sorte que chaque être vivant renfermerait en lui non seulement virtuellement, mais bien en réalité, toutes les séries d'individus de son espèce continuant sa descendance ; ainsi, le premier germe humain créé devait contenir en lui l'humanité tout entière. Il en était ainsi pour chacune des formes de l'animalité.

Conformément à cette conception de la préexistence des germes, l'origine des espèces est un fait placé en dehors de la science, et il en résulte que la seule loi qui gouverne l'évolution consiste en une augmentation de volume, ou dans le passage d'un infiniment petit à un être qui, sous l'action de la génération, va changer de grosseur, mais nullement de formes.

Un savant italien, Aromatari, avait bien eu l'idée de la préexistence des germes ; mais ce fut Swammerdam qui jeta le premier les bases de la doctrine. Il y arriva par l'étude des métamorphoses des insectes. Il avait observé le phénomène de la transformation de la chenille en papillon, et il avait pensé que, puisque ce dernier est déjà inclus en entier dans la chenille avant de s'en dégager peu à peu, c'est qu'il est déjà formé dans l'œuf ; par conséquent, en conclut-il, le papillon femelle possède dans son ovaire des œufs qui recèlent des papillons complets; chacun d'eux a en lui des œufs où se trouvent des insectes semblables à lui-même, et ainsi de suite jusqu'au dernier des papillons des générations futures.

Généralisant cette manière de voir, Swammerdam l'étendit à toute l'histoire naturelle, à la botanique tout aussi bien qu'à la zoologie; et elle lui parut comme un fait d'autant plus certain que le microscope venait de le lui révéler; du moins il le croyait; mais il avait été le jouet d'une illusion que, d'ailleurs, il ne fut pas le seul à partager.

En effet, dans le même temps, un observateur non moins habile, Malpighi, annonçait qu'il avait pu suivre dans la cicatricule d'un œuf fécondé les linéaments d'un germe tout constitué, bien que ce germe n'eût pas encore été soumis à l'incubation.

Sous de tels auspices, la doctrine de la préexistence des germes ne pouvait manquer de prendre rang dans la science.

Comment maintenant va-t-elle servir à expliquer le mécanisme de la formation des monstres [1]?

D'après Malebranche, lorsqu'une circonstance accidentelle vient à modifier une organisation primitive-

---

[1] Cette doctrine de la préexistence, aussi appelée doctrine de la *préformation* ou de *l'emboîtement des germes,* fut successivement adoptée par Leibniz, Haller, Lémery, Bonnet, Spallanzani. Cuvier lui-même s'y rallia ; étranger à l'embryogénie, il éprouvait de grandes difficultés à concilier le phénomène de l'origine de la formation des êtres : de guerre lasse, il embrassa la doctrine de la préformation du germe, qui résolvait pour lui toutes ces difficultés.

ment parfaite, il en résulte un monstre. Malebranche intervenant dans le débat comme métaphysicien, un autre métaphysicien l'y suivit.

Pierre-Sylvain Régis, dans son système de philosophie[1], au lieu de reculer, comme Swammerdam et Malebranche, devant les conséquences de la doctrine et de ne pas admettre que la préexistence du germe eût pour corollaire nécessaire et fatal la préexistence des monstres, déclara que, quant à lui, il ne lui répugnait nullement « de croire que les germes des monstres aient été produits au commencement, comme ceux des animaux parfaits. La génération, continue-t-il, ne fait pas à leur égard autre chose que de les rendre plus propres à croître d'une manière sensible, sans qu'il importe de dire que Dieu ne peut être l'auteur des monstres, et qu'il le serait néanmoins si les germes de ces derniers étaient depuis le commencement ; car il est aisé de répondre qu'il n'y a rien dans le monde, hormis le mal moral, dont Dieu ne soit l'auteur, et qu'il ne fasse lui-même très positivement, quoique librement. »

A moins que Régis ne se pose en défenseur de la préformation des monstres dans l'unique but de faire de l'opposition à celui dont il était l'adversaire habituel, on est quelque peu surpris de le voir cette fois en contradiction non plus seulement avec Malebranche, mais encore avec lui-même. En effet, un peu plus loin il donne des monstres une explication

---

[1] *La Physique*, t. III, liv. VIII, p. 1, § IX.

qui n'a absolument rien de commun avec la préexistence. Voici ses propres paroles : « Il peut arriver que
la passion de l'enfant, encore dans le sein de la mère,
change sa figure en celle d'un autre animal, en celle
d'un singe par exemple ; en effet, par cette passion,
son cerveau, ses nerfs, ses muscles et ses viscères se
disposeront de manière que les esprits animaux y
couleront aisément pour pousser ou retenir les sucs
nécessaires à l'entretien de cette passion ; il arrivera
alors que, par les traits du visage et par la conformation de ses membres, il ressemblera à un singe, dont
il a éprouvé toutes les passions pendant qu'il était
dans le sein de sa mère. »

Un peu plus loin, il explique de quelle manière ces
passions vont à l'enfant par l'imagination maternelle,
qui les a ressenties la première.

Si l'on fait abstraction des considérations physiologiques dans lesquelles entre Régis, et qui ne donnent pas une haute idée de sa science, pour n'envisager que le rôle qu'il fait jouer à l'imagination de la
mère dans la production des monstruosités, on ne
peut contester que cette explication ne soit infiniment
préférable à la théorie de la préexistence ; peut-être
même n'a-t-il soutenu cette théorie que parce qu'il
était toujours attentif à ne pas laisser échapper une
seule occasion de prendre le contre-pied des opinions
de Malebranche ; car, nous l'avons déjà dit, ce dernier
était sur ce point en complète conformité de sentiments avec Swammerdam. Tous deux reculaient devant les conséquences de la doctrine ; ils ne pouvaient

pas se résoudre à croire que le Créateur eût, dès le commencement de son œuvre, produit des êtres indélébilement viciés; ils s'appliquaient à faire ressortir que ces êtres, en tant que monstruosités, n'ont pas de préexistence et que leur altération ne surprend le germe qu'au moment où commence l'action génératrice. Ces vues, en définitive, étaient justes et devaient être confirmées un jour; elles n'avaient qu'un défaut, c'est qu'il était impossible de les concilier avec l'erreur contenue dans la théorie de la préformation.

Maintenant la discussion va aborder des considérations d'un autre ordre où les faits prendront la place de la métaphysique; elle aura pour théâtre l'Académie des sciences et durera près de vingt années, de 1724 à 1743. Lémery d'un côté, du Verney et Winslow de l'autre, la soutiendront.

Lémery affirma qu'une cause accidentelle peut donner naissance à une monstruosité. Winslow et du Verney prétendirent que celle-ci est au moins dans un grand nombre de cas originelle et préexistante. Les adversaires ne parvinrent jamais à s'entendre, bien que partant tous trois de la même doctrine de la préformation; la raison de cette discordance tient à ce qu'ils n'envisageaient qu'un seul côté du problème.

Sans doute, il existe des faits de monstruosité qui pourraient trouver leur explication dans les causes fortuites; ainsi, lorsque la tête vient à manquer, comme cela a lieu chez les acéphales, c'est qu'elle a été détruite; lorsqu'un membre est dévié de sa direction

normale, c'est que les surfaces articulaires des join-
tures ont subi des pressions assez longues et assez
énergiques pour déterminer des pieds bots, des mains
bots, parfois même des luxations. La manière dont Lémery envisageait ces phénomènes était donc vraisemblable pour ces cas et pour beaucoup d'autres encore;
mais elle cessait de l'être du moment où il prétendait
l'appliquer d'une façon générale à tous les genres de
monstruosité. En effet, la malformation consiste souvent dans un arrangement insolite, mais cependant
régulier, d'un organe. Ainsi, l'œil unique du cyclope
est aussi régulier que l'œil d'un sujet bien constitué,
quoiqu'il le soit d'une autre façon. Il est clair que si
c'était le hasard qui produisît la cyclopie, cette difformité ne présenterait pas constamment le même degré,
les mêmes conditions, le même type, en un mot.

Ce qui empêchait Lémery de triompher de ses deux
adversaires, tout en exposant un mécanisme tératogénique vrai, c'est qu'il ne songeait pas abandonner la
doctrine de la préexistence des germes, et pourtant
il était impossible de la concilier avec le principe des
causes secondes ou accidentelles.

Aujourd'hui, la doctrine de la préformation des
germes peut être regardée comme ayant fait son
temps ; mais il ne faut pas se dissimuler qu'elle a été
fatale aux progrès de l'embryogénie et de la tératologie et qu'elle a rendu stérile la grande découverte
d'Harvey pendant plus d'un siècle. Quelle recherche y
avait-il à faire sur les phases successives de l'évolution d'un œuf, du moment où cet œuf n'est que la mi-

niature de l'être? Ne suffisait-il pas d'attendre que son volume se fût assez accru pour être à la portée de la vue? Quelle nécessité y avait-il de le suivre de période en période? Il ne se transformait pas ; il grossissait, restant toujours semblable à lui-même dans sa forme originelle et invariable.

En 1759, Gaspard-Frédéric Wolff publia des travaux sur la génération. Il annonça que ses recherches l'avaient amené à la certitude que l'embryon ne préexiste pas, mais que, bien au contraire, il se constitue de toutes pièces. Ses organes émergent d'une gangue de cellules homogènes et arrivent successivement à se différencier de telle sorte, qu'à un moment donné il reproduit avec une exactitude parfaite le type de l'espèce à laquelle il appartient. La vie embryonnaire présente donc le spectacle d'une série harmonique de changements et d'une création incessante. Cette doctrine a repris le nom d'*épigenèse*, qui lui avait été donné par Hervey, expression qui rend admirablement cette marche des phénomènes de l'évolution ; en même temps qu'elle constituait la science de l'embryogénie, elle rendait possible l'étude de la science des monstres et donnait une consécration définitive à la conception d'Aristote et de Harvey, dont la scolastique et les préoccupations religieuses avaient, durant de longs siècles, entravé l'essor[1].

L'épigenèse établit que l'œuf est un organisme ho-

---

[1] Aristote l'avait pressentie ; il avait même connu la parthénogénésie des abeilles et l'hermaphrodisme physiologique de certains poissons, tels que le serran de la Méditerranée ; Cuvier a connu cet

mogène semblable chez tous les animaux quels qu'ils soient et à quelque degré de l'échelle zoologique qu'ils appartiennent. A ce globe organique qui, chez quelques espèces, présente des proportions infiniment petites, viennent successivement s'ajouter des parties nouvelles sous l'impulsion d'une force essentielle et plastique, qui a pour fin ultime de le rendre conforme au type des parents. On comprend que, par une observation attentive et réfléchie, l'œil suive les phases diverses de ce travail évolutif de l'être, et il ne lui en échappera aucune, s'il dispose d'un certain nombre d'embryons, ce qui, pour les espèces communes, telles que le poulet et le pigeon, n'offre pas de difficultés. Mais lorsque, de l'examen du processus normal, on arrive à celui des phénomènes anormaux, lorsque de l'embryogénie on passe à la tératologie, le terrain apparaît alors hérissé d'obstacles. Comment, en effet, trouver les embryons monstrueux de l'œuf des oiseaux et des mammifères? A quels indices reconnaîtra-t-on que, sous l'enveloppe calcaire qui constitue la coque d'un œuf de poulet, il y a un monstre qui éclôra à la place d'un petit bien constitué?

C'est donc à l'induction qu'on doit recourir : c'est en partant de la notion précise des phénomènes embryogéniques qu'on arrive à l'explication des faits tératologiques : tel est en effet le procédé qu'ont employé les deux Geoffroy Saint-Hilaire. Mais si impor-

hermaphrodisme, mais il ne savait pas manier le microscope et ne put aller jusqu'à la constatation des spermatozoaires. Plus tard, M. Dufossé a complété cette étude.

tants que soient les résultats auxquels la puissance de leur génie les a conduits, ils n'ont pu qu'entrevoir la vérité que l'étude expérimentale des méthodes tératogéniques est seule capable de dévoiler tout entière.

Or, cette étude expérimentale de la science des monstres n'est autre que la création elle-même des éléments de cette science : c'est par conséquent l'application à la biologie, dont elle est l'une des branches, des principes de la méthode qui a imprimé à la physique et à la chimie une si grande impulsion et leur a fait, dans ces derniers temps, réaliser de si importants progrès.

Mais, les phénomènes de la vie sont-ils de nature telle qu'on puisse les reproduire? L'évolution de l'œuf est-elle due à une force? Cette force est-elle intelligente ou aveugle? Est-elle saisissable dans son action? L'homme a-t-il le pouvoir de la créer, de la diriger, d'en modifier à son gré le cours?

Les alchimistes s'étaient posé ces problèmes et avaient fini par se considérer comme possesseurs des secrets de la vie. Paracelse a eu la prétention de fabriquer un Homonculus, qui a vraisemblablement inspiré l'une des fictions de Gœthe[1]. Van Helmont prétend

[1] MÉPHISTOPHÉLÈS. Salut; vous voyez un ami!

WAGNER. Salut à vous; mais retenez vos paroles et votre haleine: une œuvre splendide va s'accomplir!

MÉPHISTOPHÉLÈS. Qu'est-ce?

WAGNER. Un homme va naître!

MÉPHISTOPHÉLÈS. Et quel couple amoureux avez-vous enfermé dans la cheminée?

WAGNER. Aucun. L'ancienne façon d'engendrer est vaine plaisan-

que l'on peut artificiellement reproduire des grenouilles ; Maupertuis élève les mêmes prétentions pour nous ne savons plus quelle espèce d'animal.

D'après une école moderne, le triomphe de la biologie est d'avoir ramené à des éléments matériels les phénomènes vitaux et d'être parvenue à démontrer que les propriétés chimiques variées des corps albumineux sont les causes essentielles de toutes les manifestations organiques de la vie. Le sentiment du chef de cette école, c'est que la vie n'est pas un phénomène d'un ordre différent de ces propriétés : il conclut à la génération spontanée, proclamant ainsi que la production artificielle d'êtres vivants n'est pas placée au-delà des limites de la puissance humaine ; mais il convient que, dans tous les cas, qu'il s'agisse de la vie naturelle ou de la vie artificiellement produite, les causes premières nous restent cachées ; il est assez difficile, ce nous semble, de concilier ces propositions[1]. Mais du moment où l'on admet ces

terie : le point d'où s'échappe la vie est destitué de sa dignité; si l'animal y trouve son plaisir, l'homme doit avoir une origine plus haute. Voyez : dans la fiole, cela brille! Si, avec des centaines de matières, on fait un mélange convenable (tout dépend de cela), on arrive à composer une matière humaine; si on la place dans un alambic et qu'on la distille, l'œuvre s'achève en silence. Voyez : la masse devient lumineuse! Ce qui jadis était mystérieux, nous osons l'expérimenter! ce que la nature organisait, nous y arrivons par la cristallisation. Voyez, cela monte, s'agglomère, brille! le verre tinte; j'aperçois gesticuler un homme de forme gracieuse; cela devient une voix, j'entends un langage!

(*Second Faust*, acte II, scène du Laboratoire.)

[1] Hæckel admet que le bathybius qu'Huxley a découvert, et qui peuple le fond des mers, est le plus simple des organismes : il se compose d'une substance homogène ; il se meut et s'accroît ; il est,

causes premières, on est forcément conduit à leur attribuer un rôle dans la création. Seulement on se trouve ici en présence d'un problème de métaphysique, laquelle n'a rien de commun avec la science positive. Pour cette science, les êtres ne commencent pas, ils continuent; en présence d'un minéral, le chimiste étudie ses propriétés, mais non son origine : semblablement, le physiologiste scrute les caractères propres à chaque organe sans aller au delà ; il sait que l'évolution a ses lois et qu'elles sont immuables : si ces lois se modifient par suite de circonstances accidentelles, l'harmonie universelle n'en est pas altérée dans son cours; mais s'il était au pouvoir de l'homme de substituer d'autres lois à celles-là, cette harmonie cesserait aussitôt.

Ainsi, pour le physiologiste, la vie seule peut produire la vie, et elle se manifeste par des caractères qui sont les expressions de forces pouvant être mises en jeu par l'emploi d'agents physiques dont la science enseigne la portée. Voici, par exemple, un œuf qui éclôt; un être vivant s'est formé en lui : comment cette animation s'est-elle produite? Nous sommes certains que c'est grâce à des causes physiques dont la chaleur est la principale : nous ignorons l'essence

par conséquent, vivant. C'est cet organisme que, suivant Hœckel, on peut reproduire artificiellement; lorsqu'il est isolé et sans enveloppe, il constitue, suivant Huxley, la base physique de la vie; s'il est inséré dans une cellule, c'est qu'il est déjà parvenu à un degré plus avancé; c'est alors la cellule proprement dite, et le point de départ de tous les tissus qui entrent dans la composition des êtres vivants, animaux ou végétaux.

de ces causes, mais nous sommes maîtres de les appliquer, et chaque fois que nous le ferons nous aurons une éclosion semblable à la première ; nous faisons donc apparaître la vie. Ce n'est pas une création que nous effectuons, mais la transformation d'une énergie latente en force effective qui désormais va se diriger suivant ses lois propres vers le but prédéterminé, bien que dans une certaine mesure on puisse modifier cette direction sans l'arrêter. Aussi bien n'est-ce là qu'une action exercée sur un organisme isolé, mais qui ne saurait atteindre le cours de l'évolution des êtres et le concert universel ; car, pour chaque modification qu'on voudra imprimer à cet organisme, il faudra recourir aux mêmes actions perturbatrices, ce qui ne serait pas nécessaire si la puissance humaine pouvait s'étendre jusqu'à la cause première.

L'intervention expérimentale, ainsi envisagée, devra être d'autant plus efficace qu'elle se fera sentir à une période de l'évolution où celle-ci n'est encore qu'à son minimum d'intensité et où, ne procédant qu'avec lenteur, elle peut être enrayée sans que la vie de l'embryon soit compromise. Ainsi, lorsqu'on vient à imprimer des secousses à un œuf fécondé que l'on soumet ensuite à l'incubation, le développement du germe ne dépasse pas quelques heures ; mais si on laisse reposer cet œuf, la force évolutive qui avait été enrayée par ces secousses se ranime et l'évolution s'effectue.

A ces faits, sur lesquels M. le professeur Broca a

appelé l'un des premiers l'attention, s'en joignent
d'autres du même ordre, et qui ont été récemment
observés par M. Dareste et par nous : Harvey avait
constaté que si on vient à ouvrir un œuf de poule
après deux ou trois jours d'incubation, le cœur s'arrête et qu'aussitôt qu'on projette sur l'embryon une
goutte d'eau tiède, ses battements reprennent leur
cours. Ces expériences ont été reprises, et on s'est
servi de mélanges réfrigérants dans lesquels la température descendait jusqu'à 1 degré au-dessus de
zéro; après s'être assuré que les pulsations cardia-
ques étaient arrêtées, on a remis les œufs dans la couveuse et on les y a laissés pendant une période d'un
à deux jours, après lesquels les mouvements du cœur
reparaissaient. Le résumé de ces faits a été l'objet
d'une communication adressée à l'Académie des
sciences et lue par M. de Quatrefages dans la séance
du 18 mars 1878.

Ainsi, on peut suspendre complètement la vie, c'est-
à-dire ses manifestations, sous l'influence du refroidissement, puis faire renaître ces manifestations par
l'application des agents qui l'éveillent.

Ces phénomènes, qui sont pour ainsi dire la règle
chez les végétaux et chez les animaux à sang froid,
n'avaient pas encore été observés jusqu'ici chez les
animaux supérieurs : comment peut-on les expliquer?
Au début, une harmonie complète gouverne la succession des phases qui doivent faire émerger d'une
masse homogène les parties destinées à se différencier. Hippocrate affirmait ce fait en disant qu'il n'y a

qu'un seul courant, qu'un seul effort faisant converger tous les points du jeune embryon vers l'ensemble.

Or, cette harmonie n'acquiert son maximum d'intensité qu'au moment où la circulation apparaît : c'est pourquoi les expériences de reviviscence relatées plus haut ont fourni des résultats moins sensibles à mesure qu'on s'éloignait des premiers jours de l'incubation.

Ainsi, lorsque, dans un organisme en voie d'évolution, la vie n'est pas encore manifestée par un phénomène d'activité et de mouvement tel qu'un courant circulatoire achevé, elle peut subir un trouble, un arrêt sans que ce trouble et cet arrêt aient d'autres conséquences qu'une suspension momentanée de la vie.

Il est établi expérimentalement qu'on peut agir sur l'œuf des animaux. Déjà Et. G. Saint-Hilaire s'était préoccupé des procédés qui peuvent conduire à des résultats capables d'éclairer la science des monstres, mais ses tentatives ne lui ont pas donné ce qu'il espérait; toutefois il n'a pas douté que ses successeurs ne parvinssent à être plus heureux que lui. L'œuvre a été en effet reprise par M. Dareste et exposée dans un ouvrage récent qui a pour titre : *De la Production artificielle des monstruosités.*

La limite à laquelle s'est arrêté cet expérimentateur est facile à déterminer : il a pris les germes fécondés et a pu, après de nombreuses expériences, arriver à résoudre le problème général de la monstruosité simple et à jeter un grand jour sur la monstruosité composée. Il a donc, suivant l'expression de M. de Quatrefages, éclairé le champ entier de la tératologie[1].

Et d'abord, il est évident que les germes des espèces ne se prêtent pas tous avec la même facilité à ces sortes de recherches; l'action des agents physiques extérieurs ne s'exerce sur les germes des animaux vivipares qu'en traversant l'organisme maternel; au contraire, l'œuf des ovipares peut être directement soumis à cette action : on peut donc la diriger plus aisément.

Or, l'œuf des oiseaux, et spécialement celui de la poule, se prête merveilleusement à cette étude ; la pratique de l'incubation artificielle les multiplie au gré et selon les besoins de l'expérimentateur ; enfin la connaissance de l'évolution normale du poulet facilite singulièrement l'étude des anomalies qu'il peut présenter. Il est donc tout naturel que les tératogénistes s'adressent à l'œuf de la poule : il ne reste plus qu'à perfectionner les couveuses artificielles et à en faire des appareils de précision avec lesquels on puisse régler les conditions physiques et les proportionner à l'intensité et à la nature des modifications qu'on cherche à obtenir sur des embryons.

Les procédés employés par M. Dareste sont décrits dans un des chapitres de son ouvrage. En voici en quelques lignes un aperçu :

[1] Au-delà de ces limites s'étend un champ indéfini : il y a l'étude des modifications qu'on peut produire soit sur l'élément mâle, soit sur l'élément femelle, avant que ces éléments se trouvent en présence à la suite de l'acte fécondateur.

1° L'œuf soumis à l'incubation est placé verticalement;

2° On applique sur une partie de la coquille un vernis plus ou moins imperméable à l'air et qui entrave la respiration de l'embryon sans la supprimer;

3° L'œuf est échauffé inégalement;

4° On emploie une température supérieure ou inférieure à la température normale de l'incubation et qui est contenue entre 35 et 40 degrés.

On peut sans doute concevoir d'autres procédés perturbateurs, mais il est permis de conjecturer qu'ils donneront des résultats similaires; car une conséquence mise en relief par M. Dareste, c'est que, d'une part, la même condition tératogénique peut donner lieu aux monstruosités les plus différentes, tandis que, d'autre part, les mêmes monstruosités peuvent être obtenues par les agents physiques les plus variés.

Quelle est la signification de ces faits qui, de prime abord, semblent se contredire? Ils tiennent à ce que les monstruosités relèvent presque toujours d'une cause identique, d'un procédé physiologique qui n'est autre que l'arrêt de développement.

Cet arrêt est la loi du tératogénisme naturel tout aussi bien que du tératogénisme artificiel : aucune monstruosité ne s'y soustrait; ce point est éclairci dans le deuxième chapitre de l'ouvrage de M. Dareste, où se trouve exposé avec une grande force d'argumentation le rôle que joue l'individualité du germe dans la manifestation des anomalies [1].

[1] P.-L. Panum a publié à Berlin, en 1860, un ouvrage qui a pour

Ces germes, en effet, ne sont jamais identiques ; leur constitution varie de l'un à l'autre : ils sont renfermés dans des œufs qui diffèrent toujours plus ou moins de volume, de couleur, de composition chimique, de proportion relative entre le jaune et le blanc. En outre, et ce fait est capital, chacun d'eux apporte des dispositions héréditaires, et conséquemment des forces dont les lois sont actuellement impénétrables et qui constituent autant d'obstacles à l'application des influences tératogéniques auxquelles l'expérimentateur cherche présentement à les soumettre en vue de modifier le cours de leur évolution [1].

titre : *Untersuchungen über die Entstehung der Missbildungen zunächst in Eiern der Vogel*. Discutant la valeur de la loi d'arrêt de développement, l'auteur la rejette et la malmène même jusqu'à l'ironie : cette loi n'a jamais, selon lui, rien dit de sérieux sur les causes de l'arrêt.

Il établit que ce sont des influences mécaniques qui, pour les monstruosités simples, sont les plus importantes à étudier : assurément, et on pourrait ajouter qu'il est bien difficile d'en étudier d'autres, à moins que ce ne soit les causes premières, dont la science sérieuse a raison de ne pas s'occuper, laissant ce soin à la métaphysique.

L. Panum n'est pas le seul, d'ailleurs, à attaquer l'arrêt de développement : Is.-G. Eustache, professeur à Lille, a publié dernièrement un mémoire sur une monstruosité de la famille des anencéphales, dans lequel il se déclare hostile à cette loi ; mais ses arguments ne nous paraissent pas de nature à l'ébranler, surtout depuis les dernières expériences de reviviscence exposées dans ce chapitre.

Nous de devons pas omettre de rappeler les pages que Serres à consacrées à cette loi de l'arrêt de développement, dans ses *Principes d'embryogénie*, au chapitre où il fait l'application de cette loi à l'organologie comparée et à la tératogénie (§ xxx).

[1] Le sexe peut-il être mis au nombre de ces tendances acquises par l'hérédité? Cette question n'a pas reçu de solution expérimentale ; jusqu'à présent on ignore quel est celui des procréateurs qui agit sur le sexe du germe. Il est difficile d'admettre que le sexe soit

L'individualité du germe paraît donc être un des plus grands obstacles à la production artificielle de telle ou telle monstruosité déterminée. Cependant, on peut entrevoir certaines relations entre l'intensité de la cause et celle de l'effet ; de plus, cette intensité est souvent d'autant plus marquée que la monstruosité a commencé à une époque plus rapprochée du début de l'évolution ; il est également certain que l'échauffement inégal de l'œuf modifie les annexes de l'embryon : ce sont là des expériences dans lesquelles on peut produire à volonté des modifications déterminées dont l'une coexiste souvent avec l'inversion des viscères. Enfin toutes les expériences ont mis en évidence ce fait, que les monstres qui naissent à la suite d'une perturbation ainsi imprimée à la direction des phénomènes de l'évolution, se rattachent aux types décrits par Is. G. Saint-Hilaire, bien que cet auteur n'en ait connu qu'un nombre restreint appartenant à la classe des oiseaux sur lesquels les recherches de M. Dareste ont exclusivement porté. Ce fait confirme la grande découverte due à de Baër, des analogies essentielles des animaux vertébrés. Cette découverte est ainsi passée de l'anatomie normale dans la tératologie et rend compte de la répétition des mêmes types monstrueux qu'on rencontre chez les animaux appartenant à un même embranchement.

L'homogénéité primordiale du germe indiquée par

prédéterminé, car alors les procréateurs n'auraient aucune influence sur lui ; il y a cependant sur ces questions quelques données que nous aurons l'occasion d'exposer à la fin du chapitre sur les *Monstres composés*.

Aristote et plus nettement par Harvey est une observation qui a été récemment complétée par une autre
d'une non moindre importance : Gaspard-F. Wolff a
le premier pressenti que la cellule est la forme première de l'élément protoplasmique, et ce pressenti-
ment, Schwann l'a transformé en une vérité démontrée : l'animal vit donc, dans le principe, à la manière
des plantes ; ainsi se trouve établie l'unité de composition et de fonctionnement des deux grands règnes
de la nature.

Comment ensuite s'accroît le germe ?

Par l'adjonction de cellules nouvelles au fur et à
mesure que l'ébauche des diverses parties de l'embryon tend à la constitution définitive de l'être ; et
c'est dans chacune de ces parties que se forment successivement les éléments nouveaux, les os, les muscles, les nerfs.

Une fois que le disque embryonnaire est achevé, il
se développe par les côtés et à la région postérieure,
tandis que sa partie antérieure reste stationnaire
quelque temps ; puis il se différencie en deux por-
tions, l'une médiane qui va devenir l'embryon et qui
porte le nom de *bandelette embryonnaire*, et l'autre
périphérique, qui s'appelle le *feuillet vasculaire*, car
c'est dans le feuillet que plus tard se formera l'appareil circulatoire et qu'apparaîtront les premiers globules du sang. Lorsqu'on arrête ses regards sur le
milieu de la bandelette embryonnaire, on distingue
une ligne célèbre en embryogénie et qui a ce nom de
ligne primitive. Si l'on se sert d'un grossissement suf-

fisant, on voit qu'en réalité c'est une gouttière dont les bords résultent d'un épaississement de la partie moyenne de la bandelette et forment ce que l'on appelle les *lames dorsales;* les parties de cette bandelette, extérieures aux lames dorsales, forment ce qui est désigné sous le nom de *lames latérales,* qui restent à plat sur le jaune pendant un certain temps avant de se replier pour donner naissance à l'intestin ainsi qu'aux parois de la poitrine et du ventre.

Ensuite la gouttière se transforme en un tube qui est l'ébauche de la moelle épinière. Avant que cette gouttière se complète, on voit naître, à la partie antérieure de la bandelette, un petit bourgeon qui est l'origine de la tête ; la gouttière à ce moment se prolonge jusqu'à ce bourgeon et s'évase en une cavité qui donne naissance à plusieurs vésicules pleines de liquide, ébauche de l'encéphale.

Quant à la région inférieure du corps de l'embryon, elle se constitue un peu plus tard d'après un mécanisme analogue.

C'est alors qu'un fait nouveau se produit ; les lames latérales se séparent en deux feuillets qui interceptent entre eux un espace dont le haut sera la poitrine et le bas la cavité ventrale, tandis que le feuillet externe deviendra la peau et l'interne l'intestin.

C'est pendant cette phase que l'embryon devient de plus en plus indépendant du jaune, avec lequel il ne communique bientôt plus que par un canal qui finit par s'oblitérer complètement.

Le moment est alors venu pour le jaune de se transformer en une poche suspendue à un point de l'intestin et qu'on appelle *vésicule ombilicale*; à une époque un peu plus reculée, entre le cinquième et le sixième jour, apparaissent les membres, sous la forme de deux paires de bourgeons qui ne présentent d'abord aucune différence, bien qu'ils soient destinés à devenir, les uns les ailes et les autres les pattes, s'il s'agit du poulet, ou les bras et les jambes, s'il s'agit d'un mammifère ou de l'homme lui-même.

Pendant la phase que nous venons de décrire, le feuillet vasculaire a peu à peu entouré la bandelette embryonnaire; il ressemble alors à un cercle auquel on a retranché un segment : des bords de ce segment partent deux prolongements qui s'unissent en avant de la tête ; c'est dans l'épaisseur même de ce feuillet vasculaire que va s'ébaucher le premier appareil circulatoire ; l'œil armé du microscope aperçoit un amas de petites cavités remplies de corpuscules rouges ou globules sanguins. D'abord distinctes, ces cavités se relient peu à peu entre elles de manière à constituer un réseau de vaisseaux.

Dans le principe, ce réseau n'est pourvu d'aucun appareil moteur, mais le cœur ne tardera pas à se former, et une fois uni à ce réseau il communiquera l'impulsion aux globules qui se répandront dans toute la trame organique de l'embryon. C'est l'instant où la vie se manifeste pour la première fois par le mouvement. Jusque-là l'évolution s'est accompli sans que l'œil ait pu en surprendre le jeu caché sous une mystérieuse immobilité [1].

Le liquide qui remplit le vaisseau cardiaque est d'abord incolore; plus tard, lorsque ce vaisseau communique avec le réseau de l'aire vasculaire, les globules se mêlent à ce liquide, qui devient rouge; la circulation est alors très facile à constater [2].

Nous sommes maintenant en présence d'une masse homogène, de laquelle vont se dégager les diverses parties et organes de l'embryon. Or, nous avons signalé et appuyé de preuves expérimentales ce fait que la solidarité physiologique des éléments de l'embryon est à peu près nulle à l'origine; il en résulte que si on considère l'embryon à ce moment, la succession des phénomènes évolutifs pourra être privée d'une régularité absolue sans que la vie s'arrête; il y aura retard pour tel ou tel organe, tandis que les autres continueront à se développer. Mais alors de cette dys-

---

[1] C'est à M. Dareste que l'embryogénie doit la connaissance de la période initiale de la constitution du cœur; jusqu'à lui, on admettait que, simple à l'origine, cet organe était formé par un vaisseau contractile situé au-dessous de l'œsophage. Mais avant cette phase il y en a eu une dans laquelle on voit deux sacs distincts d'abord et se rapprochant peu à peu jusqu'à la fusion. Ce sont les recherches tératogéniques qui ont conduit cet expérimentateur à la notion de ce fait important, et là est une preuve des lumières que la science des monstruosités jette sur l'anatomie. C'est la justification de cette sorte d'aphorisme par lequel Ét. G. Saint-Hilaire termine l'article du *Dictionnaire classique d'histoire naturelle* (t. XI) : « Les monstres ont leur utilité pratique : ce sont des moyens d'étude offerts à notre intelligence. »

[2] Harvey pensait que les battements du cœur sont dus à la présence des globules; c'est une erreur : les battements commencent avant l'apparition de ces globules.

harmonie il en résultera un monstre ; supposons, par exemple, que la gouttière médullaire se développe partout, sauf à la partie supérieure ; qu'adviendra-t-il dans ce cas ? La tête ne se formera pas et on aura un acéphale, un monstre privé de tête ; que la bandelette embryonnaire ne se ferme pas, il n'y aura pas de tube médullaire, ni de gouttière ventrale ; mais si elle se prolonge en haut, il y aura les éléments d'une tête et il naîtra un monstre constitué uniquement par cette région. Cette monstruosité n'est pas extrêmement rare dans l'espèce humaine.

Tous ces êtres réduits ainsi à de simples fractions du corps et qui néanmoins parviennent au terme de leur évolution, périssent ordinairement de bonne heure, à moins que, rattachés à un autre organisme, ils en reçoivent les matériaux ; leur individualité physiologique est obscure ou même nulle : ils ne vivent que d'une existence parasitaire et sont forcés de prendre à l'être avec lequel ils sont associés les aliments qu'ils sont incapables par eux-mêmes d'élaborer : ils meurent, faute de cœur, ou bien parce que cet organe ne s'est pas complété.

Un autre exemple d'arrêt de développement est le suivant : les vésicules cérébrales sont, comme nous l'avons rappelé, des évasements de la gouttière médullaire, lesquels peu à peu arrivent à se fermer complètement ; la première de ces vésicules est l'ébauche des hémisphères cérébraux, et elle présente dans son évolution des particularités qui consistent en ce que sur ses parois apparaissent quelques rides ou plissements. Deux de ces rides vont s'isolant de plus en plus de la vésicule, de sorte que bientôt elles forment deux sacs distincts, séparés l'un de l'autre, placés de chaque côté. Ce sont les sacs optiques ou vésicules oculaires, dans lesquels apparaissent le cristallin, le corps vitré ; en un mot, tous les éléments des globes oculaires, qui sont des expansions de la peau. Or, si les bords de la gouttière cérébrale, au lieu de s'évaser, viennent à s'unir d'une manière précoce, il en résultera que la vésicule cérébrale s'atrophiera ; il ne se produira conséquemment aucune vésicule oculaire : on aura un monstre privé d'yeux. Ces monstres, que Is. Geoffroy Saint-Hilaire a appelés *triocéphales,* sont privés en même temps de bouche et de narines : ils sont repoussants.

Supposons à présent un arrêt de la vésicule cérébrale, survenu au milieu de son évolution et alors que les globes de l'œil sont déjà en voie de formation : ceux-ci continuent à croître, mais comme ils occupent la ligne médiane, au lieu de se trouver sur les parties latérales de la vésicule cérébrale, il en résulte qu'ils se fusionnent et donnent lieu à un œil unique, à un cyclope.

Ce monstre n'est jamais viable, parce que la fusion des éléments des globes oculaires n'est pas le fait unique de l'arrêt : celui-ci porte en même temps sur une partie de l'encéphale, trop importante pour que son absence soit compatible avec la vie ; la tératologie est donc en désaccord avec la mythologie et l'art antique, qui donnent à Polyphème une stature élevée et une constitution athlétique. Pline cite un tableau du peintre Parrhasius, qui représente le géant endormi et des satyres occupés à mesurer ses doigts avec un thyrse ; quant à son appétit, il devait être fort robuste, car il se nourrissait de sang humain et put, à lui seul, pendant la guerre de Troie, dévorer un grand nombre des gens d'Ulysse.

On voit combien il y a loin de cet être terrible qu'ont célébré tour à tour Homère, Euripide et Virgile, à ces monstres incomplets, chétifs, qui n'ont qu'un souffle de vie et expirent quelques heures après leur naissance [1].

Toujours la cyclopie s'accompagne d'une autre anomalie qui consiste en ce que la fossette olfactive, au lieu de communiquer avec la cavité buccale, est placée au-dessus de l'œil ; les éléments de cette fossette, au lieu de rester inclus, font parfois saillie plus ou moins à l'extérieur et ils simulent une petite trompe, laquelle donne au monstre quelque analogie avec un certain nombre d'animaux que l'imagination superstitieuse suggère parfois aux historiens et aux chroniqueurs crédules ; tantôt c'est à un veau qu'on le compare, tantôt c'est à un cheval, ou bien à un chien, à un éléphant, à un tapir, à un phoque, à une chauve-souris ; combien même leur arrive-t-il sou-

---

[1] Vers le commencement du quatorzième siècle, on découvrit à Trépani, en Sicile, des ossements gigantesques ; cette trouvaille fit grand bruit et l'on n'hésita pas à établir qu'ils appartenaient à Polyphème ; ils avaient, disait-on, trois cents pieds de longueur ! Boccace mentionne ce fait dans ses contes, et les savants de l'époque auraient agi sagement en l'y laissant.

vent de discuter sérieusement la parenté originelle
de ce monstre avec l'un ou l'autre de ces animaux !

Les monstruosités céphaliques se produisent parfois dans des conditions que M. Dareste a le premier
signalées, et qui constituent un type très curieux chez
les oiseaux, car jusqu'à présent on n'en a pas encore
trouvé de semblable chez les mammifères et chez
l'homme. Dans ce cas, la tête se recourbe très fortement en avant et finit par franchir l'espace qui sépare
les deux sacs primitifs du cœur ; elle se place peu à
peu au-dessous de cet organe, et on a alors un monstre
qui réveille l'idée d'un petit portefaix qui a chargé
sur le dos son cœur en guise de besace et qui semble
poussé en avant à chaque mouvement que fait son
contractile fardeau. C'est assurément là un monstre
qui pourrait servir à défrayer la verve de quelque
écrivain humoriste et qui, s'il eût été connu des anciens, n'eût pas manqué d'être le messager de quelque singulier pronostic [1].

Lorsque les vésicules cérébrales sont parvenues
aux limites de leur évolution, il peut se faire que
l'ossification des parois du crâne s'arrête ; ces parois
n'étant plus alors suffisamment résistantes, les vésicules encéphaliques sont comprimées par l'amnios :
c'est là la clef de toutes les monstruosités sur lesquelles Étienne-Geoffroy Saint-Hilaire a émis des
vues si justes et si originales.

[1] M. Dareste l'appelle *omphalocéphale* ; sans la connaissance de la
dualité primitive du cœur, il lui eût été impossible d'en comprendre
le mécanisme.

Les exemples qui viennent d'être présentés suffisent pour mettre en évidence le rôle que joue l'arrêt de développement dans la production des monstruosités, et que nous considérons comme prépondérant. Nous en citerons un autre, qui, bien que regardé comme spécial, parce qu'il n'est pas apparent pendant la vie et que celui qui le présente n'a aucune raison de soupçonner qu'il existe chez lui, n'en relève pas moins aussi de la même cause, c'est-à-dire de l'arrêt de développement : nous voulons parler de l'*inversion des viscères*.

La forme extérieure du corps, chez presque tous les animaux, présente une symétrie à peu près complète ; mais les organes internes ne participent pas à cette symétrie : c'est ainsi que le cœur occupe le côté gauche, et le foie le côté droit. Quant aux intestins, la nature de leurs fonctions nécessite une mobilité presque constante et qui se concilierait mal avec un arrangement symétrique de leurs diverses parties.

Cependant, chez quelques personnes, dont le nombre est d'ailleurs fort rare, il existe une disposition inverse de ces organes internes. Un fait de ce genre attira beaucoup la curiosité publique vers la fin du dix-septième siècle : Morand, chirurgien en chef des Invalides, venait de faire l'autopsie d'un militaire presque octogénaire, et chez lequel il constata une transposition complète de tous les viscères.

Molière composait alors et allait bientôt faire représenter sa comédie du *Médecin malgré lui*; il ne manqua pas de tirer parti de ce fait, qui s'appliquait si heureusement au rôle de Sganarelle. Ce médecin improvisé venait de donner une consultation à Lucinde : il avait placé le cœur à droite. Géronte, père de Lucinde, s'en montra fort scandalisé. Quant à Sganarelle, il ne se déconcerte pas et lui répond : « Oui, cela était ainsi autrefois ; mais nous avons tout changé et faisons maintenant la médecine d'une méthode nouvelle [1]. »

Presque tous les monstres qui ont été observés chez les oiseaux périssent avant l'éclosion ; chez l'homme et chez les autres mammifères, les choses ne se passent pas ainsi : cette différence trouve sa raison dans ce fait que ces derniers n'ont, pendant la durée de leur évolution, qu'une vie empruntée à la vie maternelle. L'oiseau, au contraire, se suffit à lui-même pendant toute la durée de son développement ; il est donc exposé à de nombreuses causes de perturbations auxquelles son isolement ne lui permet guère de résister.

Presque toutes ces causes procèdent de l'anémie, qui dégénère en hydropisie, source de désorganisation rapide et de mort.

L'anémie appartient à la phase du début : plus tard, l'oiseau meurt asphyxié ; dans ce cas, l'allan-

---

[1] L'explication de cette singulière anomalie est, d'après M. Dareste, la suivante : primitivement l'appareil vasculaire est symétrique ; plus tard, cette symétrie s'efface progressivement par suite de l'oblitération d'un certain nombre de vaisseaux, et elle se produit le plus ordinairement du même côté ; mais si, exceptionnellement, elle a lieu du côté opposé, il en résulte une inversion de tous les organes qui reçoivent leurs vaisseaux de cet appareil.

toïde, qui est le poumon de l'embryon, est entravé
dans son mouvement d'expansion par l'amnios : la
respiration devient ainsi impossible, et le jeune embryon ne tarde pas à périr, faute de cet air qui doit
lui être fourni par la membrane tapissant la face
interne de la coquille.

Les anomalies et monstruosités graves se produisent au début de l'évolution embryonnaire : telle est
la règle générale. Nous nous sommes longuement
étendu sur ce point, comme sur l'arrêt de développement, que nous regardons comme la cause prochaine
de ces monstruosités. Mais il y a des exceptions :
nous signalions notamment, il y a quelques instants,
l'inversion des viscères, qui se produit, en effet, à une
période relativement éloignée de la phase initiale.
Nous pouvons encore mentionner l'hermaphrodisme,
qui consiste dans le phénomène tératogénique suivant : dans l'état normal, l'embryon humain est neutre jusqu'au deuxième mois ; à cette époque, le corps
de Wolff, qui est l'organe spécial au sein duquel s'effectue le travail de différenciation sexuelle, se modifie
de manière à donner naissance à un individu mâle où
à un individu femelle, suivant la prédominance de
l'énergie héréditaire ; or, qu'une cause perturbatrice,
entrant en conflit avec cette énergie, vienne enrayer
ce travail de différenciation sexuelle, la neutralité primordiale de l'embryon persistera : les autres conditions de son développement restant libres, l'évolution
continuera jusqu'à la fin de la vie intra-utérine et l'embryon naîtra avec un organisme en partie mâle et en

partie femelle : on aura un monstre hermaphrodite[1].

Mais cet arrêt comporte des degrés d'intensité dont les trois principaux constituent les trois types de l'hermaphrodisme humain : s'il frappe l'élément du corps de Wolff destiné à évoluer dans le sens mâle, il en résultera un hermaphrodite avec prédominance du sexe viril associé à des attributs féminins ; s'il frappe l'élément destiné à évoluer dans le sens femelle, on aura un hermaphrodite pourvu de tous les caractères de la masculinité, mais chez lequel il y aura une prépondérance du sexe féminin ; enfin si nous supposons que chacun des éléments sexuels contenus virtuellement dans le corps de Wolff évolue simultanément, mais sans prédominance de l'un sur l'autre, il en résultera un être qui aura les attributs de chaque sexe, mais incomplets, un être neutre, en un mot.

Dans les deux premiers cas, c'est-à-dire dans l'hermaphrodisme mâle et dans l'hermaphrodisme femelle, il n'y a pas nécessairement stérilité ; dans l'hermaphrodisme neutre, elle est une conséquence fatale. Nous verrons plus loin ce qu'il en résulte au point de vue de la législation.

Dans son traité des anomalies du système dentaire chez l'homme et les mammifères, le docteur Magitot a exposé plusieurs faits très intéressants d'éruption tardive d'une ou de plusieurs dents : ces faits se rap-

---

[1] L'hermaphrodisme, qui est physiologique chez un grand nombre d'animaux et même très accentué chez quelques-uns, est inconnu chez les oiseaux. Chez ces animaux et chez l'homme, il est toujours tératologique.

portent aussi à l'arrêt de développement; telle est l'opinion que l'auteur de ce traité n'hésite pas à émettre.

Cet arrêt se produit encore à une époque plus reculée et jusqu'à la fin de la vie embryonnaire. Les exemples les plus remarquables sont la persistance du canal artériel et celle du trou de Botal, qui normalement doivent être oblitérés au moment où l'enfant naît.

Ainsi, l'arrêt de développement, depuis l'instant où l'évolution embryonnaire commence jusqu'à une époque plus ou moins avancée et jusqu'à l'extrême limite de cette évolution, est le procédé qu'emploie la nature lorsque, déviée de sa direction normale, elle aboutit à la production des monstruosités.

Les mutilations que certains peuples mettent en usage touchent en quelques points au sujet que nous traitons : il est de toute évidence que la déformation de la tête pratiquée chez beaucoup de naturels de l'Amérique donne lieu à des monstres ; il est également incontestable que la déformation des pieds que subissent presque toutes les femmes chinoises à la fin de leur première enfance, dans le but d'augmenter leur valeur matrimoniale, en fait des créatures mutilées, constamment souffrantes, et par conséquent monstrueuses.

Toutes ces pratiques insensées sont encore des exemples de ce que peut entraîner de désordre un point de l'organisme entravé dans son expansion.

Les déformations crâniennes, appliquées sans modération et pendant longtemps, engendrent des altérations dans les fonctions du cerveau. Dans la pratique de la castration, la voix retourne au type de l'enfance, les os cessent de croître, la capacité du crâne diminue. Lorsque, chez le nègre, l'émasculation a eu lieu dans l'âge adulte, la coloration de la peau perd une partie de son intensité.

Mais nous n'insisterons pas sur ces faits, qui, bien qu'apportant leur contingent de lumière au phénomène de l'arrêt de développement, rentrent plutôt dans le cercle des questions qu'étudie la science de l'anthropologie, et sur lesquelles nous reviendrons cependant quand nous aborderons la question de l'hérédité des formes monstrueuses.

Nous passons maintenant à l'étude de la genèse des monstres composés.

CHAPITRE VII.

LES MONSTRES COMPOSÉS.

Nous devons, dans ce chapitre, envisager une classe de monstres présentant en proportions variables la réunion d'éléments qui, dans l'état normal, appartiennent à des individus isolés. Ces êtres ont reçu le nom de *monstres composés*. Lorsque la réunion comprend deux individus seulement, elle donne lieu à un monstre double; lorsqu'il y en a trois, il s'agit d'un monstre triple; le type double est de beaucoup le plus fréquent : car il y en a à peine deux ou trois bien authentiques du précédent.

La science est-elle parvenue à pénétrer le secret de ces associations étranges qui rivent éternellement plusieurs êtres et les placent vis-à-vis du droit civil, politique et religieux dans des conditions morales tout à fait exceptionnelles? Ces questions seront abordées dans les chapitres suivants. Nous devons préalablement faire une excursion dans le domaine des théories qui ont été proposées pour résoudre le problème de leur origine.

Lorsqu'on donne à ces êtres ainsi soudés l'un à l'autre l'appellation de *monstres doubles,* on énonce implicitement une conception définie de leur mode de formation ; en effet, on considère qu'étant distincts à l'origine, ils se sont, par les progrès de leur évolution, rapprochés peu à peu l'un de l'autre jusqu'à se fusionner. En regard de cette conception s'en place une autre, qui consiste à supposer qu'unique d'abord, l'embryon produit successivement des parties nouvelles, d'où il résulte un monstre par excès[1]. Il était tout naturel que la doctrine de la préexistence des germes fût invoquée pour expliquer ce phénomène ; on considéra donc la monstruosité composée comme originellement constituée dans l'œuf. Cette théorie fut ruinée quand l'épigenèse survint.

Plus tard, on vit dans ces êtres le résultat d'une modification de la force évolutive déterminée au moment même où la fécondation s'effectue.

Actuellement, l'opinion se partage entre les deux doctrines suivantes : les uns admettent qu'un organisme simple primitivement se divise à un moment donné par le mécanisme de la scissiparité ; les autres veulent qu'il y ait dualité primitive, c'est-à-dire que deux embryons distincts au début se soudent ensuite[2].

---

[1] Dans sa classification, Buffon met ce genre de monstruosité au premier rang : les monstres unitaires, auxquels il manque une ou plusieurs régions du corps, occupent le deuxième rang ; les autres monstres sont groupés sous la dénomination de *monstres par irrégularité de grandeur et de siège.* Cette classification était un progrès au moment où elle parut ; elle facilitait la description, mais elle n'avait aucune base anatomique.

[2] Il y a une troisième théorie, mise en avant par Lecat, qui admet

Après une communication faite à la Société d'anthropologie, en 1873, au sujet de l'examen auquel plusieurs savants s'étaient livrés sur Milie-Christine, une discussion s'engagea dans le but d'éclairer la question de doctrine.

M. Dareste soutint que lorsque deux germes existent sur une même cicatricule, ils ont une tendance à se souder et peuvent aboutir alors à une monstruosité double.

M. Broca, invoquant les expériences de Valentin sur les œufs de poisson fécondés artificiellement, professa que les monstres composés proviennent d'un germe unique qui se divise. Il se rangea donc du côté des partisans de la diplogenèse. Pour lui, ce phénomène résulte d'un trouble caractérisé par une répartition anormale des cellules embryoplastiques.

Cette manière de voir fut combattue par M. Giraldès; il rappela les monstres multiples qui sont produits en très grande quantité dans les appareils de pisciculture du Collège de France, et dont les uns sont unis par le côté, les autres par la tête, quelquesuns par le ventre ou la queue. Il donna ces variétés comme indiquant les divers modes de la fusion, tout en reconnaissant que si la difficulté d'en bien expliquer le mécanisme est grande, l'origine de deux germes distincts primitivement est le fait le plus propre à satisfaire l'esprit.

M. Paul Bert, après avoir un instant combattu les

le bourgeonnement de l'embryon. Cette théorie ne nous parait pas devoir être discutée, lorsqu'il s'agit de la tératologie humaine.

vues de M. Dareste relativement aux monstres à double ombilic, finit par adopter complètement ses idées.

Lorsque ce dernier, quelques années plus tard, publia son traité de la production artificielle des monstruosités, il présenta des considérations nouvelles sur cette question.

Il y a dans la classe des mammifères des espèces unipares et des espèces multipares. Chez ces dernières, plusieurs œufs se développent en même temps dans la cavité utérine. Lorsque chez les espèces unipares ce même phènomène se réalise, on doit y voir une forme de la production de jumeaux ; or, dans ce cas, pourquoi les embryons, subissant une pression assez énergique pour détruire le seul obstacle qui s'oppose à leur rapprochement, et qui n'est autre que les membranes de l'œuf, pourquoi ces embryons, une fois cet obstacle rompu, ne s'uniraient-ils pas jusqu'à se fusionner entre eux ?

Il y a peut-être ici une difficulté et même une objection, c'est que les monstres doubles devraient être plus communs chez les multipares que chez les unipares, et cependant il s'en produit une plus grande quantité chez le bœuf que chez le chat. Mais la valeur de cette objection disparaît devant cet autre fait tiré de la pratique de l'art des accouchements, et qui consiste en ce que, s'il y a des jumeaux issus de deux œufs distincts, il y en a souvent aussi qui proviennent d'un œuf unique et qui présentent une extrême analogie de traits ; de plus, l'identité de sexe est la règle habituelle. Or, si l'on recherche les relations de ces embryons avec l'œuf, on voit que tantôt chacun d'eux est enveloppé dans un amnios qui lui est propre, et que tantôt, au contraire, les jumeaux habitent un même amnios.

C'est dans ce dernier cas qu'Isidore Geoffroy Saint-Hilaire pensait que la fusion se trouvait dans les conditions les plus favorables pour s'effectuer, et il le considérait comme la condition exclusive de la monstruosité composée ; or, cette vue n'était dans son esprit que théorique. M. Dareste, de son côté, la considère comme vraie ; du moins il lui apporte un argument qui a une grande valeur : en effet, dans ses expériences de productions artificielles portant déjà sur plus de dix mille embryons, il a obtenu quelques milliers de monstres simples et un nombre seulement très restreint de monstres doubles ; il est donc fondé à en conclure que ces derniers sont étrangers à l'action des causes tératogéniques appliquées dans ses recherches, et qu'ils dérivent plutôt d'un fait physiologique, d'un état particulier de la cicatricule, déterminé avant la fécondation. Quel est cet état ? D'après lui, ce serait la gemellité, c'est-à-dire la présence de deux germes sur une même cicatricule.

On sait que les œufs que pondent les poules n'ont jamais les mêmes dimensions ; parfois on en rencontre qui dépassent notablement les autres en grosseur, et, lorsqu'on vient à les ouvrir, on s'aperçoit qu'au lieu d'un seul jaune il y en a deux. Quelques embryogénistes ont pensé que, dans ces cas, si ces jaunes se mettent au contact l'un de l'autre, ils peuvent donner lieu à une monstruosité double. Mais c'est là une déduction erronée ; car si l'on soumet ces œufs à l'incubation il éclôt toujours des petits séparés et sans le moindre vestige de soudure ; d'ailleurs, ils n'ont qu'une très faible vitalité, et il est rare qu'ils arrivent jusqu'à la limite ordinaire de l'éclosion ; la gêne réciproque apportée à leur expansion dans une coquille inextensible les · fait périr très prématurément [1].

Mais, par contre, on a vu, bien qu'en nombre restreint, deux embryons développés sur un même jaune. En examinant ce dernier, on y constate tantôt deux cicatricules qui, chacune, produisent un embryon, tantôt une seule cicatricule produisant deux embryons. Or, dans ces cas, que s'est-il passé ? S'il y a deux cicatricules, leur transformation aboutit à un blastoderme unique ; les feuillets vasculaires ne peu-

[1] Dans son *Mémoire sur les agrippines*, Riolan se pose une question qu'il est curieux de rappeler à propos des œufs à deux jaunes. Il se demande si les oiseaux et les insectes peuvent faire des monstres, et voici sa réponse que nous traduisons : « Il est facile à chacun de produire un monstre chez un oiseau ; en effet, lorsqu'un œuf possède deux jaunes, on voit naître deux poulets jumeaux ; ensuite, si on vient à arracher une portion de la membrane vitelline et qu'on replace aussitôt l'œuf sous la poule couveuse, on voit éclore un petit avec une seule tête, quatre ailes et quatre pattes, ou bien avec deux têtes, deux ailes et deux pattes, mais pas davantage. Or, direz-vous que ce que l'art vient de réaliser soit capable de prédire quelque chose de sinistre ? » (*Mémoire sur un monstre né à Paris en 1605*; déjà cité.)

J. Riolan commet ici une erreur d'embryogénie : les deux petits poulets qui naissent d'un œuf à deux jaunes ne sont pas jumeaux; quant aux monstres résultant de la mutilation produite sur la mem-

vent grandir et s'étendre sur le jaune ; ils s'unissent, et cette union entraîne celle des deux circulations vitellines ; mais les deux embryons se tiennent toujours à distance l'un de l'autre, et ils s'entourent chacun d'un amnios distinct. Il est donc impossible qu'ils donnent lieu à une monstruosité double. Si, au contraire, deux embryons viennent à se produire sur une même cicatricule, il n'y a au début qu'un seul blastoderme, qu'une seule aire vasculaire et qu'un amnios ; ils sont donc juxtaposés, et l'on comprend que, dans ces conditions de voisinage immédiat, ces embryons parviennent à s'unir si les parties similaires entrent en contact.

Il y a une extrême analogie entre tous ces faits et ceux de la gémellité chez les mammifères. Cependant, suivant qu'on considère les jumeaux univitellins dans cette classe ou bien chez les oiseaux, ils n'ont pas la même destinée physiologique ; chez les mammifères,

brane vitelline, Riolan les a-t-il produits ou vu produire artificiellement? Nous en doutons beaucoup ; il a exprimé là une simple vue de son esprit ingénieux ; sans doute il a constaté des monstruosités sortant d'œufs bivitellins, mais, cherchant à les expliquer, il a trouvé tout naturel le mécanisme qu'il décrit, ce en quoi il commet une nouvelle erreur. Néanmoins le passage de son mémoire est très curieux et a échappé, croyons-nous, jusqu'ici à tous les historiens qui se sont occupés de tératologie ; il est la preuve que Riolan a eu, le premier peut-être, l'idée de rapporter à une cause accidentelle le phénomène de la monstruosité, au lieu d'y voir un fait prédéterminé. Ce passage est extrait d'un mémoire où, entre autres questions, il avait à résoudre celle des pronostics, et il devait, lui qui était sceptique à cet endroit, fournir un argument sérieux contre eux. Comment, en effet, admettre qu'un phénomène que l'art produit à volonté ait la puissance fatidique de prédire un malheur? (*Dixeris ne, quod ars effecit, aliquid sinistri prædicere?*)

l'embryon, à l'époque de sa naissance, se sépare de l'œuf, c'est-à-dire du jaune, qui, à un moment donné, devient la vésicule ombilicale. Il résulte de là que, chez les animaux et chez l'homme, les jumeaux uni-vitellins, une fois séparés, peuvent vivre d'une exis-tence indépendante ; mais, chez les oiseaux, il n'en est pas ainsi : le jaune correspond sans doute à la vésicule ombilicale des mammifères : mais il ne se sépare pas de l'embryon : il rentre dans la cavité ven-trale au moment de l'éclosion : il en résulte que deux embryons univitellins ne peuvent pas être dissociés: la pénétration graduelle du jaune dans l'abdomen de chaque embryon les rapproche bien l'un de l'autre, et leur donne l'apparence d'une monstruosité double ; sans doute, les deux êtres ne peuvent être séparés l'un de l'autre, et cependant il n'existe, en réalité, aucune fusion entre eux.

Dans cette gemellité univitelline il arrive quelque-fois que l'un des sujets est frappé d'atrophie à côté de l'autre, qui continue son développement normal; cette circonstance entraîne ordinairement sa mort. Mais dans certains cas il parvient au terme de l'éclo-sion : comment ces exceptions s'expliquent-elles? par la communauté de l'aire vasculaire en vertu de laquelle le cœur de l'embryon qui est bien conformé sert d'agent moteur aux globules sanguins qui se répartissent à la fois dans l'un et dans l'autre orga-nisme.

Les monstres qui sont privés de tête ne sont pas très rares dans l'espèce humaine et chez les autres

mammifères ; Béclard, le premier en 1817, et, après
lui, Elben en 1821, avaient signalé l'absence du cœur
comme un caractère particulier à ces monstres.
I.-G. Saint-Hilaire a étendu ce caractère à toute une
classe d'anomalies, car il l'a rencontré chez les monstres acéphales, lesquels occupent, si l'on peut dire
ainsi, le degré le plus inférieur des monstruosités, puisqu'ils ne sont le plus ordinairement constitués que par une simple masse de tissu cellulaire
revêtu de peau. On le voit, la gemellité explique
comment des êtres privés de cœur ou n'en ayant
qu'un rudimentaire et insuffisant pour leur assurer
la vie, peuvent néanmoins subsister pendant un
certain temps ; c'est grâce au jumeau, à côté duquel
ils sont placés ; c'est-à-dire que le même phénomène
de solidarité se produit chez eux comme il se produit
chez les monstres parasitaires, avec cette différence
que l'union est médiate pour tous les acéphales,
tandis qu'elle est directe pour les parasitaires proprement dits.

Or, pourquoi ne rencontre-t-on pas de monstres
omphalosites ou acéphales, isolés et libres dans la
classe des oiseaux ? C'est parce qu'ils ne se séparent jamais de la vésicule ombilicale. S'il vient à s'en
produire un, il est aussitôt entraîné avec le jaune
dans la cavité abdominale du jumeau bien conformé,
et il y reste inclus.

Etienne Geoffroy Saint-Hilaire avait découvert une
loi particulière à l'organisation des monstruosités
composées : il avait constaté que leur union, sauf de

très rares exceptions, se fait par les parties homo-
logues, et il avait donné à ce fait le nom de *loi d'attraction des parties similaires ou d'affinité de soi pour
soi*; il l'expliquait en disant que, parvenus au terme
de leur évolution, il surgit dans chacun des sujets
composants une force d'attraction qui aboutit à leur
fusion, après que cette force a été mise en jeu par
une pression externe. Or, il se trompait : sans doute,
ce sont bien les parties similaires qui se fusionnent,
mais, au lieu que cette fusion se produise à la fin
de l'évolution, elle est au contraire initiale ; du reste,
cette rencontre des parties similaires, qui est un fait
incontestable, échappe à toute explication, surtout
lorsqu'il s'agit de monstruosités dans lesquelles il
y a dédoublement des organes ; chaque moitié, dans
ce cas, s'unit sur le plan médian, à la moitié de l'organe similaire de l'autre sujet : supposons un monstre
double qui n'a qu'une seule poitrine ; par la dissection, on trouve qu'il y a les éléments de deux poitrines distinctes, et par conséquent deux sternums ;
si l'on examine avec soin ces os, on voit qu'ils appartiennent par moitié à chaque sujet composant ; dans
la théorie de Geoffroy Saint-Hilaire, il faudrait admettre que chacun des thorax primitifs se serait di-
visé ; puis, que chaque moitié, ainsi produite, se séparant de l'autre moitié, serait allée retrouver, sur la
la ligne médiane, une moitié correspondante provenant de l'autre moitié.

La plupart de ces difficultés disparaissent, si on ne
perd pas de vue ce fait que la formation des monstres

doubles appartient à la première phase de la vie embryonnaire ; à cette époque, l'organisme se compose de
cellules homogènes, et les organes, souvent si remarquables de la monstruosité composée, apparaissent
d'emblée avec tous leurs caractères dans des ébau-
ches préparées par des événements tératologiques ; il
est certain que les parties similaires sont celles qui
s'unissent de préférence, mais ce n'est pas en vertu
d'une loi d'attraction ou d'affinité, puisque cette
union se fait à un moment.où, comme nous le disions
tout à l'heure, il y a identité entre tous les éléments
qui constituent la trame des embryons ou de l'embryon, suivant qu'on admet la dualité primitive du
germe ou la division d'un germe unique. Dans la
première de ces hypothèses, quelle est cette force
qui sollicite ces deux germes à se souder entre eux ?
On ne peut faire à cet égard aucune conjecture ; c'est
un résultat qu'il faut se borner à constater comme
on constate l'arrêt de développement, sans qu'il soit
possible d'en préciser la cause. Il y a, cependant,
cette différence, c'est que cet arrêt est artificiellement
imitable, tandis que la production des monstruosités
composées a jusqu'ici résisté aux tentatives d'expérimentation. Sans doute, on en a rencontré après avoir
soumis les œufs à certaines actions tératogéniques ;
mais sont-ce ces modificateurs qui les ont réellement
déterminées ? n'est-ce pas le hasard auquel il convient plutôt de les rapporter ? Les expérimentateurs
les plus habiles, tels que Lereboullet, reconnaissent
qu'ils ont toujours échoué, et ce dernier en nie la

possibilité par des raisons exposées dans un remarquable mémoire sur les monstruosités du brochet. Knoch et Valentin [1] prétendent, de leur côté, qu'ils ont réussi ; mais ils ne fournissent pas de preuves convaincantes qu'il y ait une relation réelle de cause à effet entre les résultats et les moyens employés par eux, et qui ne diffèrent pas de ceux auxquels ont eu recours les physiologistes qui ont échoué.

Ainsi, pour rendre compte du mode de production des monstres composés, deux théories se trouvent en présence : suivant l'une, il y aurait originellement deux embryons sur une cicatricule unique, lesquels, à une période initiale de la vie, venant à se souder plus ou moins intimement, produiraient un monstre double ; d'après la seconde, il n'y aurait qu'un germe unique, qui, se divisant, donnerait naissance à un être multiple.

M. G. Pouchet se déclare partisan de cette théorie par dédoublement, et il en expose le mécanisme de la façon suivante : « La ligne primitive est la première manifestation de l'embryon : supposons que cette ligne se bifurque en arrière, que va-t-il arriver? Cette ligne, étant la condition antérieure de la formation des deux crêtes qui apparaissent de chaque côté d'elle, nous aurons en arrière deux crêtes à droite et deux à gauche, répondant à chacune des bifurcations de la ligne primitive. La formation de ces deux crêtes est, à son tour, la condition antérieure de la forma-

---

[1] Valentin a essayé d'inciser, le deuxième jour, le blastoderme d'un embryon de poulet ; il prétend avoir vu se produire deux bassins.

tion des prévertèbres ; il apparaîtra donc deux rangs
de prévertèbres répondant aux deux branches de la
bifurcation, et, le même fait se reproduisant de proche en proche, on finira par avoir un monstre double
en arrière, avec deux colonnes lombaires, deux bassins, quatre jambes, etc. [1]. » Ce raisonnement, parfaitement conforme à la marche des phénomènes de
l'évolution, n'était, cependant, au moment où M. Pouchet écrivait ces lignes, qu'une vue théorique ; mais
une observation ultérieure vint donner à cette supposition une certaine réalité : voici le fait extrait du registre d'observations de M. Pouchet, qui a bien voulu
nous le communiquer : « Œuf n° 10 ; le 29 mars 1877,
cet œuf est ouvert latéralement. Le journal porte l'indication, *bonne cicatricule*, c'est-à-dire que celle-ci se
présente, ainsi que dans la plupart des cas, avec son
aspect vésiculeux ; elle n'était donc nullement déformée. Une fenêtre est pratiquée sur l'ouverture par
mon procédé, consistant à substituer à la coque de
l'œuf, dans une certaine étendue, une lame mince,
soit de verre, soit de mica, dont la transparence permet de suivre le développement de l'embryon jusqu'au douzième jour de l'incubation ; de plus, l'œuf
est tourné de manière que la cicatricule ne soit pas
en rapport avec la fenêtre artificielle. Le 2 avril, au
quatrième jour, on constate un monstre double de
toute la région du corps située en arrière des vésicules auditives ; il y a deux cœurs. De cette observa-

---

[1] *Annales de gynécologie,* août et septembre 1876.

tion, on peut conclure qu'une monstruosité aussi
prononcée que celle qui vient d'être décrite, ne se
manifeste par rien de visible à l'œil nu, au moment
de la ponte, puisque la cicatricule n'était ni triangu-
laire, comme cela se voit quelquefois, ni plus grande,
ni déformée en aucune façon [1]. »

Il y a quelques instants, nous signalions cette circonstance que la monstruosité composée a échappé
aux essais de création artificielle : cela tiendrait à
un état particulier de la cicatricule, mais quant à déterminer celui des deux éléments, mâle ou femelle,
qui par son influence sollicite cet état latent à entrer
en action et à donner naissance à une monstruosité
composée, c'est là un problème qui jusqu'à présent
demeure sans solution. Toutefois des recherches ont
été dirigées de ce côté : ainsi, un naturaliste suisse,
M. Hermann Fol, a pratiqué des fécondations artificielles sur des œufs d'échinodermes : il a rencontré
des cas de monstruosité pour lesquels il croit avoir
constaté que celle-ci résulterait de la pénétration de
plusieurs spermatozoaires dans l'ovule [2]; si ces expé-

---

[1] Cette observation a fait l'objet d'une communication à la Société
de biologie, 28 avril 1877.

[2] Cette théorie est loin d'être nouvelle ; on la trouve exposée dans
un ouvrage dont l'auteur est Andry, doyen de la Faculté de médecine de Paris ; il s'exprime ainsi : « La cicatricule est inondée par une
très grande quantité de vers spermatiques, mais elle n'est pas assez
grande pour en contenir plus d'un ; lors donc que, par exception,
elle se trouve assez spacieuse pour en loger deux, il en résultera que
deux fœtus se formeront dans une même enveloppe, ou bien un
monstre produit de deux fœtus joints entre eux par quelque endroit
du corps. » (T. II, p. 750 ; année 1761.)

C'est sans doute une simple vue de l'esprit qu'Andry expose à titre

riences, reproduites dans de grandes proportions, venaient à donner les mêmes résultats, il s'ensuivrait que c'est à l'élément mâle que serait due l'action tératogénique dans ce genre de monstruosité.

Une opinion opposée a été mise en avant par un embryogéniste d'une grande autorité ; aussi l'exposerons-nous, en la faisant précéder de quelques détails historiques[1].

En 1846, Wittich signala, le premier, dans l'œuf de l'araignée, un corps distinct de la vésicule germinative et auquel Leydig donne le nom de *corps problématique*. En 1849, Siebold mentionne ce même corps et il lui assigne un rôle nutritif ; en 1850, Carus en parle, mais il lui donne une autre destination : il le regarde comme un élément plastique ; Gegenbauër le décrit d'après ses observations sur les oiseaux ; enfin, en 1864, M. Balbiani l'observe chez un grand nombre de vertébrés et d'invertébrés ; il y reconnaît une cellule et de plus il constate que, dans les tout jeunes ovules, cette cellule occupe constamment une région spéciale, celle des cellules épithéliales : il parvient à l'isoler et à la faire sortir de sa capsule ; il lui donne alors le nom de *vésicule embryogène* ou séminale : elle est difficile à constater chez certains animaux, tels que le chien, mais il l'a vue nettement chez la femme ; il la considère comme destinée à apporter

de théorie pour expliquer la monstruosité double ; elle lui est suggérée par la découverte des animalcules spermatiques dans lesquels Lewenhoëk avait cru voir les germes préexistants des êtres.

[1] *Cours d'embryogénie comparée du Collège de France*, par M. Balbiani ; 1877, 2e semestre.

à l'œuf sa partie plastique et, chez quelques espèces, à déterminer la formation de l'embryon lui-même : lorsque, sur un ovule, il y a deux de ces vésicules séminales, il en résulte deux foyers de formation embryogène et conséquemment deux jumeaux ; si ces vésicules viennent à se juxtaposer, elles pourront se souder entre elles et donner naissance non plus à deux jumeaux, mais à un monstre double ; de telle sorte que la gémellité serait une des conditions de la monstruosité composée. L'opinion de M. Dareste se trouverait donc appuyée par celle de M. Balbiani, qui apporte à la solution du problème un élément histologique nouveau ; en outre, il s'ensuivrait que la femelle serait l'organisme en qui résiderait la cause de la monstruosité double.

Les vues émises par M. Balbiani touchant le rôle de la vésicule embryogène dans la formation de la monstruosité composée sont encore théoriques ; quant aux résultats auxquels a été conduit Hermann Fol, ils ne reposent pas sur une quantité d'observations suffisantes, puisqu'ils ne portent que sur une seule classe d'animaux. Il est donc difficile de rien affirmer sur celui des deux sexes auquel appartient le rôle déterminant la production du phénomène de la monstruosité composée.

En résumé, deux théories sont en présence : 1° la division partielle d'un germe primitivement unique ou *diplogenèse* ; elle compte des partisans dont l'autorité lui confère une incontestable valeur. Cependant les raisonnements sur lesquels il l'appuie ne

sont pas tirés de l'observation directe. Le fait de
M. Pouchet rapporté précédemment est lui-même en
partie hypothétique ; car cet observateur n'a pas assisté au travail de la division du germe : il a pu voir un
germe unique ; puis, quelque temps après, un monstre double ; mais il ne pourrait affirmer que ce germe
eût autre chose que les apparences de l'*unité* : ce
dernier pouvait en réalité se composer de deux germes
déjà assez rapprochés l'un et l'autre pour que leur
fusion fût insaisissable à l'œil et donnât la sensation d'une cicatricule normale.

2° La théorie de la soudure de deux germes qui,
distincts d'abord, se sont peu à peu rapprochés, est
soutenue par des observateurs qui raisonnent d'abord
par analogie en invoquant la gemellité ; de plus, ils
apportent des faits dans lesquels le travail de fusion
a été suivi ; on n'a qu'à se reporter aux planches an-
nexées à l'ouvrage de M. Dareste : là, ce travail est
évident.

Il est cependant des cas mieux expliqués par la théorie de la diplogénèse : ce sont ceux qui constituent,
par exemple, le type de ces monstres dont l'un des
plus curieux est celui qui vivait sous Jacques IV
d'Ecosse et dont nous relatons l'histoire aux chapitres
des monstres célèbres[1].

[1] Chap. xii, p. 339.

CHAPITRE VIII.

LES LÉGISLATIONS MODERNES ET LES MONSTRES.

Pendant tout le cours du moyen âge et de la renaissance, la jurisprudence civile concernant les êtres
humains monstrueux est tellement dominée par les
enseignements contenus dans la théologie dogmatique, que la plupart des décisions prises à leur
égard sont inspirées des doctrines religieuses sur
leur origine et leur nature ; on ne doit donc pas s'attendre à rencontrer chez les jurisconsultes qui ont
traité le problème tératologique, des opinions différentes de celles sur lesquelles reposent ces enseignements, ou marquant au moins quelque tendance à faire
sortir ces questions de l'ornière des superstitions, où
nous les avons vues engagées depuis les époques les
plus reculées.

Aussi longtemps qu'elles resteront en dehors du
domaine de la science, elles laisseront les légistes à
la merci de ces superstitions, et ceux-ci seront impuissants à dégager la véritable origine de ces productions étranges.

C'est pourquoi ils ne trouveront rien de mieux que de rappeler les dispositions des lois antiques, en adoucissant parfois leurs rigueurs : ils écarteront, par exemple, la responsabilité maternelle que les juges, aux sombres époques du moyen âge, font si facilement intervenir; car alors la doctrine démonologique règne dans toute sa plénitude et légitime les condamnations prononcées contre les mères qui enfantent des monstres.

Nous ne saurions mieux faire que de recourir aux arrêts des parlements, si nous voulons être éclairés sur l'esprit de la législation tératologique à cette époque.

Brillon, dans son Dictionnaire des arrêts des Parlements de France [1], rappelle les dispositions de la loi des Douze Tables, concernant le droit paternel de tuer l'enfant qui vient au monde avec un vice de conformation; puis il relate le fait suivant : en 1595, un individu du nom de Perrot fait son testament, d'après lequel il institue son héritier universel le posthume qui, à cette époque, est encore dans le sein de la mère; par ce testament, il dispose que, s'il vient à décéder sans enfant, la mère se substituera à lui. Il meurt et, après quelque temps, sa veuve met au monde un enfant que l'on porte au curé afin qu'il lui donne le baptême : ce dernier refuse, sous ce prétexte que le nouveau-né qu'on lui présente a un museau de singe et le pied droit fourchu : le

[1] T. IV, p. 150, édit. 1727.

monstre meurt le même jour ; la mère, en vertu de la
substitution insérée dans le testament de son mari
défunt, entre en possession de tous les biens ; mais
elle-même ne tarde pas à mourir et ces biens tombent aux héritiers de sa propre ligne. C'est alors
qu'un frère de Perrot paraît et déclare que son neveu,
étant né monstrueux, est incapable de succéder et de
transmettre aucun héritage. Le litige est porté devant
le Parlement, qui, après en avoir délibéré, déclare, à
la date du 2 juillet 1619, la substitution au profit de
la mère.

Nous n'insisterons pas sur le sentiment des légistes
de cette époque ; cependant, parmi eux, il en est un
dont nous devons faire mention, parce qu'il traite
cette question dans plusieurs endroits de son ouvrage :

Aug. Leyser a laissé douze volumes d'une œuvre
qui a pour titre : *Meditationes ad Pandectas*[1] : on y
trouve un exposé complet de la législation tératologique contemporaine, spécialement pour la Russie, la
Pologne et la Saxe.

Le chapitre xv[2] se termine par trois corollaires
dont le deuxième est ainsi conçu : « Les monstres doivent être sacrifiés impunément[3]. »

Au tome IX, cette même opinion est reproduite[4].
L'auteur se livre ensuite à des commentaires sur cette
proposition : il rappelle la disposition de Romulus

---

[1] Publiée en 1778.
[2] T. l, p. 160.
[3] *Monstra impunè occiduntur.*
[4] P. 371.

mentionnée par Denys d'Halicarnasse; il invoque la
loi des Douze Tables, d'après laquelle le pouvoir absolu du père est sanctionné ; il cite le passage où Tite-
Live nous apprend que, chez les Romains, au seizième
jour de sa naissance, lorsque le sexe présentait quelque ambiguïté, on jetait l'enfant dans la mer : car, dit
Tite-Live, l'androgynie était regardée comme un
cas de monstruosité [1].

Cette extension de la loi romaine à l'hermaphrodisme est également affirmée par Jacques Godefroy.

Leyser cite Conradus Botho qui, dans sa Chronique
de l'an 1200, attribue aux anciens Germains la pratique de l'infanticide des monstres humains : lui-
même affirme que cette coutume est générale chez
les Hollandais, et il s'appuie sur l'autorité du jurisconsulte Grænewegen [2]. Ce dernier observe que cette
immolation, autrefois laissée à l'arbitraire des parents, ne s'accomplit plus, de son temps, qu'avec
l'assentiment des magistrats.

Après ce coup d'œil rétrospectif, Leyser exprime
son sentiment personnel ; il estime que si les monstres doivent être impunément sacrifiés, on ne peut en
arriver à cette dure nécessité qu'après avoir mûrement
réfléchi ; il condamne donc la coutume romaine, et il
n'approuve pas davantage la loi batave. Il soutient
qu'on doit distinguer avec le plus grand soin les
monstres en ceux qui sont de provenance humaine et
ceux qui sont issus d'un commerce bestial ; mais lors-

[1] Liv. **XXVII**, § 39.
[2] *De legibus abrogatis*, t. IV, p. 14.

qu'on est parvenu à faire la preuve que ce commerce
a existé, ce n'est plus seulement une action qui n'aura
que le privilège de rester impunie : elle est devenue
absolument obligatoire [1] ; en effet, il y a d'abord le
crime de sodomie qu'on doit châtier, et ensuite la
flétrissure à imprimer à un souvenir qui plus tard
serait capable de provoquer le retour à un pareil
forfait. Lorsque, ajoute-t-il, on a sacrifié les animaux
avec lesquels l'acte infâme a été consommé, il faut
se débarrasser du produit lui-même qui peut en résulter, *ut citissimè rei turpissimæ memoria excolescat;*
poursuivant son raisonnement, l'auteur se sent un
instant partagé entre le sentiment d'horreur que lui
inspire un crime aussi abominable, et l'incertitude
qui assiége l'esprit appelé à prendre une détermination aussi grave : sacrifier un enfant exige en effet
une extrême prudence, et il ne saurait trop la conseiller; car, dit-il, il est fort à craindre qu'il ne s'agisse
pas de crime, mais d'aberration simple de la nature.

Leyser arrive maintenant à la question de l'âme :
il pense que son apparition n'est pas instanta-
née, mais lente, et qu'elle suit les progrès de l'âge,
crescentibus annis : il en résulte que celui qui immole-
rait un enfant avant l'éclosion complète de son âme
s'exposerait à commettre un homicide et encourrait
conséquemment une pénalité. A l'appui de la conduite qu'il conseille de tenir dans cette circonstance,
il rapporte l'exemple d'un enfant qui est né au mois

[1] « Necessariò occidenda monstra credimus. »

de janvier 1772 et qui présente une figure couverte
de poils, un seul œil, à l'instar des Cyclopes, et un
bec de vautour ; or, d'après lui, il ne faut pas qu'on
songe à se débarrasser de ce monstre avant qu'on
soit fixé sur son intelligence.

En résumé, Leyser expose une théorie juridique qui,
tout en maintenant le principe de l'immolation des
monstres, implique de telles réserves, que dans la
pratique cette pénalité ne recevra que de très rares
applications ; quant au vautour-cyclope, son exemple est fort mal choisi, attendu que ce genre de monstruosité est incompatible avec la vie, et que si l'être qui
en est affecté n'est pas tué aussitôt après sa naissance,
il ne tardera pas à mourir spontanément.

Cet exposé des opinions de Leyser prouve jusqu'à
quel point, à cette époque, l'origine adultérine des
monstres humains restait encore enracinée dans les
esprits.

C'est à peu près la même doctrine qu'on trouve
dans les Commentaires des lois anglaises publiés par
sir William Blackstone quelques années plus tard, en
1790, mais avec des restrictions auxquelles il faut
toujours s'attendre lorsqu'il s'agit des questions de
cette nature, traitées d'après le sentiment moral propre à cette nation. Il est dit, dans un passage de ces
Commentaires, que lorsqu'un monstre issu d'un mariage n'a pas de figure humaine et qu'il présente au
contraire et d'une manière évidente, dans quelques-
unes de ses parties, une ressemblance avec un animal,
il ne peut ni hériter d'un bien, ni transmettre ce bien

par succession. S'il a une forme humaine, il est apte
à hériter malgré les difformités qu'il peut avoir sur
quelques-unes des régions du corps. C'est, dit l'auteur, une ancienne règle de la législation anglaise et
la raison sur laquelle elle s'appuie en est trop claire
pour qu'il soit à propos d'entrer à ce sujet dans une
discussion tout au moins inutile.

Il fait ressortir le fait que les lois romaines prononçaient l'exclusion de pareils êtres dans le partage
des successions; néanmoins, à quelques égards, ces
lois les considéraient comme étant toujours au nombre des enfants lorsqu'il pouvait en résulter quelque
avantage pour les père et mère, ou au moins pour le
père, qu'elles jugeaient devoir être plaint plutôt qu'inculpé dans ce cas. (Loi 135. Dig. 50, 16.) Paul, 4.
Sent. 9. § 53.

Mais la jurisprudence anglaise n'admet pas que la
naissance d'un être de cette espèce puisse donner à
un mari le droit d'être tenancier par *curtesy*, attendu
que cet être n'est pas capable d'hériter. Si donc on
ne connaît pas d'autre héritier qu'un enfant-monstre,
le bien devra passer aux mains du lord de la contrée
par droit d'échette [1].

Blakstone ne manque pas de rappeler la clause de la
loi romaine concernant les êtres difformes, mais il estime que la distinction établie à propos de la double
origine des monstres est trop choquante (*shoking*)
pour être admise dans la législation anglaise: il ne

[1] W. Blackstone, liv. II, § xv.

'se prononce pas sur les circonstances dans lesquelles on devra les sacrifier, et il n'y a rien d'excessif à inférer de ce silence que la loi anglaise n'autorise pas l'infanticide tératologique.

Aussi, jusqu'à la fin du dix-huitième siècle, la croyance dans la provenance adultérine des monstres humains persiste.

Recherchons maintenant quelles sont les modifications que cette croyance a éprouvées ; en un mot, voyons ce qu'elle est dans le droit moderne.

La plupart des légistes récents refusent aux monstres la jouissance des droits civils, et spécialement celui de succéder. Chabot [1], Duranton [2], Poujol [3], Ricard [4], sont unanimes sur ce dernier point. Quant à la question d'origine, quant au droit de vie et de mort, ils les laissent complètement de côté. Bourjon [5] estime que ce qui importe le plus de considérer, c'est la figure et que, quant à l'absence d'une parfaite conformation des organes, elle ne saurait à elle seule dépouiller de l'humanité.

Lebrun établit identiquement la même distinction ; mais il incline à croire comme possible une relation bestiale ayant pour résultat un monstre humain [6].

Malpel [7] se contente d'énumérer les diverses inter-

---

[1] *Commentaires des successions*, art. 725, n° 13.
[2] T. VI, n° 75 (en note).
[3] *Traité des successions*, t. I, p. 102 (1837).
[4] *Dispositions condit.*, t. II, § v, n° 100.
[5] *Droit commun de la France.*
[6] *Traité des successions*, liv. I, § iv, n°ˢ 18 et 19.
[7] *Traité des successions*, n° 31.

prétations antérieures ; il a consulté la médecine légale d'Orfila qui, au sujet de la viabilité, a émis cette
opinion que les monstres paraissent devoir être considérés comme aptes à être régis par le droit commun
au point de vue de la successibilité.

En résumé, l'incertitude règne au fond de l'esprit
des auteurs qui viennent d'être cités ; ils ont eu le
tort de ne pas consulter les travaux des deux Geoffroy Saint-Hilaire ; ils eussent été éclairés et conduits
à proposer une législation mieux en harmonie avec
les données de la science.

Il existe cependant une manière de voir nettement et catégoriquement formulée et qu'on peut être
surpris de rencontrer à notre époque où chaque jour
la peine de mort tend sinon à disparaître de nos codes,
au moins à se restreindre dans ses applications ;
Rauter s'exprime de la façon suivante : *il ne peut
être commis d'homicide ni sur un monstre ni sur un
mort* [1].

Il ajoute ensuite que la monstruosité se détermine
d'après les règles du droit civil ; que, par exemple, la
tête humaine est le signe caractéristique de l'homme.

Ainsi, pour Rauter, la personnalité morale d'un
monstre est tout aussi absente que chez un cadavre !

Nous verrons plus loin que cette proposition entraîne des conséquences telles, qu'elles eussent vraisemblablement modifié le jugement de Rauter, si elles
s'étaient présentées à son esprit lorsqu'il a formulé
un précepte aussi absolu.

[1] *Traité du droit criminel français,* t. II, p. 7. 1836.

Poursuivons la revue des opinions contenues dans les codes étrangers.

En Allemagne, le droit de tuer un monstre existe, mais restrictivement, car, il faut, sous peine de police, en avoir préalablement obtenu la permission des magistrats[1] ; cependant nous trouvons dans la note d'Eschbach, insérée dans la *Revue* de Wolowski, un renvoi où il est dit que le code prussien est excessivement modéré ; Eschbach cite l'article 17[2] qui est ainsi conçu : Les êtres qui naissent sans forme ni figure humaine ne peuvent jouir ni du droit de famille ni du droit civil ; l'article 18, qui suit, atténue un peu ces rigueurs et il prescrit qu'aussi longtemps que ces monstres vivent, ils doivent être nourris et soignés autant que possible.

J. Casper, traitant de la viabilité, énumère les deux articles qui viennent d'être énoncés ; ils sont donc les plus récents sur la matière[3] ; mais cet auteur donne, quelques lignes plus loin, une définition de la monstruosité qui rend inutile l'article 18 ; suivant lui, un monstre est un fruit dont les organes sont tellement anormaux, que la vie extra-utérine est impossible ; en un mot, en médecine légale, un monstre est un fruit non viable.

Il est certain que Casper n'entend parler ici que des monstres qui, en effet, présentent des conditions

---

[1] Cf. Cocceji *Jus controv. Pand.*, liv. I, t. V, quest. v.
[2] Ire partie.
[3] *Traité de médecine légale*, t. II, p. 4; *Allgem. Landrecht*, thl. I, tit. I, § 17 et 18.

absolues d'inviabilité. Comme tératologue, il a le droit
d'établir une classification qui ne comprenne que ces
êtres ; mais, comme médecin légiste, cela est inadmis-
sible pour des raisons que nous développerons plus
loin ; nous verrons en effet qu'une législation qui
consacrerait cette définition se trouverait désarmée
en présence du crime d'infanticide.

Il est certain que celui qui tue un cyclope sacrifie un
être qui n'a que quelques instants à vivre ; mais l'intention fait ici le crime, et tous les codes pénaux modernes sont unanimes à considérer le meurtre d'un fruit
non viable comme une tentative d'infanticide. Cette
disposition, qui s'applique expressément à la viabilité
des êtres normaux, s'étend évidemment, dans l'esprit
de ces codes, jusqu'aux monstres ; en tous cas, nous
sommes convaincu qu'avec la généralisation des données scientifiques sur la tératologie, aucun tribunal
européen ne laisserait impuni un crime d'infanticide
de monstre si l'intention criminelle venait à être clairement établie.

La coutume russe, qui, prise dans son ensemble,
est conforme à la jurisprudence germanique et au
droit romain, contient au sujet de la puissance paternelle une clause restrictive d'après laquelle les
parents n'ont pas droit de mort sur leurs enfants[1];
mais on n'y trouve aucune disposition concernant les
monstres. Dès le onzième siècle la jurisprudence
ecclésiastique domine la législation du pays ; pour-

---

[1] *Ulogénie russe*, art. 118, § 11.

tant elle n'a pas, ainsi que nous l'avons vu, pour la
France notamment, consacré les traitements infligés
aux monstres au nom des doctrines sur leur origine
et leur nature.

Les commentaires les plus récents sur les lois anglaises sont d'Herbert Broom et E. Hadley. Ces auteurs, traitant la question tératologique, s'en réfèrent
à la législation romaine ; ils rappellent que les monstres sont exclus du droit de succession : ils se deman-
dent quel avantage les parents peuvent retirer de cette
exclusion, qui, d'après les lois existantes, entraîne le
retour des biens au lord de la contrée; ils font ressortir ce fait que la monstruosité est plutôt une calamité pour la famille qu'une faute qu'on puisse justement reprocher aux père et mère; ils ajoutent que la
loi n'admet pas qu'une naissance quelconque ait une
origine bestiale, d'où il suit que le mari commettrait
une insigne lâcheté s'il venait à décliner la responsabilité ; il n'en est pas moins certain, cependant, que
s'il n'a pas d'autre héritier qu'un enfant monstrueux,
ses biens tombent en déshérence et échoient au seigneur de la contrée[1].

Les commentaires de Serjeant Stephen ne présentent pas de différence notable avec ceux d'Herbert
Broom et Hadley[2]; ils consacrent le principe de
l'inaptitude à hériter de quoi que ce soit, pour tout
monstre qui ne présente rien d'humain, bien qu'il

[1] Vol. II, p. 397. London, 1869.
[2] *New Commentaries of the Laws of England*, t. I, p. 437. London,
1870.

provienne d'une union légitime. Lorsque le caractère
de l'humanité est notoire, il rentre dans le droit
commun. Serjeant Stephen regarde cette disposition
du code comme très ancienne, et il estime que, si
elle a été conservée sans modification, cela tient à ce
que les faits qu'elle concerne sont trop horribles (*too
obvious and shocking*) pour supporter la plus légère
discussion [1]. A l'exemple de Broom et Hadley, il termine en disant que, dans le cas où un père décède
sans autre enfant qu'un monstre, tout ce qu'il possède tombe en déshérence au lord.

Les citations qui précèdent suffisent pour prouver
que la doctrine de la provenance bestiale des monstres n'est pas très en faveur en Angleterre.

Aussi longtemps que l'obscurité a régné sur l'origine des monstruosités, on comprend qu'elles n'aient
guère occupé les législateurs. Lorsque peu à peu les
doutes s'élevèrent, on commença à faire une distinction entre les difformités simples et celles qui caractérisent les monstruosités proprement dites.

C'est à ce moment que les questions de successibilité et de droit de tester s'imposèrent à l'esprit
juridique des Romains, et que les jurisconsultes leur
donnèrent des solutions dont le défaut de précision
devait nécessairement se ressentir des incertitudes
inhérentes à un sujet de cette nature.

Mais, lorsque la science eut fait voir que les monstres sont, au point de vue moral, assimilables aux

[1] *See Co.*, litt. 76. — Bract., l. I, c. vɪ, § 7, and l. 5, tr. 5, c. xxx,
§ 10.

êtres bien conformés, il était de conséquence forcée que la législation en tînt compte. Cependant, et c'est un fait qu'on a peine à expliquer, il s'est rencontré des jurisconsultes qui, après l'époque à laquelle ont été publiés les travaux d'Isidore Geoffroy Saint-Hilaire, en 1836, sont restés attachés aux distinctions surannées, au lieu de s'éclairer aux lumières des doctrines nouvelles assises sur des bases scientifiques inattaquables.

Lorsqu'on en arrive, ainsi que le fait Rauter, à confondre le monstre avec le cadavre, on s'affranchit par là de toute préoccupation juridique; et cependant il y a ici une question qui intéresse à un haut degré la justice.

En effet, du moment où une disposition du code consacrerait le principe de l'impunité laissée au sacrifice d'un monstre, elle consacrerait en même temps, et par réciprocité, l'innocence de ce monstre, dans le cas où il viendrait à commettre un crime. Une loi ne peut prétendre exercer un châtiment quelconque envers celui qu'elle ne protège pas, sous peine de commettre une inconséquence et une violation flagrante de la justice.

L'aphorisme de Rauter, par lequel le monstre est assimilé au cadavre, signifie-t-il que, pas plus chez l'un que chez l'autre, il n'y a de personnalité morale, et conséquemment pas plus de responsabilité?

Il est bien certain que, parmi les monstres, se trouvent des individus qui sont absolument privés d'intelligence; ceux-là sont donc inconscients et irresponsables ; mais ils forment une catégorie dont les limites sont de la compétence des médecins légistes au même titre que la catégorie similaire comprenant les êtres normalement constitués ; il n'y avait donc aucune utilité à comprendre tous les individus atteints de monstruosité dans une même interdiction qui laisse la justice désarmée en présence d'un monstre assassin.

Il y a une autre conséquence non moins grave, découlant de la proposition de Rauter : c'est celle qui concerne le crime d'infanticide. En effet, il suffira qu'une anomalie légère, une difformité sans importance apparaisse sur un point du corps d'un nouveau-né, pour qu'on s'empresse de lui donner l'étiquette de *monstre*, lorsque la pensée criminelle a conçu le projet de s'en débarrasser, et, en cas de poursuites, on pourra invoquer la tolérance qui résulte de l'assimilation proposée par Rauter.

Sans doute la justice, éclairée par l'instruction et par les investigations médicales, parviendra presque toujours à dégager la vérité ; mais elle n'en sera pas moins entravée par la défense, qui ne manquera pas de puiser une partie de ses moyens dans les opinions de ceux des jurisconsultes qui professeraient les mêmes sentiments que Rauter.

Cependant la lumière était faite et on pouvait s'attendre à ce que la jurisprudence ne tarderait pas à être éclairée, de telle sorte que l'accord se fît entre elle et la science.

C'est, en effet, le résultat auquel est arrivé Eschbach, professeur à l'Ecole de droit de Strasbourg, dans un travail qui a pour titre : *Simple Note sur les prétendus monstres conservés dans quelques ouvrages de droit*[1]. L'auteur commence par présenter un aperçu historique du sujet ; il énumère avec concision et netteté les diverses opinions émises jusqu'ici ; il explique comment ces opinions ont eu pour conséquence de créer une même divergence dans les jurisprudences. Il cite la phrase de Rauter et lui oppose la tolérance du Code prussien. Il cherche à bien définir un monstre et il se demande où peut être le critérium qui facilite la démarcation entre l'être normal et ce monstre. Il écarte les anomalies simples et se livre à une controverse qui témoigne d'une sérieuse initiation à la tératologie ; il réfute la doctrine de l'origine bestiale ; il la considère comme un legs de l'antiquité, que le moyen âge a consolidé par la superstition des incubes. Il arrive finalement à formuler la proposition qui suit : « Tout être qui sort du sein d'une femme est humain ; il peut n'avoir pas de personnalité civile ; mais ce fait ne résulte pas de sa difformité ; elle n'est que la conséquence de sa non-viabilité ou de son incapacité ; il est seulement susceptible de tutelle ; il est inviolable. »

Cette formule de droit appliquée aux monstres est certainement la plus complète que l'on puisse présenter ; elle est le guide le plus sûr à suivre lors-

[1] *Revue de législation* de Wolowski, février 1847, nouv. sér., t. VII, p. 167 à 172.

qu'on se trouve en présence d'un délit ou d'un crime tératologique.

Evidemment, il se peut rencontrer telle difficulté que le magistrat ne se considérera pas suffisamment autorisé à trancher ; mais les lumières de la science, invoquées à propos, l'éclaireront toujours assez pour couvrir sa responsabilité. Il y aura dans quelques cas des hésitations en présence de ces bizarreries de l'organisation, dont l'analyse échappe aux investigations les plus savantes ; mais ces cas sont rares, et la législation vis-à-vis d'eux ne saurait être atteinte dans sa dignité, pas plus que la société ne peut l'être dans sa sécurité.

Nous avons eu l'occasion de mentionner l'histoire de ce monstre double dont parle Sauval. Il avait assassiné ; mais l'une des moitiés était seule coupable. Les débats suivirent leur cours. La peine capitale fut prononcée contre cette moitié.

Le jour de l'exécution venu, la justice se vit dans l'alternative, ou de commettre un crime en tuant la partie innocente, ce qui était fatal ; ou de laisser impuni le crime de la partie coupable, en révoquant la sentence. C'est ce dernier parti qu'elle choisit et le monstre fut remis en liberté.

Il parcourut tout le royaume de France et on put le voir à Paris en 1649. C'est le même que celui dont nous avons rapporté le baptême, qui fut confirmé par le pape Paul V.

On voit qu'à cette époque la dualité morale des monstres doubles était reconnue par le droit civil et le droit religieux. Dans le fait que nous venons de reproduire, la justice a peut-être fait preuve d'une indulgence exagérée. Si sages que fussent les motifs qui la conduisirent à révoquer la sentence de mort, il n'y avait aucune nécessité à ce qu'elle amnistiât complètement le monstre ; car si ce dernier fût devenu récidiviste, elle en assumait toute la responsabilité.

Les annales judiciaires enregistrent parfois des infanticides dans lesquels les coupables cherchent à faire admettre qu'il y a eu mort naturelle survenue aussitôt après la naissance ; ils invoquent l'inviabilité de l'enfant atteint d'un vice de conformation.

Arrêtons-nous un instant sur cette question du rapport qui existe entre la monstruosité et le degré de viabilité.

Certains naturalistes ont avancé que, dans l'état sauvage, les monstres des animaux ne peuvent vivre parce qu'ils se trouvent privés des soins qui, pendant une période plus ou moins longue, suppléeraient à l'insuffisance de leur vitalité native. Cette assertion, conforme à la loi de la sélection darwinienne, est cependant contredite par quelques faits[1]. Ainsi, Lacépède a présenté à l'Académie des sciences un serpent ayant deux têtes parfaitement distinctes. Geoffroy Saint-Hilaire l'examina et put affirmer qu'il avait survécu assez longtemps. Un autre exemple est celui

---

[1] On trouve dans Aldrovande le récit d'une vipère bicéphale observée à Naples par Baptista Porta. (Édit. 1642.) — Ælianus rapporte que les vipères que l'on rencontre près du fleuve Arcade sont bicéphales. — Aristote en a décrit quelques-unes.

d'une vipère commune envoyée à l'Académie des sciences par Dutrochet. Elle est figurée dans l'atlas annexé au *Traité des Anomalies* d'Isidore Geoffroy Saint-Hilaire. Elle a été offerte au Muséum d'histoire naturelle et placée à côté du trigonocéphale de Lacépède. Les galeries du Jardin des Plantes en possèdent un troisième cas, qui est celui d'un lézard bicéphale, déposé dans les mêmes galeries par M. G. Pouchet.

Il est incontestable que la civilisation offre aux monstres humains et la domestication aux monstres animaux des ressources qui leur permettent de prolonger leur existence au-delà des limites qu'ils ne franchiraient pas dans l'état sauvage.

Cependant ils ne sont pas frappés de mort à leur naissance ; c'est sans doute le sort de quelques-uns ; mais les autres vivent plus ou moins, et quelques-uns même atteignent un âge avancé.

Virey a dit que, lorsqu'il échappe à la nature de produire un monstre, elle le prive bientôt de la vie. Cette proposition a évidemment dépassé les limites de la pensée de ce savant, qui n'ignorait pas que les monstres offrent des degrés différents de viabilité ; mais de telles assertions peuvent avoir des conséquences juridiques que nous ferons ressortir dans quelques instants ; il n'est donc pas sans intérêt que les magistrats soient éclairés sur un point qui peut être l'origine d'un crime et exploité par la défense. C'est dans ce but qu'Isidore Geoffroy Saint-Hilaire a dressé un tableau synoptique de la viabilité des êtres monstrueux, lesquels se répartissent en quatre

catégories[1]. Les uns vivent seulement quelques secondes ; les plus favorisés ont les chances de la durée
ordinaire de l'existence. C'est à cette classe qu'appartiennent les frères siamois, Ducornet, et les hermaphrodites. Dans la troisième section figurent les
hétéradelphes, c'est-à-dire ceux qui sont composés
d'un sujet normal sur une région duquel est greffé
un parasitaire plus ou moins entier. Suivant lui, ils
n'auraient pas une existence dépassant trente années.
C'est en effet le chiffre généralement maximum, et le
plus souvent même il n'est pas atteint ; mais cependant il y a des exceptions ; tel est le fait rapporté par
M. de l'Hospital, ambassadeur à Naples, qui, en 1762,
vit dans cette ville un homme d'âge très avancé
(soixante-dix ans), chez lequel la région épigastrique
laissait pendre toute la moitié inférieure du corps
d'un enfant mâle. Quant à la quatrième catégorie, elle
comprend ces môles, ces masses informes qui ne sont
douées d'aucun mouvement et pour lesquelles la vie,
suivant l'heureuse expression de Geoffroy Saint-
Hilaire, non seulement ne se prolonge pas, mais n'a
pas eu même de commencement.

Ce tableau et ces indications de la durée de la vie
tératologique constituent une source de renseignements précieux et très suffisants pour les besoins de
la médecine légale.

Quant aux infanticides commis avec l'espoir de faire
prendre le change à la justice, il sera toujours facile

---

[1] *Traité des anomalies*, t. III, p. 580.

aux magistrats de déjouer le stratagème et de mettre
à nu la pensée criminelle encouragée par l'illusion de
l'impunité.

Parmi les monstruosités, il en est quelques-unes
résultant de manœuvres coupables, exercées sur un
enfant encore dans le sein maternel : c'est surtout la
tête qui en est le siège ; les caractères particuliers qui
les distinguent, les circonstances extrinsèques dans
lesquelles elles ont été produites, seront appréciés
par le médecin légiste, qui pourra fournir à la justice
de précieux éléments d'investigation [1].

L'intervention de ce dernier sera encore réclamée
dans des questions qui, bien que moins graves que
les précédentes, ont pourtant leur intérêt social ;
ainsi, il peut arriver que l'autorité qui octroie ou
refuse le droit d'exhibition des monstres, ait besoin
d'être renseignée sur la réalité du phénomène, afin
que la curiosité publique ne soit pas la dupe d'une
supercherie : dans ces cas, l'inspection la plus sommaire suffira pour dissiper l'incertitude et fixer l'administration sur ce point.

Il y a quelques années, le pygopage Milie-Christine ne put être exhibé à Paris qu'après un examen ordonné par la police : c'est à la suite de cet

[1] Le médecin légiste aura dans quelques cas une difficulté sérieuse
à résoudre ; il devra distinguer ces cas de monstruosités siégeant à
la tête et résultant de pratiques coupables, de celles qui occupent la
même région et qui proviennent de violentes commotions morales :
celles-ci peuvent, en effet, déterminer des malformations de la tête ;
la plus fréquente est l'anencéphalie.

examen que fut rédigée la très intéressante étude de
A. Tardieu et Laugier [1].

Lors de leur premier voyage en Europe, les frères
siamois se virent refuser la permission de se donner
en spectacle en France. Ce n'est que grâce aux
instances de Coste et d'autres savants qu'ils finirent
par obtenir cette autorisation.

La tératologie fournit encore bien d'autres applications à la médecine légale : c'est ainsi que l'inclusion
d'un fœtus dans le sein d'une jeune fille ou d'une
femme dont le mari se trouve éloigné depuis longtemps, constitue une source d'incidents dont on comprend la gravité ; mais la justice trouve toujours,
dans ces cas fort rares du reste, une sûreté d'appréciation, de la part des médecins légistes, qui lève
aussitôt ses incertitudes.

L'une des observations les plus bizarres de ce
genre de monstruosité est celle que raconte un moine
du nom d'Isabord d'Amexullen ; voici son récit :
« J'étais un jour au mont Saint-Pierre, à Erfurt,
quand je fis la découverte d'un manuscrit, où l'aventure d'une jeune fille de dix-neuf ans était rapportée : en l'an 836, cette fille fut traduite devant les
magistrats et accusée d'être grosse ; elle affirma son
innocence ; pressée de questions, elle s'écria : « Si je
« suis grosse, Dieu fasse que l'enfant que je porte le soit
« également ! » Or, au bout de quelque temps, elle mit

---

[1] *Contribution à l'histoire des monstruosités considérées au point de
vue médico-légal, à l'occasion de l'exhibition publique de Milie-Christine* (*Annales d'hygiène publique et de médecine légale*. **Paris, 1874**).

au monde un enfant mort, qui avait un ventre très développé : les juges furent aussitôt avertis de cet évènement ; il fut ordonné qu'on ouvrirait le corps de cet enfant, dans lequel on trouva en effet un fœtus bien conformé. »

Qu'y a-t-il de vrai dans ce récit ? — Si l'on supprime le fœtus inclus dans le corps de l'enfant dont accoucha la jeune fille à dix-neuf ans, et le miracle auquel crurent ses juges accusateurs, il reste un fait très vraisemblable, un fait d'inclusion, en un mot une de ces observations de monstruosités parasitaires sur lesquelles Is. Geoffroy Saint-Hilaire, Fattori, Lachèze, Ollivier (d'Angers), et tout récemment le docteur Constantin Paul, ont produit d'intéressants travaux.

Certains tératologistes ont posé la question de savoir quelles seraient les conséquences d'une union contractée par un monstre du genre d'Hélène-Judith ou de Milie-Christine.

Il s'agit ici d'un seul corps surmonté de deux têtes. Il y a donc deux individualités intellectuelles et morales distinctes. Il n'est pas contestable que l'enfant sorti d'un réceptacle commun a été engendré et nourri par un organisme unique. Cet organisme serait donc le seul ayant droit à la propriété de cet enfant. Si aucune contestation ne s'élève entre les deux personnalités qui composent psychiquement le monstre, la solution physiologique restera enveloppée d'obscurité ; mais aucune difficulté légale ne sera soulevée et l'enfant aura pour mère celle des deux moitiés du monstre qui déclarera avoir été la seule active dans l'acte générateur.

Mais qu'un différend surgisse, que chaque fraction du monstre réclame en même temps l'enfant comme le sien propre, le médecin légiste se trouvera en présence d'un problème complètement insoluble.

L'hermaphrodisme est une monstruosité qui, au point de vue de la législation, a passé par des vicissitudes diverses. Dans toute l'antiquité, les androgynes étaient sacrifiés; le Sénat romain eut parfois l'occasion de décréter leur mort. Une observation que nous rapporterons plus loin, au chapitre consacré aux monstres célèbres, atteste que la loi musulmane, qui, elle au moins, ne va pas aussi loin, autorise l'un des époux, le mâle bien entendu, à répudier l'autre[1]. Aldrovande a touché aussi la question légale[2]; la solution qu'il donne est conforme à l'idée qu'il se faisait des conditions de cette monstruosité; il croyait que la puissance génératrice étant double, l'hermaphrodite peut alternativement jouer le rôle de mâle et de femelle. D'après lui, ce rôle n'est pas limité à une simple action matérielle; il est encore effectif, c'est-à-dire suivi d'un résultat physiologique. Cette erreur l'entraîna à tracer aux jurisconsultes une ligne de conduite qui, à cette époque, devait donner lieu à de regrettables iniquités. Il fut, en effet, décidé que, lorsqu'un androgyne voudrait se marier, il devrait faire devant le magistrat une déclaration préalable,

---

[1] Cette observation est empruntée à l'historien arabe Macrisy.
[2] *Monstruosités historiques,* p. 40 et suiv.

d'après laquelle il désignerait le sexe choisi par lui, de telle sorte que, suivant qu'il aurait opté pour l'un ou l'autre, il serait ensuite tenu de n'exercer que le rôle de femme ou le rôle d'homme. Au cas où il serait avéré qu'il a manqué à sa parole, il serait condamné à mort.

Dans le *Dictionnaire des arrêts des Parlements de France,* Brillon consacre un article spécial à la jurisprudence sur cette matière. Il est dit que l'hermaphrodite n'a pas perdu la qualité de témoin ; mais, pour le mariage, la législation est plus sévère : il doit suivre le sexe qui domine en lui ; ce choix fait, s'il agit dans un autre sens, il peut être poursuivi pour le crime de sodomie. C'est ainsi que l'arrêt rendu, en 1603, par le Parlement de Paris, condamna un jeune hermaphrodite à être pendu, puis jeté au feu.

Le bénéfice d'un chanoine ayant été impétré sous prétexte qu'il était atteint de la monstruosité sexuelle, on commit deux médecins et deux chirurgiens pour l'examiner. Le résultat fut qu'il avait une conformation parfaitement normale.

Il y avait donc eu calomnie : le coupable fut livré à la justice et, par arrêt du Parlement de Toulouse, rendu le 25 juin 1652, se vit condamné à payer 200 livres à l'intéressé, et 100 livres pour œuvres pies ; en sus de cette amende, il dut s'agenouiller aux pieds du chanoine et implorer son pardon ; il en fit autant devant les membres réunis du parquet, ainsi qu'en présence du chapitre, à la porte de la cathédrale.

La dame Damilly, religieuse, se pourvut en Cour de Rome, par dévolution, sur le prieuré des Filles-Dieu de Chartres, duquel la dame d'Apremont était titulaire ; elle prétendait que la dame d'Apremont était hermaphrodite, et que c'était le sexe mâle qui prévalait en elle. MM. de Montauban et Galiot prononcèrent leurs plaidoiries au grand Conseil, en décembre 1661 ; Brillon ne fait pas connaître l'issue du procès.

Le Parlement de Bordeaux, par arrêt du 12 janvier 1691, ordonna, à une fille qui avait lancé à une de ses compagnes l'apostrophe d'*hermaphrodite,* de venir déclarer devant le juge des lieux, en présence de six personnes choisies par l'injuriée, que, mal à propos, elle avait articulé ce fait, et qu'elle en demandait pardon ; cette aventure est rapportée par La Peyrère [1]. Nous avons déjà reproduit l'histoire si pleine de péripéties de Marie Le Marcis, incarcérée sous l'inculpation de porter des habits de garçon, auxquels elle n'avait pas droit, disait-on. Riolan déploya, dans cette circonstance, une grande énergie, et sut, par l'ascendant de sa renommée, s'imposer aux juges, qui firent sortir de prison l'infortunée Marie, mais à la condition qu'elle revêtirait des vêtements de fille et qu'elle resterait célibataire, sous peine de mort.

Nous ne reviendrons pas sur les malheurs de Grand-Jean ni sur les cruautés qu'on exerça à l'égard

---

[1] Édition 1706, lettre II.

d'Antide Collas, dont l'hermaphrodisme fut considéré comme le produit d'un commerce diabolique et qui, après avoir été torturée, fut brûlée vive. Aujourd'hui, il n'y a plus aucune législation européenne qui contienne une pénalité envers les hermaphrodites.

Cependant, à défaut de dispositions pénales qui ne sont plus dans les mœurs actuelles, la législation civile doit-elle rester indifférente devant cette monstruosité? Est-il admissible que devant un fait notoire d'hermaphrodisme la société n'ait aucun souci des conséquences et des désordres qui peuvent en résulter? Nous ne le pensons pas : tout d'abord, on peut admettre que les hermaphrodites sont les premiers intéressés à revêtir les habits du sexe prédominant en eux; l'instinct naturel, si oblitéré qu'il puisse être par les conditions morales particulières que détermine souvent chez eux l'ambiguïté de leur nature, a conservé assez d'empire pour les solliciter à user des droits et des prérogatives attachés au sexe qui prédomine dans la malformation; mais la loi ne saurait rester indifférente devant le scandale que peut, dans certaines circonstances, faire naître le spectacle de l'opposition qui deviendra éclatante à l'âge auquel les signes extérieurs de la virilité apparaissent généralement, quand il s'agit d'hermaphrodisme masculin. Lorsque le sujet est atteint d'hermaphrodisme féminin, la monstruosité sera plus facile à dissimuler; cependant, les aventures que cette situation est susceptible de créer n'en in-

téressent pas moins l'ordre public; aussi l'administration a-t-elle le droit d'intervenir. Il est certain qu'elle
se trouve en présence de difficultés; car elle a à
exercer une contrainte sur la liberté individuelle, et
si elle s'y refuse, elle s'exposera à voir se produire
des scènes plus ou moins attentatoires à la morale
publique; il ne saurait donc y avoir aucune hésitation
de sa part, et elle devra, tout en usant de discrétion
et de ménagement, provoquer une rectification de
l'acte de naissance; un rapport médico-légal établira
l'authenticité de la monstruosité et formulera des
conclusions à l'aide desquelles le tribunal ordonnera
la rectification de l'erreur sur le sexe commise, lors
de l'inscription de la naissance sur les registres de
l'état civil.

Cette pratique nous paraît préférable à celle qui a
été suivie en vertu d'une consultation émanant du
garde des sceaux en 1816.

Il s'agissait de modifier l'acte de naissance d'un
sujet déclaré femme et habillé comme telle, quoiqu'il eût toutes les apparences d'un homme. La réponse ministérielle fut que les erreurs de la nature
ne doivent pas être approfondies d'une manière exagérée, et qu'il vaut mieux laisser aux individus
qu'elles concernent, ou bien à leurs parents, le soin
de choisir le sexe qui paraît leur convenir.

Cette consultation renferme incontestablement le
principe d'une sage liberté; mais puisque la nature
est sujette à écarts, il importe que les hommes
réunis en société se prémunissent contre ceux de

ces écarts qui pourraient intéresser la morale publique, quelque exceptionnellement que ce soit.

La législation allemande consacre plusieurs articles à l'hermaphrodisme [1] :

§ 19. Si un enfant naît hermaphrodite, les parents décident à quel sexe ils veulent que l'enfant appartienne.

§ 20. A l'âge de dix-huit ans révolus, l'hermaphrodite a le droit de choisir lui-même son sexe.

§ 21. D'après ce choix, ses droits sont fixés à l'avenir et irrévocables.

§ 22. Si les droits d'un tiers dépendent du sexe d'un prétendu hermaphrodite, celui-là peut réclamer l'examen d'un expert.

§ 23. Le résultat de l'examen de l'expert décide aussi bien contre le choix de l'hermaphrodisme que contre le choix des parents.

Toute jurisprudence qui arrive à concilier les intérêts de la société avec ceux de la famille et de la liberté individuelle est la seule éclairée, la seule conforme à l'équité, et toute autre serait, dans l'espèce surtout, intolérable et vexatoire ; du reste, les exemples de dissimulation et de supercherie sont rares ; cependant, il peut se présenter tel cas, dans lequel les doutes sont difficiles à lever, comme celui d'un hermaphrodisme neutre, où la fusion des caractères propres à chacun des sexes ne permet de recourir à aucune classification. Casper mentionne des

---

[1] *Allg. Landrecht.*, tit. I, thl. I ; citation de J. Casper, *Médecine légale*, t. I, p. 54.

faits de ce genre qui ont nécessité des investigations pour décider l'aptitude à remplir certaines fonctions d'homme, comme une place dans une chambre de pairs, ou, ainsi que cela a eu lieu en Amérique, l'aptitude à exercer les droits civils [1].

La solution du problème est parfois impossible, et alors il arrive, ce qui est advenu à Charles Duvergé, ci-devant Marie Derrier, dont Casper fait mention, et qui avait une collection de certificats des médecins les plus renommés de son temps, qui le déclaraient tantôt homme, tantôt femme, et cela avec la plus entière bonne foi.

La justice peut encore intervenir dans les questions relatives au mariage ; lorsque celui-ci est consommé, s'il arrive que l'un des conjoints s'aperçoit qu'il n'a pas épousé un sujet d'un sexe contraire au sien, a-t-il le droit de demander la séparation de corps ? Notre réponse n'est pas douteuse : ce droit est suffisamment motivé. En effet, le consentement mutuel des époux était fondé sur la certitude d'une association formée entre sexes opposés ; du moment où la pratique du mariage est venue démontrer l'absence de cet état de choses, le consentement se trouve destitué de toute valeur ; il y a eu erreur sur la personne, suivant la formule juridique [2], et le mariage doit être annulé, conformément à la prescrip-

---

[1] Ouvrage déjà cité, t. I, p. 57.
[2] Code civil, tit. V, § 1 : *Des conditions et qualités requises pour pouvoir contracter mariage.*

tion contenue dans l'article 146 du Code civil [1].

Il n'est pas absolument vrai que les espèces d'hermaphrodisme, mâle et femelle, jouissent de la faculté d'engendrer et que l'impuissance soit exclusive à l'hermaphrodisme neutre. Sans doute, dans la généralité des cas, ces distinctions se vérifient; mais il y a des exceptions que le médecin légiste doit être à même d'apprécier lorsqu'il est appelé à exprimer un jugement au sujet d'un litige entre époux dont l'un est atteint de la malformation en question.

Nous avons été appelé récemment à donner notre avis sur un cas d'hermaphrodisme que présentaient deux sujets amenés par leur mère, l'un âgé de quatorze ans, l'autre de dix-sept, baptisés, le premier sous les prénoms de Henriette-Léocadie, le second d'Augustine-Agathe, tous deux originaires de Maillezais, en Vendée. Nos investigations ne nous ont laissé aucun doute sur leur hermaphrodisme mâle; aussi n'avons-nous pas hésité à conseiller la substitution, à la robe qu'elles portaient, des vêtements masculins appropriés à leur véritable sexe; en outre, il nous a paru qu'il y avait nécessité à ce que cette substitution fût opérée immédiatement pour Augustine-Agathe; en effet, les attributs intrinsèques de la masculinité étaient déjà assez marqués pour que, dans un temps très prochain, ils attirassent l'attention publique. La voix, la barbe, la démarche, commençaient à se viriliser, bien que cependant, contrairement à ce qui ar-

[1] Cet article 146 du Code civil est ainsi conçu : « Il n'y a pas de mariage lorsqu'il n'y a pas de consentement. »

rive dans ces cas, les penchants et les habitudes n'aient pas suivi la progression correspondante à la constitution génitale prédominante chez notre sujet.

L'éclosion des inclinations inhérentes au sexe en excès chez les hermaphrodites est, en effet, tardive et n'acquiert jamais la puissance qu'elle a chez les êtres normaux; il existe, comme nous le dirons plus loin, une sorte d'hésitation qui reflète l'ambiguïté du sexe, mais qu'un observateur attentif sera seul à rapporter à une malformation génitale.

Quant au cas d'Augustine-Agathe, il est indispensable qu'elle quitte ses habits de fille et prenne ceux de garçon, auxquels lui donnent droit sa prédominance sexuelle et le spectacle très prochain des marques extérieures de sa virilité; mais il y a plus, une autre malformation existe chez lui : il est impuissant; aussi, il devra renoncer à se marier jamais, sous peine de s'exposer à une demande en séparation de corps, que légitimera une monstruosité notoire.

Orfila fait observer que l'impuissance n'est pas une conséquence fatale de l'hermaphrodisme; il faut donc que, dans le cas où le médecin légiste serait appelé à se prononcer au point de vue de l'aptitude à contracter mariage, il soumette le sujet à un examen sérieux; car, hors ce cas d'impuissance, tout hermaphrodite mâle ou femelle est apte à se marier; mais cette aptitude est loin d'être la règle; elle est au contraire fort rare. Pour l'immense majorité, la fécondation est impossible. Cette assertion a été une fois de plus confirmée par le rapprochement que le doc-

teur Popesco a fait des principales observations con-
nues de cette monstruosité[1]. Il signale aussi la fréquence du type mâle, qui, en effet, l'emporte de
beaucoup sur le type femelle et plus encore sur le type
neutre.

Dès l'enfance, bien longtemps par conséquent avant
que l'hermaphrodisme ait imprimé à l'ensemble de
la constitution physique ce cachet spécial d'ambiguïté qui a son point de départ dans l'appareil génital, le sujet offre déjà dans ses inclinations, ses penchants, ses goûts, son humeur, une instabilité qui est
l'expression de sa modalité sexuelle. Ce phénomène,
il est vrai, passe le plus souvent inaperçu ; on ne lui
attache pas du moins l'importance qu'il possède ; on
ne songe à établir de relation entre lui et la monstruosité que si celle-ci est connue, ou soupçonnée, ou
bien si l'enfant est à la portée d'un observateur attentif et sagace. Cependant il est mentionné dans
quelques biographies d'hermaphrodites, entre autres
dans l'histoire de la vie de cet enfant dont M. de Quatrefages a entretenu l'Académie des sciences, au nom
de M. A. Daniel, dans la séance du 9 avril 1867. Cet
enfant était âgé de neuf ans ; ses formes masculines
étaient manifestes ; il appartenait, en effet, au type
hermaphrodite mâle. Or, ses goûts étaient instables
et ils variaient chaque jour ; tantôt il se livrait aux
soins du ménage, tantôt il montait à cheval ; il passait de la société des garçons à celle des filles, mani-

---

[1] *L'Hermaphrodisme au point de vue légal et scientifique*, 1875. Rey,
éditeur.

festant le même plaisir pour les jeux des uns et des autres. Cette versatilité était évidemment toute spontanée, inconsciente, et n'était autre que l'expression d'une dualité sexuelle.

Ce dédoublement dans la nature morale de l'hermaphrodite est un des faits les plus intéressants de l'étude de cette anomalie ; il fait voir que les monstres soumis, dans les éléments physiques de leur organisation, à des lois tout aussi bien que les êtres normaux, le sont encore dans les éléments de leur constitution morale. Ainsi, les rapports entre les deux natures de l'homme se poursuivent jusque chez les monstres.

La législation militaire exclut les hermaphrodites, à quelque type qu'ils appartiennent. Les conseils de révision prononcent leur exemption ; et, dans les cas où, par méprise, ils se trouvent incorporés à l'armée, leur réforme est immédiate.

Quand nous traiterons de la jurisprudence ecclésiastique concernant les monstres, nous donnerons la substance du canon relatif aux malformations génitales, et, par conséquent, aux hermaphrodites. Nous verrons que ces êtres ne sont pas admis dans les ordres sacrés et nous exposerons les motifs qui les font repousser par l'Eglise.

La loi civile défend le mariage des eunuques ; sans remonter très haut, on trouve dans les annales judiciaires un assez grand nombre de jugements conformes à cette jurisprudence. L'arrêt du Parlement de Paris de 1607 a cassé le mariage de Claudine Godefroy, qui avait épousé un eunuque. On trouve dans le dictionnaire de Trévoux et Furetière un arrêt de la grande Chambre du 5 janvier 1665, par lequel un eunuque ne peut contracter mariage du consentement même des parties.

Lorsqu'on considère les traitements dont les nations parvenues à un haut degré de civilisation usent à l'égard des monstres et qu'on les compare avec ce qui se passe chez les peuples barbares, on se trouve en présence de faits conduisant à une sorte de systématisation analogue à celle que nous avons établie lorsque nous avons fait une excursion dans le domaine des législations antiques.

Nous avons vu les Egyptiens rendre aux monstres humains des honneurs sacrés; il semble que leur génie artistique, qui a pour expression principale des monuments grandioses, des statues colossales, des cryptes profondes, ne soit pas troublé par ces apparitions étranges. Ces êtres sont l'objet de conceptions scientifiques; ils n'ont rien d'extraordinaire, rien de mystérieux; loin d'être immolés, ils comptent dans la hiérarchie des divinités.

Les Grecs, au contraire, peuple poëte par excellence, ne peuvent supporter le spectacle de ces productions étranges, hideuses, et elles sont détruites dès qu'elles apparaissent.

Est-ce un même ordre de sentiments opposés, dont sont inspirées les nations inférieures, lorsque les unes sacrifient, tandis que les autres vénèrent, ou tout au moins laissent vivre les êtres monstrueux?

Il est telle tribu dont le caractère belliqueux commande de se débarrasser au plus vite des êtres qui naissent chétifs. Ces êtres, s'ils continuent à vivre, ce qui est d'ailleurs exceptionnel, seront incapables de subvenir à leur propre existence ; ils sont autant de bouches inutiles, destinés à tomber à la charge de tous ; et, au jour du danger, quand la tribu sera menacée par l'ennemi, ne seront-ils pas un obstacle plus sérieux encore ? Ils doivent donc disparaître.

C'est ainsi qu'en agissent les habitants de Formose, mais à l'égard du vieillard devenu infirme ; celui-ci présente à son fils le couteau qui doit l'égorger, et ce fils l'immole sans trembler, car c'est de la même manière qu'il sera lui-même immolé lorsque l'âge en aura fait un fardeau incapable de seconder les siens et de rendre des services à ses compatriotes.

Cette coutume des Formosans, dont Montesquieu fait mention dans un passage de son *Esprit des lois*, existe encore intacte de nos jours.

Lafiteau, dans son ouvrage sur les mœurs des naturels de l'Amérique, rapporte que les enfants qui naissent difformes sont exposés et délaissés[1]. Ainsi, chez eux, les monstres ne sont pas plus sacrifiés que vénérés.

Au dire d'Aldrovande, les indigènes de la Virginie professent une aversion extrême pour les hermaphrodites. Cependant ils ne les tuent pas ; ils s'en servent comme de bêtes de somme (1585).

Il se trouve beaucoup d'hermaphrodites dans les

---

[1] T. I, p. 590 et suiv.

Indes orientales, et encore davantage dans les Indes occidentales ; cette assertion, évidemment exagérée, se trouve dans un chroniqueur du seizième siècle : « Les sauvages de la Floride les regardent, dit-il, comme des monstres et, parce qu'ils sont d'une constitution très forte, on les fait servir à porter des fardeaux, à enterrer les morts et à prêter assistance aux pestiférés. Nous avons peu d'hermaphrodites en France, ajoute cet écrivain ; ceux que j'ai vus étaient de faible complexion : ils avaient beaucoup de cheveux et point de barbe [1]. »

Ces hermaphrodites robustes sont, à n'en pas douter, autant de types masculins qui, en effet, sous le rapport de la puissance musculaire, peuvent rivaliser avec les êtres normaux lors même qu'à leur monstruosité s'ajouterait une disposition les rendant impuissants et stériles ; quant à ceux de complexion délicate qu'a pu observer Vigneul de Marsille et qui se caractérisaient suivant lui par l'absence de barbe compensée par une luxuriante chevelure, il faut voir en eux des herma-

---

[1] Vigneul de Marsille (Argonne Noël), avocat, littérateur, puis chartreux (1634-1704). Cette assertion de Vigneul, relativement aux hermaphrodites des contrées éloignées, n'a pas plus de consistance que celle qu'on trouve dans les récits de Jacques Sadeur exposés dans le *Dictionnaire critique* de Pierre Bayle. Ce Jacques Sadeur, auteur d'un voyage dans la terre australe, fit imprimer ses notes en 1692 ; parmi ces notes se trouve le fait suivant, dans lequel cet auteur prétend que c'est à l'hermaphrodisme dont il était atteint qu'il dut d'échapper à la mort en Australie, où les habitants ont les deux sexes et où tout enfant non hermaphrodite est mis à mort et étouffé comme monstre.

Il convient de dire que Bayle lui-même fait fort peu de cas de ce voyageur.

phrodites à prédominance féminine ; ces distinctions n'étaient pas inconnues à cette époque, puisque Aldrovande, un siècle auparavant, les avait déjà présentées, mais il paraît que Vigneul les ignorait ; aussi a-t-il été conduit à émettre des assertions erronées : les hermaphrodites féminins n'ont pas une constitution délicate qui se rapporte à leur monstruosité ; ils en ont une qui répond au sexe qui prédomine en eux.

Un voyageur français, Delegorgue, qui, pendant une période non interrompue de plusieurs années, a vécu au milieu des sauvages de la race bantou et a pu étudier et décrire, dans un ouvrage rempli de documents précieux, les mœurs intimes de ces peuplades, affirme qu'il n'a jamais été témoin d'aucun cas tératologique ; il ajoute que les Cafres, pas plus que les Hottentots, ne détruiraient un individu mal conformé. Ces observations ont une très grande valeur, étant données les conditions spéciales où se trouvait Delegorgue, et quelque singulière que soit, d'autre part, cette immunité tératologique, il est difficile de récuser le témoignage de ce voyageur [1].

Livingstone, en parlant des naturels de l'Afrique australe, signale un fait absolument opposé à celui de Delegorgue ; mais il n'y a là aucune contradiction, car le grand voyageur anglais décrit les mœurs des Béchuanas, qui se distinguent très nettement de tous les autres groupes africains du Sud [2]: il a pu

[1] *Voyage dans l'Afrique australe*, 1845.
[2] Les Béchuanas occupent une région voisine des grands lacs ; on les rencontre sur le chemin qui va du Weser au Zambèse.

observer chez eux une absence complète de culte, d'idoles et de sentiment religieux. On comprend que, puisqu'ils ne reconnaissent aucune puissance surnaturelle, celle-ci n'a jamais d'occasion de se manifester; or, les monstres, chez la plupart des sauvages, sont une des formes que la Divinité revêt lorsqu'elle descend au milieu d'eux, et ils se gardent bien de les tuer afin de ne pas s'attirer le courroux du ciel. Mais les Béchuanas n'ont rien à redouter, puisque aucune divinité n'existe pour eux; c'est pourquoi les êtres difformes qui, pour ces peuplades, sont une gêne, sont immédiatement massacrés : par exemple, un enfant dont les incisives supérieures ont poussé les premières est déclaré tloto et tué; deux jumeaux sont pareillement regardés comme tlotos et subissent le même sort.

Dans certaines régions de l'Afrique, les albinos sont vénérés : ce culte tient à ce qu'ils sont considérés comme sorciers; sur d'autres points, au contraire, les nègres les pourchassent : pour eux ce ne sont pas des hommes.

Les naturels de la Guinée sont bien plus impitoyables encore : ils n'attendent pas qu'ils soient devenus grands, et ils les font périr quelque temps après qu'ils sont nés; car ils sont persuadés qu'ils attireraient sur leurs familles toutes sortes de calamités.

A Panama, les albinos sont méprisés et souvent maltraités.

Dans l'île de Ceylan, ils sont contraints de se tenir cachés dans les bois.

Au Mexique, avant l'époque de la conquête espagnole, ces êtres étaient fort choyés.

Le monstre janiceps, dont le docteur Berjoan, du Caire, a donné une description, et celui dont Colucci-Pacha a entretenu la Société d'anthropologie il y a quelques années, sont des exemples qui prouvent que les fellahs de la haute Egypte ne pensent pas à immoler les êtres difformes.

Nous avons nous-même rapporté le fait de ce cyclope né au milieu d'une tribu d'Indiens Sioux de l'Utah, qui ne songeaient nullement à s'en débarrasser, mais qui avaient au contraire une grande sollicitude pour ce monstre, destiné d'ailleurs à ne vivre que quelques heures.

Les habitants de l'île Hawaï ont des idoles qui reproduisent des monstruosités humaines : nous en possédons un témoignage dans une statuette en basalte noire, mesurant 40 centimètres environ de hauteur et qui représente un monstre double du sexe féminin ; celui-ci appartient au type sternopage, qui, en effet, est une des variétés les plus fréquentes. Les deux têtes sont légèrement inclinées l'une vers l'autre comme dans la nature ; leur isolement n'est pas reproduit, mais le sillon médian qui règne en avant et en arrière, indique suffisamment qu'elles sont distinctes l'une de l'autre. L'artiste sans doute n'a pas complété son travail afin d'en abréger la durée ; il s'est également contenté de sculpter deux bras au lieu de quatre ; mais il a pu, sous ce rapport, être limité par les dimensions trop exiguës du bloc à cette hauteur. Cette supposition est d'autant plus plausible qu'il a représenté les deux paires de membres inférieurs, de sorte que, de ce côté, le monstre-idole est complet. Ses oreilles sont de grandes dimensions et on retrouve ce symbolisme sur les figures de beaucoup de peuples ; mais, à part ce dernier détail, la statuette est du style de celles de l'île de Pâques ; elle porte un crochet destiné à suspendre le crâne d'un guerrier vaincu. En un mot, le monstre possède tous les attributs d'une divinité puissante ; elle était livrée à l'adoration et elle jouait un grand rôle dans la vie des naturels hawaïens ; elle a été récemment envoyée par M. Baillen, consul de France à Honolulu, et déposée dans les galeries du Muséum.

Les temples mexicains contiennent à profusion des représentations d'êtres monstrueux qui étaient autant d'idoles auxquelles on adressait un culte particulier.

Les quelques faits que nous venons de rappeler suffisent pour mettre en relief l'opposition qui existe entre les procédés qu'exercent les nations inférieures envers les monstres, mais il est difficile de dégager le sentiment qui sert de mobile à des traitements aussi divers, les uns marqués par la plus excessive brutalité, les autres empreints d'une sollicitude qu'on ne rencontre que chez les peuples les plus civilisés.

CHAPITRE IX.

LA JURISPRUDENCE SACRÉE ET LES MONSTRES.

Les monstres qui apparaissent dans l'espèce humaine sont-ils vraiment humains?

Telle est la question que pose la jurisprudence ecclésiastique afin de régler la conduite du prêtre vis-à-vis de ces êtres, en matière d'administration des sacrements.

Les développements que nous donnons à cette partie du problème tératologique n'ont nullement pour but de nous faire intervenir dans un débat auquel notre incompétence nous commande de rester étranger : nous nous abstiendrons donc de toute critique, nous contentant de mettre en évidence l'opposition qui a toujours existé et existe encore entre l'enseignement ecclésiastique et les lumières acquises à la science sur la question des monstruosités humaines.

Nous avons vu que le cynocéphale ou l'être considéré comme tel, et enseveli dans la sépulture sacrée de la ville d'Hermopolis, est un témoignage éclatant de la foi des Egyptiens dans l'origine bestiale des enfants qui viennent au monde monstrueux. Nous avons fait voir que la religion nationale les traite suivant les prescriptions du rituel funéraire, de telle sorte que lorsqu'un enfant sort des entrailles d'une femme et qu'il présente une conformation qui lui donne une ressemblance avec un animal sacré, on lui décerne les mêmes honneurs qu'à ce dernier, et à sa mort il prend place à côté de lui, dans la même sépulture.

Chez les Grecs et les Romains, la question religieuse est absorbée dans la législation et toutes deux sont subordonnées à la foi dans les présages, dont les monstres sont regardés comme les messagers néfastes.

En déroulant la liste des opinions exprimées par les savants des diverses époques, nous avons fait voir que, loin de saper la croyance égyptienne, elles l'affermissaient plutôt ; nous avons enfin montré le rôle considérable qu'a joué la doctrine démonologique dans cette question et l'appui que les théologiens ont prêté à cette doctrine.

Les faits une fois établis et entrés dans l'enseignement ecclésiastique, il en résulta la nécessité de réglementer l'administration des sacrements et spécialement du baptême des monstres.

Le spiritualisme chrétien avait depuis longtemps posé la question de savoir à quel moment précis l'âme pénètre dans le corps du fœtus, matière fort importante, puisqu'il s'agit du salut éternel et de la nécessité d'administrer le sacrement régénérateur à une

époque où la vie commence et où, suivant la doctrine
de l'Eglise, le péché originel a déjà imprimé son
stigmate fatal. Déjà les canonistes avaient distingué
l'embryon formé de celui qui ne l'est pas encore ; ils
s'étaient demandé si l'enfant, dans le sein de la mère,
peut être tué sans qu'il y ait là un crime d'infanticide,
et ils avaient admis que le sacrifice qui est consommé
avant le quarante-cinquième jour est légitime. Cependant, ils convenaient que cette pratique est excessivement audacieuse et qu'il ne faut jamais en user
qu'avec une très grande réserve, par cette raison qu'il
est impossible de connaître d'une manière précise
le moment où Dieu envoie une âme dans le corps d'un
enfant.

Dans son *Traité d'embryologie sacrée*[1], Cangiamila
estime que l'instant où l'animation du fœtus se produit restera toujours un secret impénétrable à l'esprit humain.

Cette déclaration aurait pu le dispenser de discuter
la question, mais il s'y étend longuement en invoquant d'abord l'autorité d'Aristote, dont la fixation,
quoi qu'en dise Cangiamila, n'est nullement acceptée
par saint Augustin, attendu que ce dernier avoue
qu'il ignore à quel moment de l'évolution l'être commence à vivre dans le sein maternel[2]. Cangiamila
s'élève ensuite contre la distinction généralement établie entre le temps de l'animation des garçons et celui
des filles ; en résumé, il se range à l'avis de Zacchias,

[1] Liv. I, § v et vi.
[2] Nescio quandò homo incipit vivere.

de saint Basile, de saint Césaire et d'autres écrivains
sacrés qui pensent que c'est dans les premiers jours,
et peut-être même dès les premiers instants de la
conception, que l'âme humaine apparaît. Toutes ces
incertitudes, sur ce point, eurent pour conséquence
de faire perdre à la distinction entre le fœtus formé
et la simple ébauche de l'être l'importance que les
premiers canonistes lui avaient unanimement atta-
chée, et il arriva que, relativement au problème de
l'infanticide et de sa criminalité, l'accord se fit entre
la jurisprudence religieuse et la loi civile; mais,
transportée sur le terrain de la tératologie, la question
fut de nouveau posée, et l'on se demanda s'il fallait
accorder une âme aux monstres.

Cependant, ce n'est qu'à une époque relativement
moderne qu'on chercha à éclairer ce point; en effet,
il n'en est fait aucune mention ni dans les décrétales
de Clément V de 1305, ni dans les constitutions du
pape Jean XXII, qui parurent en 1314; c'est seulement en 1683, à l'université de Louvain, que s'ou-
vrit le premier débat relatif à la réglementation du
sacrement fondamental de la religion; toutes les facultés du pays, celles de médecine et celles de droit,
y envoyèrent leurs représentants les plus éminents et
il y eut unanimité pour admettre que les monstres
doivent toujours bénéficier du baptême sous condition.

Malgré cette décision émanant d'une assemblée
composée de juges les plus compétents, il y eut dans
la suite des opinions contraires qui se produisirent;

c'est ainsi que le *Recueil des lois ecclésiastiques de France* [1] consacre le principe de la nécessité de refuser le baptême à tout être monstrueux né d'une femme, mais n'ayant pas forme humaine du côté de la tête.

Néanmoins, ces protestations, rares d'ailleurs, ne prévalurent pas, et l'on peut regarder la réunion de Louvain comme ayant fixé une jurisprudence tératologique à laquelle les ecclésiastiques se conformeront désormais dans la majeure partie des cas.

Si, à dater de cette époque, les rituels prescrivent de consulter les évêques sur la conduite que le prêtre doit tenir, il est certain que la plupart des conférences ecclésiastiques et notamment celle du diocèse d'Angers, qui ne remonte qu'à quelques dizaines d'années [2], conviennent qu'il est très difficile d'avoir recours aux évêques, parce que le temps manque ordinairement et que ces démarches peuvent occasionner des risques graves pour l'enfant. Dans le texte de cette conférence, on rappelle le principe suivant : en matière de sacrement, le prêtre doit s'attacher à l'opinion la plus sûre de préférence à celle qui est la plus probable, dès que celle-ci n'est pas certaine, et ce principe doit dicter la conduite à tenir à l'égard des monstres, à quelque moment de la vie fœtale qu'ils viennent au monde.

L'obligation de consulter l'évêque étant écartée,

---

[1] Revu par Louis d'Héricourt, 1761. G. I, p. 5.

[2] *Conférences d'Angers*, t. I, p. 424. Extrait de la conférence VIIe sur les actes humains, 1830.

les auteurs de la conférence dissertent sur la règle à suivre et ils la formulent ainsi : « Il convient de prendre le parti le plus sûr, de préférence à certaines apparences extérieures et dès que l'on peut légitimement douter si le prétendu monstre possède une âme humaine ; il se peut que ce qui paraît au dehors, n'ait pas la physionomie extérieure de l'homme cachée souvent sous des enveloppes susceptibles de faire illusion ; mais cependant, pourvu que le fœtus, une fois né, puisse bien se distinguer et donne des signes de vie, il y a nécessité à lui conférer le baptême sous condition ; c'est là le parti le plus convenable. »

Les auteurs de la conférence rappellent la décision de Louvain et l'appuient de l'opinion émise par deux médecins célèbres, Dodart et Hecquet, qui, consultés sur ce point, professent la même doctrine ; mais ils déclarent qu'ils ne suivront pas ces médecins dans les détails de leur consultation, pour cette raison « que ceux-ci supposent des crimes dont il ne convient pas de parler et dont les hommes sembleraient devoir ne pas être coupables[1] ».

[1] La dissertation de ces médecins se trouve à la fin du *Dictionnaire de Pontas,* abrégé par Collet.
Hecquet est l'auteur de plusieurs ouvrages, parmi lesquels on peut citer *la Médecine des pauvres,* où il est dit, à la page 183, que les femmes chrétiennes doivent se tenir en garde contre les faux germes ou monstres, afin de ne pas être les instruments de la perte de ce que Dieu a mis dans ces productions échouées.
Denis Dodart, né en 1634, était conseiller et médecin du roi, régent de la Faculté et médecin de la duchesse de Longueville. Il mourut en 1707. Dans son éloge académique, il est dit qu'il servit l'Académie

Il serait injuste de récriminer contre le sentiment exprimé par Dodart et Hecquet : leur célébrité et leur honorabilité les affranchissent de tout soupçon de condescendance et de pression ; ils vivaient à une époque où la croyance égyptienne régnait encore ; la démonialité et la bestialité étaient admises comme possibles et effectives par les savants et par l'Eglise ; des traités émanant d'autorités ecclésiastiques discutaient ces questions et, loin de repousser la doctrine adultérine, ils l'affirmaient ; on la trouve, par exemple, nettement formulée dans l'ouvrage de Louis-Marie Sinistrari d'Ameno ; « l'homme qui s'unit à l'incube, dit cet auteur, n'avilit pas sa nature, il la dignifie plutôt. A ce point de vue, la démonialité ne saurait être plus grave que la bestialité [1].»

En 1745, Emmanuel Cangiamila, docteur en théologie, chanoine théologal de l'Eglise de Palerme et inquisiteur provincial du royaume de Sicile, publia en Allemagne une première édition de l'*Embryologie*

et le Ciel ; il fit partie, avec Malebranche, du Hamel, Gallois, de la Hire et Fontenelle, de la commission chargée d'examiner le célèbre ouvrage du P. Lebrun sur l'*Histoire critique des superstitions qui ont séduit les peuples et embarrassé les savants.*

[1] Page 239 du *Traité des délits et peines*, qui fut publié en 1709. Dès que ce livre parut, il fut condamné par la congrégation de l'Index. Au chapitre qui traite de la démonologie, nous avons exposé les conjectures qui peuvent éclairer sur les motifs de mise à l'index ; mais l'auteur corrigea son œuvre, qui reparut en 1754 et fut éditée à Rome ; elle contient un chapitre à l'usage du baptême des monstres. Sinistrari admet l'origine bestiale, et dans ce cas il veut que le sacrement ne puisse être administré ; il ajoute cependant qu'il suffit que quelques doutes puissent s'élever sur cette origine pour qu'on ne se fasse aucun scrupule de conférer le sacrement sous condition.

sacrée, laquelle fut suivie de plusieurs autres, écrites en langue italienne [1], Suivant le traducteur de
l'abrégé qui parut en 1762 à Paris, on trouve dans
cet ouvrage tous les principes de la théologie réunis
aux notions anatomiques et chirurgicales et aux vues
civiles et politiques, d'où il résulte un tout dont l'objet est le salut éternel des enfants. L'un des chapitres
du livre III est spécialement consacré au baptême
des monstres; l'auteur commence par s'en référer à
l'autorité de A. Paré, Liceti, Bianchi, Valdée,
Aldrovande, Schœttus, Palfyn, etc., qui admettent
unanimement l'origine bestiale des monstres humains,
et, son tour venu, il discute cette question en théologien.

La monstruosité provient, selon lui, de sept causes
principales, qui sont les suivantes: la scélératesse
féminine; le jeu de la nature; une fantaisie maternelle; une distension de l'utérus suffisante pour
apporter un trouble dans l'évolution fœtale; l'œuf
d'un animal qui, fortuitement, pénètre dans le sein
d'une femme; la luxure; enfin, un miracle divin.

Cette énumération faite, Cangiamila annonce
qu'il ne traitera que deux questions relatives au baptême des monstres: il recherchera d'abord l'époque
à laquelle cet être doit être considéré comme pourvu
d'une âme, auquel cas le sacrement doit lui être légi-

---

[1] Quand l'ouvrage fut publié, l'auteur reçut une lettre de félicitations du souverain pontife Benoît XIV. Un grand nombre d'évêques
recommandèrent cet ouvrage aux curés de leurs diocèses; M. de Fleury,
archevêque de Cambrai, en fit aussitôt imprimer un extrait abrégé.

timement conféré ; il passe ensuite aux cas où il s'agit de savoir si c'est un seul ou deux baptêmes qu'il faut accorder, suivant que le monstre est un être simple ou composé de deux individus soudés : dans cette circonstance, la conduite du prêtre se règle d'après la certitude ou les doutes qu'il conçoit et il délivre le sacrement, soit absolu, soit sous condition.

Cangiamila énonce alors la proposition qui suit : Lorsque le monstre a été engendré par deux êtres humains, il est présumé posséder une âme raisonnable ; car Dieu a voulu que les créatures produisissent des fruits de leurs espèces. Cependant il n'est pas impossible qu'un animal naisse dans le sein d'une femme ; dans ce cas, l'œuf de cet animal aura été introduit par les boissons, et il germera ; dans cette circonstance, il ne faut pas songer à administrer le baptême.

Quand le monstre est moitié animal et moitié homme, c'est qu'il résulte d'un commerce honteux ; il est alors soit un hippocentaure, soit un onocentaure, soit un satyre, soit un faune ; des exemples de cette nature sont attestés par Volaterranus, Cardœnus et Paré ; entre autres, on peut citer celui d'une dame italienne qui mit au monde un enfant demi-homme, demi-chien. Volaterranus dit tenir cet exemple d'un pontife romain son frère ; en présence d'un tel monstre, on soupçonna un jeu de la nature, mais des recherches minutieuses amenèrent la preuve qu'il y avait eu d'abord commerce licite suivi immédiatement après d'un rapport bestial. Dans cette occurrence, dit Cangiamila, il suffit de constater que la tête est humaine, et, sans s'inquiéter du reste, on baptise sous condition.

Lorsqu'on se trouve en présence d'une mère animale fécondée par l'homme, la conduite à tenir est plus épineuse. Le mode de formation, dit-il, n'est pas très connu ni bien expliqué, et cependant il ne doute pas de l'authenticité des exemples qu'on en rapporte : Liceti, entre autres, mentionne cette vache célèbre qui mit bas un enfant qu'on baptisa et qui se faisait remarquer par sa piété ; lorsqu'il était seul, il broutait l'herbe et ruminait [1]. Il disserte sur les faits de cette espèce, et il croit que c'est pour Dieu un moyen de punir un crime et de rendre indélébile une infamie par un miracle éclatant ; il se peut aussi, ajoute-t-il, que, par sa prescience, le Créateur ait rendu l'animal apte à une création humaine ; quoi qu'il en soit, il importe, dans ces circonstances, de donner le baptême sous condition ; lorsqu'un monstre biforme sort des entrailles d'une femme, on doit présumer qu'il s'agit d'une création due à une semence virile ; de plus, si la tête est bien humaine, le reste fût-il bestial, il existe, très probablement, une âme raisonnable, ce qui implique nécessité de baptiser sous restriction.

Toutes ces considérations et toutes ces distinctions ne s'appliquent pas, d'après notre auteur, aux hommes marins, aux tritons et aux sirènes ; ceux-là,

[1] *Embryologie sacrée,* p. 317.

en effet, ne sont pas fils d'Adam ; si pourtant ils venaient à procréer des êtres humains, le baptême restrictif devra être conféré, bien que les exemples de cette catégorie lui semblent très suspects. Les femmes qui ont l'habitude de se livrer aux démons incubes n'en ont pas moins aussi des relations avec les hommes ; or, que faut-il faire ? On doit, suivant lui, laisser de côté la monstruosité et rechercher seulement les caractères humains du fœtus ; en effet, quelque horrible que soit le produit incestueux, du moment où il possède ces caractères, il est baptisable.

Passant ensuite aux acéphales, il leur refuse d'une façon absolue le sacrement ; en effet, l'âme manque nécessairement chez un être privé de tête, c'est-à-dire du lieu où siège cette âme. Mais il avoue que c'est là un point litigieux ; car, dit-il, il se peut que l'acéphale ait quelque partie du corps qui fonctionne à la place du cerveau, telle, par exemple, le cœur, qui recèlerait alors une âme raisonnable, encore bien qu'elle soit impropre au raisonnement [1]. Dans les acéphales, il faut ne pas comprendre ceux qui ont une tête privée d'yeux et de narines [2]. Le plus célèbre est le *Bononiense monstrum*, qu'on peut encore voir ; il est humain, et cependant il n'a ni tête, ni poitrine, ni cœur, ni poumons. Bianchus, Vallisnerius et bien d'autres en ont tracé l'histoire ;

---

[1] *Cleric. de bapt. decis.*, 51 ; dub. 20, 2, 5.
[2] Quale fuit illud à D. Francisco Paulano miraculo reformatum. (C. Perrimezzi, *Vita S. Franc.*, lib. II, 62.)

il vécut neuf mois. Or, les monstres de cette espèce, du moment où ils offrent quelques apparences de l'humanité et bien qu'on ne puisse s'expliquer comment ils peuvent vivre, n'en doivent pas moins être portés sur les fonts baptismaux sous condition.

Si, malgré un minutieux examen, il est réellement impossible de distinguer un trait quelconque, ainsi que cela a lieu lorsqu'il s'agit d'une môle, Cangiamila est d'avis qu'il faut refuser le sacrement ; cependant il raconte l'histoire de saint Elzéar qui contient ce fait vraiment extraordinaire : Amphibisia, parente d'Elzéar et épouse de Grimoalde, était une dame de distinction. Un jour, elle mit au monde un être monstrueux, agité de mouvements continuels, qui effrayaient tous ceux qui s'approchaient de lui ; il n'avait rien d'humain, et d'un autre côté rien non plus de bestial. On ne pouvait, en un mot, le comparer à aucun animal connu. Elzéar, l'ayant examiné, fut vivement touché de l'infortune qui frappait ainsi ses parents ; il se mit à adresser une fervente prière au ciel. Aussitôt cette masse informe de chair revêtit un aspect superbe et poussa un cri. Les amis s'en approchèrent et, se joignant à la famille, se prosternèrent afin de rendre un solennel hommage à la toute-puissance divine ; on prédit qu'il arriverait un jour au pontificat, et il devint, en effet, pape sous le nom d'Urbain V [1].

Vincentius Ferrerius fait un récit à peu près

---

[1] Borelli, *Vita S. Elzear*, § VII.

semblable d'une môle qui, après une invocation au ciel, se métamorphosa en une charmante enfant[1].

Cangiamila pose ensuite le problème de deux jumeaux accolés et inséparables, ainsi que cela se voit, dit-il, pour beaucoup de fruits. Si les deux corps sont très distincts, on conférera le baptême absolu ; s'il y a danger de mort, on aspergera l'un d'eux et l'on prononcera en même temps ces paroles : « Je vous baptise. » Si l'on est en présence d'un monstre à deux têtes, deux poitrines et une seule paire de membres inférieurs, on agira comme précédemment ; le rituel romain, comme le déclare saint Charles dans ses instructions sur le baptême, est formel sur ce point, attendu que le caractère humain est assez nettement indiqué par la tête et la poitrine. Si l'on a affaire à un tronc unique supportant deux têtes, il y a sans doute présomption sérieuse de deux individus, mais pour ce cas il existe parmi les philosophes une grande divergence d'opinions ; on tranche la difficulté en administrant le baptême absolu à la tête la plus forte et le baptême conditionnel à celle qui est la plus petite.

Quand une tête unique coexiste avec deux corps, le divin Carolus enseigne que l'on est en présence d'un être simple. Mais Cangiamila estime qu'il faut se tenir sur la réserve ; il rappelle le sentiment de quelques théologiens, d'après lesquels le sacrement absolu sera accordée à la tête et le restrictif à la poitrine qui ne correspond pas à la tête baptisée, attendu, disent

[1] Valdec, liv. III, § 44.

ces théologiens, que cette poitrine pourrait bien dépendre de l'autre sujet[1].

Les mêmes considérations et la même manière de procéder s'appliquent aux polycéphales, monstres à têtes multiples[2].

Cangiamila termine par les réflexions suivantes : il ne faut dans aucun cas tuer un monstre, quel qu'il soit ; on doit le porter d'abord à un prêtre, qui, s'il croit être éclairé sur le fait, agira en conséquence, à moins que, jugeant qu'il en aura le temps, il ne préfère aller consulter son évêque ; s'il estime que ce monstre possède une âme raisonnable, il veillera sur son éducation.

Par deux fois, dit notre auteur, il m'est arrivé d'apprendre qu'on venait de tuer des monstres sans qu'on ait même songé à les baptiser !

Les développements que l'auteur de l'*Embryologie sacrée* a donnés à la question, les autorités nombreuses auxquelles il se réfère, attestent l'importance que les canonistes accordent au baptême tératologique[3]; d'un autre côté, les distinctions qu'il présente sont une source de très grandes difficultés pratiques, l'incertitude en sera la conséquence et grandira en raison même de la complexité du phénomène. Or, c'est précisément dans ces circonstances qu'il con-

---

[1] *Cler. de bapt.*, decis. 51, dub. 20, n° 5. Roncaglia, c. 4, cum Bonanica Laliis.

[2] *Ex gobat. de bapt.*, n° 275. *Cleric.* decis. 47, dub. q. n. 6.

[3] Il est à remarquer que Cangiamila n'invoque pas le sentiment du P. Sinistrari d'Ameno, dont le traité, tenu à l'index depuis un demi-siècle, venait d'être autorisé et eût pu être connu de lui.

vient de prendre une résolution rapide, parce que la
mort du monstre est imminente ; aussi, les auteurs
de la conférence d'Angers, qui ont reproduit les
prescriptions de Cangiamila relativement à la nécessité de consulter l'évêque, sont d'avis que le temps
manque le plus souvent alors que cependant le prêtre,
placé en face de ses propres inspirations, doit agir
au mieux des intérêts spirituels du monstre ; aussi
ont-ils cherché à simplifier la situation, et ils ont
ramené le problème à des distinctions qui, bien que
portant sur la nature même du cas, c'est-à-dire sur
l'aspect extérieur, n'excluent jamais le baptême ; de
la sorte ce sacrement est toujours assuré, et le pire
qu'il advienne c'est qu'il ne soit accordé que sous
condition, ce qui signifie que l'effet spirituel et la
grâce qu'il renferme et confère ne suivront qu'autant que l'âme sera réellement présente, et que l'identité humaine n'aura fait que se dérober sous une
enveloppe capable de créer l'hésitation et de com-
mander la réserve du prêtre.

L'*Embryologie sacrée* de Cangiamila a été suivie
d'un grand nombre d'autres qui toutes n'en sont que
des extraits ; c'est ainsi que l'abbé Dinouart en a publié une en 1775, dans laquelle se retrouvent absolument les mêmes doctrines relativement au sacrement régénérateur appliqué aux monstres.

Il en existe un abrégé qui a paru plus tard sans
nom d'auteur, et dans lequel la question du baptême
tératologique est complètement laissée de côté, ce
qui prouve, comme nous le dirons plus loin, que

l'Eglise n'est jamais entrée dans le débat et a laissé aux canonistes le soin de donner tels enseignements qu'ils jugeraient à propos [1].

Nous mentionnerons ensuite l'article BAPTÊME de l'*Encyclopédie théologique* de l'abbé Migne, dans lequel il est dit que le rituel romain défend de baptiser un monstre dépossédé de toute apparence humaine, surtout du côté de la tête; cependant, ajoute l'auteur, il paraît que, d'après d'autres rituels, le plus sûr est d'accorder le baptême conditionnel; chacune des têtes du monstre le reçoit séparément.

C'est grâce à la formule restrictive, adoptée par l'Eglise, que celle-ci, tout en conservant la doctrine de la provenance adultérine des monstres humains, peut toujours leur conférer les sacrements [2]. Hélène et Judith, nous l'avons mentionné dans la notice biographique que nous leur avons consacrée plus loin, furent non seulement baptisées, mais elles eurent l'extrême-onction toutes les deux, quoique l'une d'elles fût seule en danger de mort au cours d'une affection dont elle guérit d'ailleurs.

En 1570, dans la rue des Gravilliers, un monstre double de sexe différent, et qui ne devait vivre que trois jours, fut, aussitôt après sa naissance, porté au baptistère de Saint-Nicolas des Champs, et le sacrement lui fut octroyé sans condition, comme on ne

---

[1] 1817, Caen, imprimerie Le Roy.
[2] Tout au moins les exemples d'opposition sont-ils très rares; nous en rapporterons quelques-uns plus loin.

s'en faisait aucun scrupule dans ce temps-là, nous dit Sauval [1].

En 1617, près de Gênes, naquit un xiphopage, c'est-à-dire un monstre composé de deux jumeaux unis par la poitrine; le curé fut immédiatement appelé, mais comme il ne voulait pas assumer sur lui la responsabilité d'un baptême, il en référa au vicaire général; celui-ci lui expédia l'autorisation, et Paul V confirma ultérieurement le sacrement.

On rencontre dans les *Ephémérides des curieux de la nature* une histoire de monstre composé qui trépassa quelques instants après la naissance et dont, cependant, on eut le temps d'ondoyer les deux têtes [2]. Aldrovande donne le portrait d'un monstre qui se trouvait au musée public d'Osimo, ville située dans la Marche d'Ancône; chaque tête fut baptisée séparément : il était temps, car l'une d'elles eut seule la force de prendre le sein de la nourrice; l'autre languit, et après quelques jours le monstre avait cessé de vivre.

En 1595, un monstre fut apporté à un prêtre, qui lui trouva un museau de singe et un pied fourchu; il refusa de le baptiser, et ce refus donna lieu à un procès qui fut porté devant le Parlement.

Dans son *Histoire de Paris*, Sauval raconte qu'en 1662, à Paris, rue de la Cerisaie, vinrent au monde deux filles réunies par le côté et assez laides; elles furent apportées à un prêtre de la paroisse de Saint-

---

[1] *Histoire de Paris*, t. II, p. 564.
[2] Decis. IV, cent. 3 et 4; append., p. 27.

Paul, qui refusa de les baptiser toutes les deux. Il en choisit une et lui administra le sacrement; il avait à peine achevé son ministère, que les deux pauvrettes expirèrent.

Cet évènement fit grand bruit; l'opinion publique, d'accord avec les savants eux-mêmes, fut très scandalisée de la conduite du curé de Saint-Paul; on prétendit que son devoir était de conférer le sacrement aux deux têtes. La chose n'alla pas plus loin, le prêtre fut blâmé par son supérieur, et les parents ne s'occupèrent plus que de faire embaumer leur petit monstre et de l'exhiber à la foire de Saint-Germain, où ils ne firent pas sans doute une aussi grosse recette que s'ils eussent pu le produire vivant.

Clauderus fait le récit d'une meunière, d'une province allemande, qui mit au monde une fille du sein de laquelle sortit au bout d'une semaine une autre fillette, qu'on s'empressa de baptiser et qui entraîna la mort de la première [1].

En 1700, près de Blois, naquit un monstre céphalopage; il avait donc deux corps réunis par le sommet de chaque tête; il était plein de vie, mais le crâne était tel qu'on pouvait croire qu'il n'y avait qu'un seul cerveau. A cause de cette particularité, dit Hémery, médecin à Blois, qui a fait connaître ce fait, on avait trouvé excessif que le curé eût conféré deux baptêmes, comme s'il se fût agi de deux têtes dis-

[1] Ce cas est cité par Larcher (thèses d'Angers, 1874); le détail relatif au baptême lui donne un cachet d'authenticité qu'il n'a pas dans la description de Clauderus.

tinctes ; le praticien blésois trouve, au contraire, que le prêtre a sagement agi, attendu que les mouvements de chaque être étaient alternatifs et indiquaient par conséquent l'existence de deux cerveaux. Hémery recueillit tous les détails de ce cas et les consigna dans un mémoire qu'il adressa à Reneaume, et que celui-ci communiqua à l'Académie des sciences [1].

En 1733, Winslow eut l'occasion d'observer une hétéradelphe qu'une religieuse lui fit connaître dans le but d'éclairer le prêtre fort perplexe et ne sachant s'il devait délivrer le sacrement aux deux corps ou bien à un seul: on délibéra quelque temps et l'on finit par décider qu'il y aurait un baptême double.

Moreau (de la Sarthe) figure un monstre composé de deux jeunes filles jointes jusqu'à l'ombilic, et il dit qu'elles vécurent assez de temps pour qu'elles aient pu être ondoyées; elles étaient nées en 1775 [2].

Un des derniers théologiens dogmatiques qui, à notre connaissance, aient traité la question tératologique est le P. Debreyne; il rompt avec ses devanciers, ainsi qu'avec la doctrine des procréations bestiales dans l'espèce humaine. Ce n'est pas que cet auteur s'appuie sur la loi qui règle les unions entre les espèces différentes, mais il soutient que Dieu ne permettrait pas ces productions abominables nées de la confusion entre l'homme et les animaux.

Quoi qu'il en soit, la *Mœchialogie* du P. Debreyne se termine par un traité d'embryologie théologique

---

[1] *Histoire de l'Académie des sciences*, année 1703, p. 39.
[2] *Atlas du Traité des monstres*, 1808.

où se trouve traitée cette question du baptême des monstres. L'auteur croit que l'on peut baptiser sans condition tout monstre sorti du sein d'une femme, quelque hideux qu'il puisse être et quelle que soit sa ressemblance avec la brute. C'est, à notre connaissance, le premier écrivain ecclésiastique qui ait tenté un rapprochement entre le dogme de l'Eglise et les enseignements de la science; il en résulte qu'il conseille, au sujet du baptême tératologique, une pratique conforme à ces enseignements, sans toutefois se départir de certaines réserves à l'égard de la doctrine mystique [1].

En dehors des monstruosités graves et qui, sur le terrain de la jurisprudence sacrée, donnent lieu aux débats dont nous avons essayé de retracer l'historique, il y a un certain nombre de malformations qui ne dépassent pas les limites d'une simple anomalie; le sujet qui en est affecté ne lui attache pas une grande importance, et cependant, s'il se destine à la carrière ecclésiastique, elle sera un obstacle à son ordination. Le sexdigitisme en est un exemple; nous avons eu l'occasion de pratiquer l'amputation d'un doigt surnuméraire chez un jeune néophyte de la mission lazariste de Pékin; cette malformation, peu sérieuse par elle-même, l'eût empêché d'entrer dans les ordres et nous déférâmes à son désir, quoiqu'il nous en coûtât de faire une de ces opérations qui, sans être de celles qu'on appelle *de complaisance*, ne compor-

---

[1] P. Debreyne, *Mœchialogie*. Paris, Poussielgue, édit. 1874.

tent pas cependant un degré de nécessité absolue.

Il est un genre de monstruosité qui, bien qu'elle se dissimule aux regards et puisse rester ainsi cachée pendant toute l'existence, n'en est pas moins l'objet d'une prescription canonique; cette prescription est motivée par les erreurs ou les scandales qui se sont produits à certaines époques et dont nous avons rapporté quelques exemples, tels que celui du moine du monastère d'Issoire [1], et les faits cités par Métaphraste.

Il s'agit de la malformation génitale ou de l'hermaphrodisme. Or, d'après le canon, tout prêtre est tenu à être bien constitué, attendu qu'il doit se trouver à même de comprendre les passions des autres hommes et aussi parce que sa dignité le commande; mais aucune visite n'est prescrite par le canon; l'Eglise ne va pas au-delà d'un devoir de conscience qu'elle fait à l'intéressé de déclarer tout ce qui peut le concerner sur son aptitude physique; ses parents et ses amis, dans le cas où une malformation génitale serait ignorée ou dissimulée par lui, sont obligés, pour la dignité du sacerdoce, de porter le fait à la connaissance de l'autorité ecclésiastique.

Ainsi, les recherches et les considérations qui viennent d'être présentées nous amènent aux conclusions suivantes:

1° A aucune époque il n'y a eu de jurisprudence, établie par l'Eglise, concernant les monstres en gé-

---

[1] Voir au chapitre des *Monstres célèbres.*

néral ; aucun concile n'a traité la question de leur origine et de leur situation vis-à-vis des sacrements ; aucun pape, parlant *ex cathedra*, n'a promulgué de dogme ;

2° Le sujet a été discuté dans les assemblées, les synodes, les conférences ecclésiastiques, et un grand nombre d'écrivains ont émis leurs vues personnelles ;

3° De ces discussions est sorti un enseignement, qui n'a pas cette fixité propre aux édits canoniques ;

4° Ce défaut de fixité aurait des inconvénients dans la pratique, en créant des incertitudes dans l'esprit du prêtre placé en face du baptême à conférer à un être humain monstrueux ;

5° Cette difficulté se trouve levée par ce fait que le sacrement du baptême, par exemple, peut toujours être administré sous condition, et même, selon un écrivain récent, sans condition ;

6° Il n'y a qu'un seul point sur lequel la doctrine n'ait pas varié : c'est celui qui concerne l'origine des monstres et l'hypothèse bestiale universellement admise, quoique, sur ce point encore, il y ait des réserves faites par le même écrivain ;

7° Conséquemment l'antithèse entre l'enseignement ecclésiastique et la doctrine scientifique persiste ;

8° Les hermaphrodites sont visés par le droit canon, non pas à propos du baptême, qui leur a toujours été conféré sans condition — car la monstruosité n'est pas apparente à la naissance et n'est pas d'ailleurs de nature à mettre en question la délivrance du baptême — mais ils tombent sous le droit canon à propos de l'admission dans les ordres sacrés, dont ils doivent être écartés parce qu'ils sont irréguliers. Ainsi que nous le disions précédemment, la malformation ne peut être constatée par un examen de revision, lequel est remplacé par les irrégularités du droit canon ; celles-ci, d'après la *Théologie* de Gousset, sont des empêchements « fondés sur l'indécence qu'il y aurait à ce que ceux qui ont certains défauts, ou qui ont commis certains crimes, fussent admis aux ordres ou à en exercer les fonctions ».

« Les irrégularités, dit encore Gousset, s'encourent, *ipso facto*, sans qu'il soit besoin d'une sentence qui les prononce. »

Il n'est pas besoin d'examen pour juger des irrégularités et écarter des ordres les irréguliers ; la conscience de l'irrégulier suffit pour le repousser d'une carrière qui exige une capacité physique irréprochable.

Si les officialités ou tribunaux ecclésiastiques se trouvaient informés de l'avancement frauduleux d'un irrégulier aux ordres, il serait porté, après jugement, une sentence rigoureusement basée sur le genre d'irrégularité. Nous nous abstiendrons d'énumérer les cas nombreux d'irrégularité canonique ; il nous suffira de citer les eunuques comme étant incapables d'entrer dans les ordres, s'ils se sont mutilés eux-mêmes ou s'ils l'ont été sans cause légitime, telle qu'une opération chirurgicale : suivant la *Théologie* de Thomas de Charmes, ceux qui sont venus au

monde avec cette monstruosité ne sont pas irréguliers[1]. Enfin, le sont aussi ceux qui ont une laideur
de monstre.

[1] Mais, au point de vue du mariage, les canonistes sont unanimes
à en refuser le sacrement aux eunuques (Sext. decret., lib. V, tit. I;
tit. II, *De ritu nupt.*, § 5).

La religion catholique n'est pas la seule à ne pas permettre le mariage des eunuques (Gerhard) : il y a encore la religion réformée et
la religion luthérienne ou de la confession d'Augsbourg (de Larro-
que). (Extrait d'Ancillon, 1700.)

CHAPITRE X.

L'HÉRÉDITÉ ET LES MONSTRES.

L'hérédité est la transmission par les parents, à leurs descendants directs ou indirects, des traits caractéristiques de leur double nature et de leurs propriétés spécifiques.

Si détachée qu'elle soit des autres manifestations de la vie par l'évidence de ses effets, l'hérédité reste, quant à ses causes, enveloppée dans un insondable mystère.

Cependant, il n'est pas impossible de la rattacher à certaines lois dont la constance, bien que relative, n'en a pas moins une grande valeur scientifique, surtout quand il s'agit du problème le plus ardu de la physiologie [1].

Quant à l'hérédité des monstruosités dont il est exclusivement question dans ce chapitre, nous essaye-

---

[1] Parmi les écrivains qui ont fourni sur cette question de l'hérédité les aperçus les plus lumineux, on doit citer Prosper Lucas et Th. Ribot, le premier dans son *Traité philosophique et physiologique de l'hérédité naturelle* (1847), le second dans son *Étude psychologique sur l'hérédité* (1873).

rons de la ramener à certaines propositions qui découleront des principes théoriques que nous exposerons et des faits rapportés précédemment.

Avant que la démonstration expérimentale soit venue assigner à l'hérédité un des premiers rangs parmi les phénomènes biologiques, l'humanité l'avait pratiquée d'instinct.

Les premières associations se sont formées en vue de ce phénomène ; elle donne naissance aux castes, principe social basé sur l'inégalité des aptitudes et la nécessité de les perpétuer par l'hérédité ; elle crée les familles sacerdotales dans lesquelles s'éterniseront les dépositaires de la puissance des dieux et devant qui les multitudes se prosterneront ; toutes les professions se transmettront par hérédité, depuis l'éloquence, la poésie, les beaux-arts jusqu'aux plus humbles métiers ; intervenant dans les mariages, elle en dictera la règle suprême, inéluctable, celle de l'interdiction des mélanges entre individus de conditions différentes, afin de ne pas altérer la pureté de la race ; elle servira de justification aux sentences de mort prononcées contre les monstres ; c'est elle enfin qui, perpétuant la division parmi les grandes nations, fait éclater ces révolutions sanglantes qui les déchirent.

Ainsi, l'hérédité constitue le dogme le plus antique, le plus unanime, le plus universel qui ait inspiré les institutions politiques, civiles et religieuses des peuples, parce qu'en effet elle est une des conditions essentielles de l'évolution des êtres, et la plus haute expression de l'unité dans la création.

Aussi Darwin a-t-il pu dire que, chez tous les individus, l'hérédité est la règle et son défaut l'exception.

L'action de la transmission héréditaire sur les éléments matériels de l'organisation est-elle douée de
la même énergie que celle dont l'empreinte est si
manifeste sur les éléments moraux?

Les vices qui sont la conséquence d'un héritage
moral sont susceptibles de s'atténuer, de disparaître
même dès le premier descendant direct, grâce aux
ressources d'une éducation appropriée; mais il n'en
est pas ainsi des défauts physiques; sans doute leur
transmission n'est pas constante, fatale, directe, mais
quand elle s'effectue elle se déroule sur un nombre
plus ou moins considérable de générations et ne s'arrête que devant l'effort d'une sélection dont l'énergie
est en rapport avec l'intensité du vice[1].

Après les quelques généralités sur l'hérédité physique et morale, nous essayerons de rechercher si les
matériaux scientifiques accumulés jusqu'ici sont suf-

---

[1] Il n'est pas hors de propos de signaler le conflit qui existe
entre cette hérédité et la science, dont les progrès viennent incessamment seconder cette transmission : en effet, d'une part, elle per-
fectionne chaque jour les moyens à l'aide desquels elle remédie aux
vices de conformation et prolonge la vie des êtres informes qui, aban-
donnés à eux-mêmes, disparaîtraient certainement plus tôt et auraient
conséquemment moins de chances de procréer et de perpétuer des
individus semblables à eux; et d'autre part elle n'a aucune action
sur la faculté séminale qui transmet le vice originel.
C'est cette observation qui a porté certains adeptes du transformisme à dénoncer la médecine et la chirurgie comme paralysant les
efforts de la sélection, lorsqu'elles remédient aux infirmités héréditaires sans pouvoir agir sur la faculté de transmission.

fisants pour résoudre la question de l'hérédité tératologique.

L'hérédité s'étend-elle jusqu'aux monstres ?

La réponse ne comporte aucune hésitation ; oui, la
monstruosité est transmissible, mais il convient de
déterminer les conditions de cette transmissibilité et
de mesurer l'intensité de son action.

Darwin admet que cette faculté appartient aux monstruosités congénitales ; mais il ne s'étend guère sur ce
point, il ne lui consacre que quelques lignes et ne donne
que quelques exemples que nous mettrons à profit [1].

Isidore Geoffroy Saint-Hilaire, qui a jeté sur cette
question de grandes lumières, comme il l'a fait pour
tout ce qui touche à la tératologie, n'admet que l'hérédité des monstruosités unitaires et il la rejette
pour les composées. Il considère que la condition
indispensable pour qu'elle se fasse sentir, c'est que
l'organe reproducteur reste intact, c'est-à-dire n'ait
pas été atteint par la malformation.

Nous aurons l'occasion d'appliquer cette distinction dans la revue que nous allons passer des types
principaux de l'hérédité tératologique.

Au premier rang se place l'albinisme. Cette anomalie a un pouvoir de transmissibilité qui est hors de
toute contestation. Il y a donc lieu de s'en préoccu-
per, car si les albinos sont, à la vérité, assez généralement de semi-idiots [2], ils ont en compensation la

---

[1] *De la variation des animaux et des plantes*, t. II, p. 25.

[2] Il y a des exceptions, et l'histoire de Zacharie Ferriol, relatée
plus loin, au chapitre des *Monstres célèbres*, en est une preuve.

faculté de procréer et la possèdent même à une très haute puissance ; en outre, on les rencontre dans toutes les races et sous tous les climats.

M. Coinde a adressé à l'Académie des sciences une note sur un cas singulier d'albinisme : il s'agit d'un homme qui a eu successivement, de deux femmes différentes, trois enfants, tous albinos ; lui-même était bien portant, mais il était adonné à l'alcoolisme [1].

C'est évidemment un fait de transmission paternelle, non d'une affection définie, que le père ne présentait pas, mais d'une disposition restée latente chez lui, qu'on eût peut-être retrouvée chez un de ses ascendants et qui s'est développée par l'intempérance, de manière à éclater, par une sorte d'atavisme caché, chez les enfants, qui en ont revêtu tous les caractères.

Le mélanisme, qui constitue l'anomalie opposée à l'albinisme, n'existe pas dans l'espèce humaine ; on n'a donc aucune donnée sur son pouvoir de transmission, à moins de raisonner par analogie et d'admettre que, si un exemple se présentait, il serait entaché d'hérédité, comme cela a lieu dans beaucoup d'espèces animales.

L'hérédité du bec-de-lièvre existe-t-elle ?

Isidore Geoffroy Saint-Hilaire ne semble pas disposé à l'admettre ; de son côté, le docteur Prosper Lucas [2] rapporte un grand nombre de faits extraits de divers auteurs dont l'autorité n'est pas contestable.

---

[1] Séance de l'Académie des sciences, 4 février 1861.
[2] *Traité philosophique et physiologique de l'hérédité*, t. I, p. 306.

On doit, par conséquent, tenir toujours compte de cette éventualité lorsqu'il s'agit d'unions dans lesquelles l'un des futurs conjoints est affecté de cette difformité, qui, parfois, atteint des proportions considérables et donne à la bouche l'aspect repoussant d'une gueule de loup. L'altération de la voix, qui en est la conséquence forcée, augmente encore la monstruosité.

Le plus célèbre des faits de transmission du bec-de-lièvre est consigné dans plusieurs ouvrages, entre autres dans le second volume de Darwin [1]. Il se rapporte à une famille qui, pendant tout le cours d'un siècle, a présenté, sans interruption, plusieurs membres atteints de cette difformité.

P. Lucas range la gibbosité au nombre des exemples de transmission héréditaire. Sans doute, l'individu qui en est affecté est plus ou moins monstrueux; mais cette bosse est plutôt sous la dépendance d'un état morbide que d'un évènement tératogénique; elle sort donc, selon nous, du cadre de l'hérédité, et il n'y a pas lieu de s'en occuper ici.

L'absence congénitale des doigts, soit de la main, soit du pied, est héréditaire au suprême degré. Les observations et les preuves abondent, et elles présentent cet autre intérêt que, très souvent, l'action exclusive du père est manifeste.

L'anomalie contraire est appelée *polydactylie,* ou, plus justement, *sexdigitisme.* Elle consiste dans l'ad-

---

[1] *De la variation des animaux et des plantes,* p. 25.

dition d'un doigt à une main ou aux deux ; les pieds peuvent également la présenter, quoique plus rarement. La puissance de transmission de cette anomalie est très énergique. L'exemple le plus célèbre serait puisé dans la tradition biblique, et Léonard de Vinci s'en serait inspiré dans son chef-d'œuvre de *la Cène,* où l'un des apôtres déploie une main composée de six doigts [1].

Maupertuis rapporte qu'il a connu une famille sexdigitaire dans laquelle cette anomalie s'est perpétuée jusqu'à la quatrième génération.

M. Ludovic Martinet est parvenu à réaliser artificiellement et par voie de sélection cette transmissibilité polydactylique chez le poulet. Lors de sa communication à la Société d'anthropologie, il l'avait déjà fixée sur quatre générations [2].

Le professeur Broca considère cette anomalie comme transmissible ; il s'exprime nettement à ce sujet dans une séance de la Société précitée [3].

Mme Clémence Royer a fait connaître une observation très remarquable de sexdigitisme héréditaire et unisexuel ; il n'a en effet porté, durant plusieurs générations, que sur les mâles d'une famille auvergnate.

Dans les *Archives générales de médecine*[4] est relaté le fait suivant observé à la fin du dix-huitième siècle : les habitants du village d'Eycaux s'unissaient

---

[1] Le géant, fils d'Enac, que Jonathan mit à mort, avait six doigts.
[2] Séance d'avril 1878.
[3] Voir *Bull. Soc. d'anthrop.,* 1875, p. 886.
[4] F. Devay, *Danger des mariages consanguins,* t. II, p. 763. 1862.

entre eux depuis un temps très reculé, et ils présentaient presque tous, hommes et femmes, un sixième doigt aux mains et aux pieds; peu à peu les alliances, restreintes à la localité, s'étendirent aux villages environnants, et la difformité finit par disparaître[1].

La répétition par voie héréditaire existe-t-elle pour l'ectromélie et les espèces voisines de cette monstruosité, dont l'assassin d'Ambroise Paré et le peintre Ducornet ont fourni des types remarquables[2]?

On est ici en présence de cas très propres à faire juger de la valeur de la distinction établie par Isidore Geoffroy Saint-Hilaire, d'après laquelle la fatalité héréditaire dépend de l'intégrité de l'appareil reproducteur. Or, si l'ectromélie justifie cette distinction, il faut reconnaître que ce n'est pas d'une façon absolue. Quand on applique la loi de Geoffroy Saint-Hilaire à la monstruosité en question, que doit-il se passer? — Si les membres supérieurs sont seuls affectés tandis que le reste du corps est normal, l'organisme reproducteur ne sera pas empêché dans son fonctionnement et il y aura chances de transmission séminale; si, au contraire, les membres inférieurs sont le siège de la malformation, il y aura coïncidence d'un développement imparfait de l'organisme génital, il y aura

---

[1] Le coefficient de l'énergie d'hérédité du sexdigitisme a été calculé et est mentionné dans Darwin : sur quinze générations dans le cours desquelles cette anomalie s'est montrée, il ne pouvait plus y avoir à la cinquième qu'un trente-deuxième du sang du premier parent sexdigitaire. (*De la variation des animaux et des plantes*, t. II, p. 14.)

[2] Voir leur histoire au chapitre des *Monstres célèbres*.

impuissance, il y aura, enfin, impossibilité pour le monstre d'engendrer un individu semblable à lui.

Interrogeons maintenant les faits. Parmi ceux qui sont consignés dans le chapitre où Geoffroy Saint-Hilaire traite cette question [1], il y en a la moitié qui sont justificatifs de la distinction; l'autre moitié lui est contraire; tous sont tirés des espèces animales.

Quant à ceux qui peuvent exister dans l'espèce humaine, un seul nous est connu, et il est contraire à cette loi de Geoffroy Saint-Hilaire. Il est dû au docteur Ball, qui en a entretenu la Société d'anthropologie [2] il y a quelque temps. Il a pu examiner successivement deux monstres chez chacun desquels les membres supérieurs étaient absents; l'un d'eux se maria, et, après un an, il eut un garçon parfaitement conformé.

De l'ensemble de ces faits, les uns négatifs, les autres positifs, il résulte que les monstres ectroméliens et leurs congénères, lorsqu'ils sont impuissants parce que l'organisme reproducteur est lui-même atteint, ne peuvent transmettre leur malformation; mais que cette transmission, sans être fatale, peut s'opérer lorsque la difformité laisse intact l'appareil générateur.

En même temps que le docteur Ball, le docteur Ollivier a présenté l'observation d'une jeune fille du nom de Berthe, âgée de dix-neuf ans, et à laquelle il manquait une main. Ce médecin rapporte cette muti-

---

[1] Ouvrage déjà cité, t. II, p. 233.
[2] Voir *Bulletins de la Société*, 1878.

lation congénitale à l'hérédité ; mais il fait remarquer
que ce n'est pas la malformation elle-même qui a été
transmise, puisqu'aucun des parents de Berthe n'en
est affecté. Sans doute, il aurait pu s'arrêter un instant
à la question de savoir si l'origine de cette monstruosité ne pouvait pas être recherchée chez des ascendants plus éloignés, de manière à constituer un cas
d'atavisme ; mais il préfère chercher ailleurs la solution de ce cas. Il a appris que le père était épilep-
tique ; ce dernier donc a infusé le germe de cette
maladie, qui, à son tour, aurait produit des désordres du côté de la moelle épinière, et finalement atro-
phié l'une des mains ; il n'y aurait pas, dans ce cas,
hérédité tératogénique, mais transmission d'une maladie capable de produire une monstruosité [1].

Les nains sont stériles, ou tout au moins ils sont
inféconds entre eux ; de royales expériences l'attestent ; Catherine de Médicis et l'électrice de Brandebourg, qui les ont instituées, ont constamment
échoué. Il faut donc considérer cette monstruosité

---

[1] Cette interprétation est conforme à la théorie générale des maladies intra-utérines du fœtus, causes des déviations des membres.
Un médecin distingué, le docteur J. Guérin, rapporte ces déviations
aux convulsions embryonnaires; cette question a déjà été abordée et
nous avons dit que les monstruosités se produisent pour la plupart
à une époque initiale de l'incubation utérine, alors que le système
nerveux n'existe pas et ne peut conséquemment déterminer ni atrophie ni convulsions.

Le docteur Ollivier appuie son interprétation sur l'examen de la
moelle épinière fait dans un cas analogue, et qui a donné des résultats tendant à prouver que dans ce cas il y a lésion du système nerveux; mais le rapport de causalité n'a pas été établi, et puis cet examen n'a porté que sur une seule observation, due au docteur Troisier.

comme douée au moins d'un très faible pouvoir de transmission.

C'est un résultat qu'il ne faut pas regretter, car les nains sont assez généralement mal doués, à part quelques très rares exceptions que nous aurons occasion de signaler lorsque nous relaterons l'histoire de ceux qui sont arrivés à la célébrité.

Mais il en est un certain nombre qui n'ont aucun droit à cette appellation. A propos des dieux égyptiens Bès et Phtah, nous avons appelé l'attention sur ces êtres monstrueux, si bien étudiés par le professeur Parrot, qui a reconnu chez eux certains traits caractéristiques qui en font une famille pathologique distincte. Ces êtres sont sans doute nains par la taille, mais ils ne le sont pas par les proportions, puisqu'ils sont difformes.

Les vrais nains présentent un ensemble harmonique, et ils ne diffèrent des autres hommes que parce qu'ils n'en sont que les miniatures[1]. On verra plus loin que nous mettons en doute leur existence : ceux qui ont été donnés comme tels sont chétifs, n'ont qu'une existence assez courte, sont entachés de stérilité à peu près absolue et conséquemment d'inhérédité ; en un mot, ils ne sont pas de véritables nains[2]. Lorsqu'on vient à les examiner avec soin, on s'aperçoit que la plupart d'entre ceux qui ont joui de quel-

[1] *Étude sur les pygmées de l'Afrique équatoriale*, par Hamy (*Bull. Soc. d'anthrop.*, février 1879).
[2] En général, les nains naissent avant terme, ce qui est une des causes principales de leur chétivité.

que célébrité, et dont la sculpture ou la peinture ont perpétué les traits, sont laids, bossus, ont les jambes cagneuses et une démarche tout à fait disgracieuse ; ils sont, en un mot, du type de la divinité Phtah, ou bien ils sont rachitiques. Le rapprochement est manifeste pour celui qui figure au premier plan du tableau de Devéria représentant la *Naissance de Henri IV*.

Quant à Bébé, sa statue en cire, dont nous parlions tout à l'heure, le flatte incontestablement. Pour s'en convaincre, il suffit de se rendre au Muséum d'histoire naturelle, où son squelette est rangé dans l'une des collections anatomiques. On verra que son crâne offre à la région frontale une saillie considérable et que sa colonne vertébrale présente deux bosses très marquées ; de plus, son nez devait être épaté et fort long ; enfin, les orteils atteignent des dimensions qui lui faisaient des pieds tout à fait disproportionnés.

Après les nains, il convient de parler des géants, qui ont été le sujet de tant de récits merveilleux[1]. En réalité, ils ne font pas plus d'honneur à l'humanité les uns que les autres ; leur développement précoce et rapide, ayant épuisé leurs forces, a également retenti jusqu'à l'organe générateur ; il en résulte qu'ils sont frappés d'impuissance ; aussi la transmission héréditaire du géantisme est-elle peu à redouter : leur coefficient intellectuel est presque toujours en

---

[1] « C'est principalement, dit Le Roux, chez les peuples de l'Asie que cette croyance à une nation gigantesque a pris naissance, et ce fait vient à l'appui de ce que nous avancions plus haut sur la vanité des peuples vaincus ; car jamais terre ne fut plus souvent conquise. » (*Introduction au livre des légendes*, in-8°. Paris, 1836.)

raison inverse de leur taille ; il convient de remarquer que cette infériorité cérébrale, qui est un des caractères du nanisme et du géantisme, est sans rapport avec leur stérilité, car les crétins des Alpes, chez lesquels cette infériorité est encore plus marquée, se reproduisent avec une désolante prolificité [1].

L'anomalie des seins surnuméraires est assez commune. Adrien de Jussieu, en 1817, a présenté l'observation d'une mère multimamme qui donna le jour à une fille semblable à elle-même. Ce fait à lui seul peut établir l'hérédité de cette anomalie ; mais il en faut un plus grand nombre pour marquer le degré d'énergie de cette transmission.

Le prolongement excessif du coccyx, qui détermine cette anomalie des hommes dits *à queue,* est-il susceptible de se propager par l'hérédité? Prosper Lucas le pense. Si l'explication de Geoffroy Saint-Hilaire, reproduite au chapitre des monstres célèbres, est vraie, il s'agit d'une monstruosité qui peut, au même titre que les autres, se transmettre.

Le tablier des femmes boschimanes, tribu de la race hottentote, constitue une anomalie qui est un des caractères de cette fraction de l'humanité, dont elle occupe un des derniers échelons. Les deux masses graisseuses qui sont situées à l'extrémité des reins, et qu'on a comparées à la bosse du zébu ou à celle

---

[1] Dans l'armée anglaise, on refuse l'admission à tout homme qui dépasse une certaine taille, car on a remarqué que lorsque celle-ci excède la limite réglementaire, il y a imminence de certaines affections, la hernie notamment.

du chameau, dont elles ont probablement la même
destination physiologique, sont encore des exemples
de propagation héréditaire des plus marqués.

La dentition offre des phénomènes de transmission
très curieux : dans son récent ouvrage, le docteur Magitot a donné de nombreuses preuves que ces phénomènes qui portent sur la dentition temporaire sont
liés aux lois de l'hérédité ; il cite, entre autres, le cas
de ce gentleman qui n'avait pas d'incisives latérales ;
cette difformité le rendait fort laid ; il l'avait transmise à son fils et à son petit-fils [1].

Nous passerons sous silence la question de l'hérédité des monstruosités du type d'Edward Lambert,
de Julia Pastrana, etc. ; quoique nous ayons donné
plus loin des détails sur ces célébrités, bien qu'aussi
la plupart des tératologues, et Is.-G. Saint-Hilaire le
premier, leur fassent une place dans leurs classifications, nous inclinons à regarder ces cas comme des
phénomènes d'ordre pathologique, tout autant que
ressortissant à la tératologie.

Les exemples de transmission séminale de la monstruosité unitaire énumérés précédemment sont loin
d'être les seuls ; mais, en y ajoutant la polyorchi-
die, certaines imperfections de l'œil et l'hypospo-
dias, pour lesquels elle est suffisamment démontrée,
nous pensons que nous n'avons omis aucune de celles
qui peuvent être considérées comme les plus importantes.

---

[1] *Traité des anomalies dentaires chez l'homme et les animaux mammifères*, p. 75.

Abordons à présent l'étude de l'hérédité, envisagée chez les monstres composés. L'exposé que nous avons fait des diverses théories de la dualité tératologique, se terminait par cette conclusion, que la science, bien qu'elle ne fût pas définitivement fixée sur ce point, avait cependant un plus grand nombre de faits favorables à la dualité primitive des germes ; nous avons vu aussi que l'étude de la gémellité était venue jeter quelque lumière sur la question et avait conduit certains savants à rapprocher de ce phénomène celui de la monstruosité composée. Déjà Prosper Lucas avait indiqué ce rapprochement [1], car il dit expressément que « les monstres doubles ne sont que des jumeaux unis par quelques points du corps ».

L'affinité physiologique qui, suivant cet écrivain et d'autres auteurs, ainsi que nous l'avons vu au chapitre de la science des monstres, existerait entre la monstruosité double et la gémellité, nous conduit à poser ici la question de l'hérédité de cette dernière.

Or, si l'on considère ce qui se passe dans l'espèce humaine, il y a de fortes présomptions en faveur de son existence : on cite des familles où elle se montre et dépend tantôt de l'un, tantôt de l'autre des générateurs ; nous en connaissons une, originaire de Vendée, dans laquelle M. de X... est jumeau avec son frère ; lui-même a engendré deux jumeaux, et sa mère a mis au monde deux jumelles.

M. de Quatrefages, cité par M. Dareste, a rapporté un fait du même genre.

[1] Ouvrage déjà cité, t. I, p. 337.

On trouve, dans les *Archives* de Virchow[1], le cas de la femme du docteur Böhm, laquelle est devenue mère de deux filles xiphopages, c'est-à-dire soudées par le bas de la poitrine : dans la parenté de cette dame, deux exemples de gémellité avaient déjà été signalés, et Virey a également signalé l'existence de familles semblables.

Osiander relate cette observation très curieuse d'une femme qui, dans ses onze couches, eut trente-deux enfants ; elle était née elle-même avec trois jumeaux, et elle avait eu trente-huit frères ou sœurs.

D'après Bertillon, cette faculté serait plus marquée chez certaines races que chez d'autres ; la France, paraît-il, serait la première sur la liste, et la Savoie serait le département le plus fécond entre tous. Le travail de M. Bertillon, présenté à la Société d'anthropologie en 1876, fut suivi, en 1877, d'une communication de M. Michel Tchouriloff, qui donna une statistique où la Vendée et la Savoie sont placées en première ligne parmi les départements qui comptent le plus de grossesses doubles.

Enfin, les accoucheurs sont unanimes à reconnaître l'hérédité de la gémelliparité.

Si, maintenant, nous revenons à la dualité monstrueuse, nous devons citer les frères siamois, qui ont eu vingt-deux enfants, tous bien conformés ; Milie-Christine ont plusieurs frères et sœurs normaux ; le monstre bimâle du Caire est né de parents sains,

---

[1] T. XXXVI, p. 152.

qui précédemment avaient eu deux garçons et trois filles de constitution irréprochable ; le monstre d'Issoudun, Blanche, est née de père et de mère exempts de défauts physiques, comme l'ont été les enfants qui ont précédé et ceux qui ont suivi le phénomène aux trois membres [1].

La mère d'Hélène-Judith, qui put survivre à son laborieux enfantement, eut ensuite plusieurs filles robustes et saines. L'hétéradelphe humain mentionné par Buxtorff engendra quatre enfants parfaitement organisés.

Ces monstres pourront présenter des cas d'atavisme ; mais, sauf cette réserve, on est autorisé à conclure que la dualité monstrueuse n'est pas sensiblement atteinte par le principe d'hérédité, et qu'en tout cas elle ne l'est pas plus que la gémelliparité.

La série des anomalies et des monstruosités, à propos desquelles se pose le problème que nous cherchons à éclairer, est loin d'être épuisée ; mais nous ne mentionnerons que celles qui offrent le plus d'intérêt.

On a prétendu que l'hypertrophie qui atteint le lobule de l'oreille, chez les personnes qui font usage de pendants trop lourds, se transmet par hérédité : c'est une pratique qu'on rencontre chez beaucoup de peuples et dont quelques-uns, les plus sauvages, abusent jusqu'à donner aux oreilles des dimensions énormes et des formes étranges ; certains naturels se

[1] Voir au chapitre des *Monstres célèbres*.

percent également les lèvres et le nez : aussi présentent-ils un aspect monstrueux [1].

Or, il n'est nullement prouvé, quoique l'assertion opposée ait été émise, qu'aucune de ces mutilations soit transmissible.

Nous ne dirons que quelques mots sur la mutilation par le tatouage, dont la transmission par hérédité est complètement nulle.

De tous les peuples qui la pratiquent, et on peut avancer qu'il n'en est aucun qui ne la mette pas plus ou moins en usage [2]; il en est un surtout qui l'a porté à un très haut degré de perfection : c'est le peuple japonais.

En dehors de ceux qui sacrifient à la mode ou obéissent à un caprice, il existe une catégorie d'individus, qui portent le nom de *baitos*, dont toute la surface du corps, sans excepter un seul point, est recouverte de dessins : ces hommes sont de hardis plongeurs, qui pensent que, à la faveur de ces hiéroglyphes polychromes, ils épouvanteront et feront fuir les monstres marins qu'ils rencontreront.

Nous laisserons de côté les coutumes absurdes et

---

[1] Le lobule de l'oreille, bien fait, est un signe caractéristique de la beauté; Gratiolet le regardait comme un cachet de la dignité humaine; il est l'objet d'une grande attention de la part des transformistes, qui voient dans son aplatissement un phénomène de retour à l'animalité.

Il est certain qu'une oreille simienne est aussi laide et monstrueuse que celle d'un Botocudos.

[2] Chez les habitants de l'île de Pâques, les hommes et les femmes se tatouent : celles-ci ont toute la ceinture, c'est-à-dire depuis les hanches jusqu'aux genoux, absolument recouverte de dessins de teintes variées.

brutales, telles que l'épilation, la circoncision pratiquée en Orient chez les filles[1], la mutilation des dents,
consistant tantôt dans l'aiguisement, tantôt dans l'ex-
traction et parfois, comme chez les anciens Mexicains, dans l'incrustation de pierres précieuses[2].
Aucune de ces monstruosités, dont l'étude est si précieuse pour l'anthropologie, n'est héréditaire.

Quant à la mutilation du petit doigt ou celle d'une
ou plusieurs phalanges effectuées en signe de deuil
après la mort d'un parent ou d'un ami, quelques
auteurs seraient tentés de leur accorder une certaine
énergie d'hérédité.

Blumenbach rapporte l'observation d'un homme
dont l'un des doigts de la main droite fut fracturé et
se consolida vicieusement ; il devint père de plusieurs
enfants, qui eurent le même doigt tors. Blumenbach
le donne comme un exemple d'hérédité. Brierre de
Boismont fait de même. Darwin admet qu'il y a peut-
être là une pure coïncidence, dont pourtant il considère les chances comme très faibles. Dans tous les
cas, il faut convenir qu'il est impossible, avec un seul
fait, d'établir un rapport de causalité qui, étant donnée la quantité de faits analogues, devrait se manifester et être signalée plus souvent.

Nous considérons donc ces dernières mutilations

[1] *Mœurs orientales; Circoncision des filles*, par Duhousset (*Bull.
Soc. d'anthr.*, 15 février 1877).

[2] Nous passons également sous silence l'horrible mutilation des
Papous de la Nouvelle-Calédonie, sur laquelle M. le docteur Follet a
fourni de si curieux détails dans la séance de la Société d'anthropologie du 17 juillet 1879.

comme intransmissibles, et, sans chercher à diminuer l'importance du fait de Blumenbach, nous le regardons comme insuffisant à appuyer la proposition contraire.

Godron, dans son ouvrage, étudie ces mêmes mutilations et arrive aux mêmes conclusions que nous[1]; nous ajouterons que la circoncision qui se pratique chez les Juifs, depuis un temps immémorial, n'est pas héréditaire, et il n'y a aucune raison pour que la pratique similaire chez les filles et celles d'un autre genre, mais de la même gravité, sur d'autres points du corps, le soient davantage.

Considérons à présent d'autres mutilations bien plus sérieuses, apportant dans l'organisme un trouble beaucoup plus profond et qui, cependant, sont complètement intransmissibles, ainsi que nous allons en donner la preuve en les énumérant.

Le premier exemple que nous citerons est celui de la déformation toulousaine, qui, nous devons le dire, n'a jamais été intentionnelle et ne résulte que d'une habitude fâcheuse, commencée et entretenue par l'ignorance des habitants des campagnes, où elle a régné jusque dans ces dernières années. Mais elle a fini par disparaître à peu près complètement, grâce surtout aux efforts des médecins, frappés des conséquences qui en résultaient. Elle consiste à serrer la tête des enfants, dès leur naissance, au moyen d'un béguin passant par le sommet de la tête et noué fortement au-dessous du cou.

---

[1] Godron, *De l'Espèce*, t. II, p. 298 et suiv.

Cette compression annulaire qui, nous le répétons, n'était pas systématique, n'en avait pas moins des effets déplorables, car la statistique des affections mentales du département de la Haute-Garonne présentait un chiffre plus élevé que celui des départements voisins, et il était rationnel de le rapporter à la coutume déformatrice du crâne.

Cette coutume a fini par tomber en désuétude, et il est arrivé ceci, que les investigations dirigées dans le but d'éclairer la question de l'hérédité de la déformation ont montré que cette hérédité est nulle. En effet, les têtes des Toulousains ne se distinguent plus aujourd'hui de celles des habitants des départements limitrophes ; en outre, les maladies mentales sont descendues au chiffre qu'elles présentent ailleurs.

Nous arrivons aux déformations qui ont bien réellement un caractère intentionnel et systématique, et qui, comme les précédentes, portent sur la tête.

Ici, la question de l'hérédité a été résolue en sens inverse par des observateurs, d'ailleurs très compétents. Ainsi Gratiolet, étudiant devant la Société d'anthropologie, en 1861, un crâne de Mexicain totonaque actuellement déposé au Muséum, croyait y reconnaître des traces de la déformation spéciale aux anciens indigènes, atténuée sans doute, mais encore visible, et dont l'action seule de l'hérédité expliquait à ses yeux la persistance ; d'Orbigny, Morton et presque tous les autres américanistes semblaient au contraire s'accorder à penser que, pour que la déformation persiste chez un peuple, il faut qu'il y ait persistance des manœuvres déformatrices.

Le muséum de Paris a reçu tout récemment de M. Ber trois crânes d'Aymaras modernes, descendant évidemment du peuple américain qui s'est le plus énergiquement défiguré. Or, aucun de ces crânes ne présente d'affinité morphologique avec les Aymaras déformés des anciens tombeaux des indigènes des départements d'Orurò, la Paz, Puno, Aréquipa, etc., etc. De même les Chinooks de Colombia River (Washington, U. S. A.), non déformés, parce qu'ils sont esclaves, et dont Morton et Scowler ont produit des spécimens, n'offrent rien qui puisse faire soupçonner l'hérédité dans la déformation; il en est de même encore des Quéchuas du Pérou maritime, des Caraïbes, etc., etc.

L'assertion de la transmissibilité des mutilations artificielles du crâne, qu'on trouve exprimée chez quelques écrivains et notamment dans l'intéressante étude de A. Brierre de Boismont sur l'hérédité, ne repose que sur des observations insuffisantes et doit faire place à une interprétation toute contraire [1].

La déformation dont parle Gratiolet n'a pas la signification héréditaire que ce savant a cru devoir lui attribuer; elle est réellement le résultat de manœuvres artificielles, et son atténuation dépend de ce que la pratique actuelle, imitée de celle des ancêtres, est beaucoup moins énergique qu'elle l'était autrefois;

---

[1] *Annales d'hygiène publique et de médecine légale*, 2ᵉ série, janvier 1875, nᵒ 87, p. 171.

elle tend, d'ailleurs, à disparaître de plus en plus, et cela grâce aux obstacles et aux interdictions que lui suscitent les Européens. C'est ainsi que finira par s'effacer complètement une coutume très répandue jadis en Europe, ainsi que l'attestent les sépultures préhistoriques, et qui a été usitée également dans quelques régions de l'Asie, en Chine, au Japon, aux îles d'Andaman, etc., etc.

Quel but se proposait-on en déformant et en rendant ainsi monstrueuses les têtes? Bien des conjectures ont été faites à ce sujet.

Partant d'idées théoriques, certains auteurs ont avancé que les peuples qui aplatissaient le front avaient en vue de développer les instincts guerriers, et ils ont proposé de donner à cette espèce de mutilation le nom de *déformation du courage ;* celle qui, au lieu d'écraser le front, le relevait en aplatissant l'occiput, a été appelée *déformation de prudence,* parce que l'on considérait que, dans ce cas, la partie antérieure du cerveau s'exagère et entraîne une expansion des facultés intellectuelles.

Dans le *Traité des airs, des eaux et des lieux,* Hippocrate parle d'un peuple qui habite dans le voisinage du Palus-Méotide, et qu'il appelle des Macrocéphales, se caractérisant par une tête plus allongée que chez les autres peuples.

Cette indication géographique est très exacte; en effet, récemment, le docteur Rathke a signalé la découverte en Crimée de crânes ayant la forme de ceux des macrocéphales et il n'y a aucun doute que ce

soient des ossements du peuple décrit par Hippocrate :
M. Littré, dans son édition des œuvres d'Hippocrate
(t. IV, p. 11), rapporte cet intéressant passage du mémoire de Rathkal. Il paraît que cette déformation
était un signe de distinction et ne se pratiquait que
dans les familles nobles : mais Hippocrate ajoute que
cette forme s'identifie si bien avec la nature, qu'elle
finit par se fixer et rendre l'art inutile ; sur ce point,
nous ne pouvons que répéter ce que nous disions
quelques lignes plus haut, et refuser à la macrocé-
phalie des Palus-Méotidiens d'Hippocrate la faculté
héréditaire [1].

Quand on soumet à une analyse sérieuse des questions de cette nature, il est difficile de se refuser à
admettre qu'un organe tel que le cerveau ne saurait
être ainsi gêné dans son essor sans qu'il en résulte un
danger pour l'intégrité de son fonctionnement ; c'est
la solution à laquelle sont arrivés tous ceux qui ont
observé avec soin les peuples qui se livrent actuellement encore à cette pratique.

Dans une excellente monographie, ayant pour
titre : *Essai sur les déformations artificielles du crâne*,
M. L.-A. Gosse, de Genève, a consacré à l'étude de
ce problème un chapitre (§ IV) dans lequel il démontre
que les déformations artificielles troublent les rapports normaux qui existent entre le crâne et le
cerveau, et qu'il en résulte une perturbation correspondante dans la santé générale, et surtout dans l'intelligence et le moral.

[1] P. 358, traduct. Daremberg, 1855.

Cependant, dans les conclusions qui terminent son étude, M. Gosse fait une distinction entre les déformations qui agissent sur la partie antérieure et celles qui portent sur la région postérieure.

Selon lui, les premières seraient plus ou moins nuisibles à l'harmonie des facultés intellectuelles, et elles favoriseraient l'ardeur des passions irréfléchies ; quant à celles qui écrasent la région postérieure, il pense que, loin d'enrayer les facultés intellectuelles, elles leur auraient été plutôt favorables en rétablissant l'équilibre entre les différents départements du cerveau. Ces deux résultats correspondent, bien entendu, aux déformations lentes et modérées ; néanmoins, nous ne pouvons nous associer à ces conclusions. Nous nous représentons le cerveau comme un composé de parties dont l'harmonie matérielle est la condition absolue de l'harmonie fonctionnelle ; si la première vient à être rompue, et c'est ce qui se produit nécessairement dans toute déformation, il est fatal aussi que la seconde éprouve le même sort.

Quant à la persistance héréditaire des déformations artificielles du crâne, M. Gosse l'admet [1]. C'est un point qui, cependant, nous paraît exiger de nouvelles recherches, dont on comprend l'importance, puisqu'il touche au grave problème de l'hérédité des passions, et conséquemment à celui de la responsabilité ; mais, sans contester à cet écrivain la légitimité de ses conclusions, nous leur opposerons des conclusions contraires pour les conséquences qu'en-

[1] Conclusions 9, 10, 11, p. 151.

traîne la mutilation que subissent les pieds de la femme chinoise. Nous avons publié, sur ce sujet, un travail qui nous paraît ne laisser aucun doute à cet égard [1]. Cette mutilation n'exerce aucune influence sur la vigueur de la race, car il est difficile d'admettre que les souffrances de deux années, que durent en moyenne les manœuvres déformatrices, ne retentissent pas plus ou moins sur la constitution des femmes.

Ces souffrances sont d'ailleurs telles, que quelques-unes en meurent ; d'autres en sont si ébranlées, que leur vigueur native est enrayée avec leur développement général ; aussi leur taille et leur musculature, comparées à celles des hommes, sont-elles manifestement au-dessous des proportions relatives ; elles sont très souvent d'aspect grêle et chétif dans les villes. Quant à celles des campagnes, qui ont été moins savamment mutilées et dont les pieds ne sont pas descendus à cette exiguïté que les matrones habiles et de haut salaire peuvent seules obtenir, elles se rapprochent davantage du type robuste des hommes, parce que, d'autre part, leur vie en plein air contrebalance la séquestration habituelle des femmes des villes ; leurs pieds ne sont, en un mot, qu'à demi monstrueux.

Or, et pour répondre à la question que nous posions plus haut à propos de l'influence héréditaire de cette mutilation sur la vigueur de la race, nous interrogeons les faits et nous voyons que la nation chinoise

---

[1] *Considérations sur la valeur de la mutilation des pieds de la femme chinoise* (**Bull. Soc. d'anthrop.**, novembre 1871).

est certainement robuste et féconde ; l'est · elle aujour-
d'hui autant qu'autrefois, alors que cette coutume
barbare n'existait pas ? — Il est difficile de présenter
une solution précise, catégorique à cette question : en
effet, comparée à l'âge de la civilisation chinoise, la
mutilation est pour ainsi dire de date récente : cependant elle remonte à près de dix siècles, et en admettant qu'il y ait eu détérioration physique de la
race, il serait nécessaire d'établir le fait d'après des
documents attestant que cette dégénérescence a commencé au moins quelque temps après la pratique,
car celle-ci s'est très promptement généralisée.

Conséquemment, et tout en reconnaissant, comme
nous l'avons fait quelques lignes plus haut, que les
femmes chinoises portent toute la vie l'empreinte
des souffrances de leurs premières années, il n'en
faut pas moins constater que leur fécondité n'a guère
été atteinte [1].

Quant à l'hérédité de la monstruosité elle-même,
existe-t-elle ? Non. S'il en était autrement, cette hérédité se révélerait par une étroitesse plus marquée
des pieds, rappelant le genre de déformation connue
sous le nom de *pied bot équin;* or, cela n'est pas.
D'un autre côté, l'influence ne serait pas exclusive à
un sexe : elle s'étendrait aux deux, tandis que les
nouveau-nés, à quelque sexe qu'ils appartiennent,
viennent au monde sans la moindre apparence de
monstruosité : les pieds sont harmoniques dans leurs

---

[1] *Statistique de la population en Chine,* par le docteur E. Martin
(*Bull. Soc. géograph.,* mars 1872).

proportions ; enfin, dans l'ouvrage que le docteur
Scherzer a publié d'après les documents coordonnés
par la commission scientifique de la *Novara,* dont il
faisait partie, se trouvent des mensurations d'où il
résulte que les Chinois ont des pieds plus petits que
ceux de beaucoup d'autres peuples, mais sans que
cette petitesse comporte la moindre irrégularité et
ait par conséquent rien de commun avec la déformation que lui donnerait une empreinte spéciale, si elle
était héréditaire ; donc cette influence n'existe pas.

Darwin émet une opinion très réservée sur cette
question de l'hérédité des mutilations provoquées en
général ; il l'admet, mais surtout et peut-être seulement, dit-il, lorsqu'elles sont accompagnées de maladies ; il s'appuie sur cette observation qu'il cite de
Brown-Séquard : ce physiologiste a constaté que, chez
les animaux soumis à des expérimentations déterminant des attaques d'épilepsie, celles-ci se transmet-
tent aux petits des animaux ; dans ce cas, ce n'est
plus la mutilation qui est héritée, mais le trouble
nerveux auquel elle a donné lieu.

Les causes de l'hérédité sont mystérieuses : il
semble que le caprice seul gouverne ce phénomène
dont M. Chevreul a dit que, parmi tous les faits de
biologie, le plus impénétrable est celui de l'hérédité[1].

Mais, si les causes sont inconnues, les effets se ré-
pètent dans certaines conditions [2] qu'on peut étudier

---

[1] *De la variation chez les animaux,* etc., t. II, p. 24.
[2] *Considérations générales relatives à la matière des êtres vivants,*
1837.

et grouper et desquelles se dégage une série de lois.

Les considérations dans lesquelles nous sommes entré au cours de ce chapitre et les faits que nous avons reproduits et analysés nous conduisent à formuler les conclusions suivantes relatives à l'hérédité des monstruosités :

1° L'hérédité tératologique présente son maximum d'intensité dans les anomalies légères.

2° Sa puissance est encore considérable dans les anomalies graves et dans les monstruosités proprement dites, mais à la condition que l'organe reproducteur ait conservé son intégrité et que le degré de viabilité propre à la malformation permette au monstre d'atteindre l'âge adulte.

3° L'état anormal étant sans cesse ramené au type primitif par les efforts constants de la nature, cette hérédité n'a qu'une durée limitée.

4° L'hérédité est parfois faible, capricieuse et disproportionnée, d'où il résulte qu'elle échappe à toute prévision.

5° Dans la monstruosité composée, l'hérédité est nulle ou semble obéir aux mêmes lois de transmission que la gémellité.

6° L'hérédité des monstruosités échappe à la loi de la correspondance de l'âge ; c'est-à-dire que, tandis que les maladies transmises aux enfants n'apparaissent pas seulement à la naissance, mais peuvent éclater à toutes les périodes de la vie et jusque dans la vieillesse, au contraire, l'hérédité tératologique est toujours congénitale.

7° Elle procède d'un évènement perturbateur initial, c'est-à-dire que, dans beaucoup de cas, elle se manifeste dès les premières phases de l'incubation maternelle.

8° L'influence des deux procréateurs dans la production des monstres résulte de la proposition précédente ; mais il y a des cas où la monstruosité est postérieure à la fécondation ; par conséquent, si la recherche de la part respective prise par chaque procréateur à la transmission des phénomènes physiologiques et pathologiques, quoiqu'elle ait jeté des lumières sur les divers modes d'hérédité, n'a pas cependant abouti à une théorie définitive, l'hérédité tératogénique peut, avec certitude, être rapportée à la mère dans la proportion des cas où la monstruosité est initiale.

9° L'hérédité des mutilations accidentelles est douteuse : les faits rares d'ailleurs qui ont été apportés à l'appui de cette thèse ne semblent pas suffisamment dégagés de la coïncidence de causes qui n'ont aucun rapport avec eux, pour qu'on doive les considérer comme démonstratifs.

10° Dans le domaine de la zootechnie, les anomalies que provoquent l'art et la sélection sont susceptibles, après un certain nombre de générations, de fixer une race, mais à la condition que ces anomalies n'éprouveront pas d'interruption sensible et qu'elles porteront sur des organes déterminés et toujours à l'exclusion de l'appareil reproducteur. C'est en réalisant ces conditions qu'on arrive à produire des races semi-monstrueuses et même monstrueuses qui sont de véritables merveilles et d'immenses bienfaits pour l'industrie du bétail.

11° L'hérédité des mutilations et des monstruosités que certains peuples mettent en usage, semble nulle alors même que cette pratique s'étend sur une longue série de siècles ; cependant, lorsque l'action en est énergique, elle peut donner lieu à des perturbations, surtout si elle porte sur la tête ; ces perturbations éclatent du côté du système nerveux et le cerveau en reçoit le premier le contre-coup ; c'est dans ces cas que se manifestent des perversions qui peuvent revêtir le caractère de monstruosités morales.

CHAPITRE XI.

L'IMAGINATION ET LES MONSTRES.

Dans l'examen auquel nous venons de nous livrer des conditions appréciables de la transmission des monstruosités par l'hérédité, nous avons signalé l'obscurité qui règne en général sur la part qui revient à tel ou tel des deux générateurs; mais cette obscurité se dissipe, en partie au moins, lorsqu'il s'agit de faits tératologiques qu'on suppose avoir été produits postérieurement à l'acte fécondateur.

C'est en faisant intervenir l'action du système nerveux qu'on peut arriver à jeter quelque lumière sur ce sujet; en effet, d'après ce que la physiologie enseigne sur les propriétés de cet élément, il n'est pas possible qu'il ne joue pas un rôle considérable dans la production des faits que nous allons essayer d'analyser.

L'imagination[1] est cette faculté qui, dès la plus

---

[1] Cette expression pourrait être remplacée par celle d'*impression morale*; mais, l'usage l'ayant consacrée pour caractériser les faits que nous analysons, nous continuerons à nous en servir.

haute antiquité, a été investie d'un rôle considérable, celui de produire des dérogations aux lois naturelles.

La Genèse l'atteste par le récit où sont exposés les termes de l'accord intervenu entre Laban et Jacob au sujet de ce que ce dernier devrait gagner avant de retourner dans son pays [1].

Laban dit à Jacob : Que désirez-vous que je vous donne pour récompenser vos services ? — Rien que ceci, lui répondit Jacob : faites la revue de vos troupeaux, en séparant les brebis et les chèvres tachetées de plusieurs couleurs, et à l'avenir tous les petits qui naîtront avec une toison noire mêlée de blanc ou d'autres teintes m'appartiendront et seront la rémunération de mes services.

Laban accepta cette proposition : il livra à son gendre un troupeau dans lequel les brebis étaient toutes ou blanches ou noires, mais sans aucun mélange.

Jacob procéda alors de la manière suivante : il coupa des branches vertes de peuplier et d'amandier; il les dépouilla de leur écorce, mais à certains endroits seulement, de telle sorte qu'elles présentaient de distance en distance des lignes blanches qui tranchaient sur le vert; puis il plaça ces branches dans les canaux qui servaient d'abreuvoir au troupeau; il arriva alors que les animaux, en buvant, apercevaient ces branches, s'en trouvaient vivement impressionnés et mettaient bas des agneaux tachetés de blanc et de

---

noir, lesquels, suivant les conventions, devenaient la propriété de Jacob.

Mais ce dernier n'employait ce moyen qu'à la saison du printemps, quand les mères étaient sur le point de concevoir et que les petits provenant de cette portée réalisaient les conditions convenues ; si, au contraire, elles devaient mettre bas à la saison d'automne, il n'avait garde de placer les branches à demi écorcées dans les abreuvoirs, parce que les agneaux de cette portée étaient, d'après une des stipulations du traité, dévolus à son beau-père.

Ainsi, par l'artifice qui vient d'être exposé, Jacob arriva à s'enrichir d'un troupeau composé de brebis qui répondaient bien aux termes de la convention, puisqu'elles étaient toutes tachetées.

Nous ne discuterons pas la véracité de ce récit de la Genèse, ni la vraisemblance des résultats dus au stratagème de Jacob ; nous nous bornerons à constater ce fait que, dès les temps bibliques, on accordait à l'imagination la puissance de modifier la couleur de la toison des petits agneaux encore renfermés dans le sein maternel.

Nous pourrions citer d'autres faits tirés des Écritures et qui montrent le pouvoir de l'imagination, et ce sont surtout les prophètes, très coutumiers d'anathèmes et de malédictions, qui nous les fourniraient.

Mais nous passons à la Grèce, qui va nous donner un exemple remarquable de la croyance dans ce pouvoir : on rapporte qu'une princesse athénienne fut accusée d'adultère, parce qu'elle venait de mettre au monde un enfant dont le corps était de coloration noire : on supposait qu'elle avait eu des relations coupables avec un nègre. On fit appel aux lumières d'Hippocrate ; l'illustre médecin défendit l'honneur de la princesse et soutint que l'imagination de l'accusée avait pu être frappée, pendant le cours de sa grossesse, par la vue d'un portrait d'Éthiopien placé dans sa chambre ; il prétendit que l'impression qu'elle éprouva avait imprimé au fruit qu'elle portait dans son sein une couleur semblable à celle du nègre. La princesse fut acquittée.

Les détails de cette aventure sont trop peu précis pour qu'on puisse en tirer une induction bien sérieuse et savoir ce qu'elle renferme de vérité ; les relations adultérines sur lesquelles l'accusation se fondait n'auraient pu produire qu'un métis de demi-sang ; et il se pourrait aussi qu'Hippocrate, imparfaitement convaincu de l'innocence de sa noble cliente, n'ait eu recours à cet artifice et à cet ingénieux rapprochement que pour détourner la sentence de mort qui la menaçait.

Cette observation suggère donc les mêmes réflexions que le récit de la Genèse ; elle montre l'importance qu'on attachait au pouvoir de l'imagination, à laquelle on n'hésitait pas à rapporter des faits d'une très grande gravité.

Ambroise Paré n'oublie pas de l'invoquer ; il la désigne dans sa nomenclature des causes de la monstruosité : c'est la cinquième ; mais, au lieu de s'en tenir au simple énoncé, il cherche à montrer comment les actes qui mettent en jeu les ressorts de l'imagination ont une origine diabolique ; il est ainsi amené à dénaturer le rôle de cette faculté, et il finit par tomber dans l'erreur mystique.

Dans ses *Histoires prodigieuses*[1], Boiastuau ne manque pas non plus d'aborder ce sujet : il dit que les enfantements monstrueux sont dus à la malédiction de Dieu, qui punit ainsi les crimes que les nourrices commettent avec les jeunes enfants. Après avoir appuyé cette assertion de l'autorité de saint Hiérosyme, il relate le fait de Charles IV de Bohême, à qui on présenta une vierge velue autant qu'une ourse ; la cause de ce phénomène singulier était, disait-on, que la mère de cette jeune fille avait regardé avec une attention trop ardente l'image de saint Jean, revêtu d'une peau d'animal !

Malebranche nous a transmis l'histoire d'une femme qui, se trouvant dans une position intéressante, ne craignit pas de se rendre à l'exécution d'un criminel qui devait subir le supplice de la roue. Ce spectacle jeta un tel trouble dans son esprit que, lorsqu'à quelque temps de là elle mit au monde son enfant, elle s'aperçut que tous les membres du pauvre petit étaient rompus aux mêmes endroits que ceux du roué au supplice duquel elle avait assisté.

Que doit-on retenir de cette aventure ? Il n'est nullement impossible que l'ébranlement produit chez une femme par la vue d'une exécution horrible ait retenti

---

[1] T. I, § v.

jusque sur l'organe qui recélait un enfant : cet organe
est un muscle puissant ; s'il se contracte subitement
sous une forte excitation nerveuse, on comprend que
les membranes qui environnent et protègent l'embryon, cèdent, se déchirent, et laissent échapper le
liquide au sein duquel nage cet embryon, contre lequel viennent alors s'appliquer les parois de l'utérus,
de manière à déterminer des lésions et des fractures :
pareille chose a pu survenir chez la femme dont parle
Malebranche ; mais où l'invraisemblance commence,
c'est quand le narrateur nous dit que ces fractures se
sont produites au même point que chez le supplicié.

Ainsi, le fait rapporté par Malebranche possède un
grand intérêt au point de vue où nous sommes placé
en ce moment.

A propos de la discussion sur l'origine des monstres,
nous avons vu que le philosophe Régis explique comment la mère qui a éprouvé les passions d'un animal,
d'un singe par exemple, peut faire passer les caractères physiques de cet animal jusque chez l'enfant qui
vit dans ses entrailles ; il est impossible d'être plus
explicite sur le rôle que joue l'imagination, qui serait,
d'après Régis, un puissant agent de la monstruosité,
puisqu'elle peut convertir un être humain en singe [1] !

Il va sans dire que l'adversaire de Malebranche
raisonne théoriquement, car il n'apporte aucune observation à l'appui de l'opinion qu'il avance ; mais,
ainsi que nous l'avons fait observer, si cette opinion

[1] Voir le paragraphe VI de cet ouvrage, p. 123 et 124.

est scientifiquement absurde, elle a eu le mérite de battre en brèche les causes mystiques si déplorablement exploitées à cette époque, et de leur substituer une hypothèse rationnelle, n'ayant que le défaut d'être disproportionnée et exagérée.

Lavater raconte les infortunes d'une noble dame qui eut, en effet, le même sort que celle de Malebranche, et qui fut victime de son intempestive curiosité : elle voulut jouir du spectacle de l'exécution d'un condamné à la peine capitale et auquel on devait d'abord trancher le poignet : la hache du bourreau venait à peine de s'abattre, que cette dame fut prise d'un tremblement nerveux, et, malgré ses efforts, elle ne put attendre que la hache, en se relevant, fît tomber la tête du criminel ; elle se sauva précipitamment, et rentra chez elle dans un grand état d'agitation ; après quelques jours, elle mit au monde un enfant monstrueux, car il lui manquait une main : qu'était devenue cette main ? elle était restée dans le sein maternel, et la preuve, c'est qu'elle en sortit quelque temps après.

L'analyse de ce fait est toute simple : une section d'un membre, produite dans ces conditions, n'est pas chose impossible : une contraction soudaine et énergique de l'utérus peut la déterminer, et il y a dans la science des observations d'amputations fœtales qu'on ne peut révoquer en doute ; mais ce qui ne saurait être regardé que comme une pure coïncidence, c'est une section qui s'effectue précisément à la même place que celle sur laquelle est tombé le couperet du bourreau.

Dans un passage de son ouvrage[1], Sauval raconte qu'il a vu le fœtus d'une fille qui portait une tête de chat parfaitement conformée : « Cette pièce, dit notre historien, était conservée dans une fiole d'eau-de-vie, et elle était la propriété d'un curieux du cloître Saint-Merri. »

Voilà, par conséquent, une fille-chatte, dont l'origine bestiale est admise ; c'est au moins ce qu'on dit. Sauval, sans repousser la possibilité du fait, n'est cependant pas convaincu que, dans ce cas particulier, les choses se soient passées comme le bruit s'en est accrédité dans le public ; il n'expose pas les raisons qui le font douter, et il se contente de terminer son récit en disant que « ce phénomène peut tout aussi bien tenir de l'imagination de la mère que de sa brutalité ».

Il croit donc que, dans le cours de sa grossesse, la mère a pu être très effrayée par la vue d'une chatte, et qu'elle a enfanté ensuite un monstre félin[2].

Dans le troisième chapitre de cet ouvrage, nous avons signalé la divergence qui existe entre les démonographes au sujet du mode d'action de l'incube[3] : les uns admettent son intervention matérielle, et les autres la nient ; c'est ainsi que Torreblanca, l'un des plus illustres d'entre eux, estime que la perception mentale des fantômes peut troubler l'âme des mères et, par suite, entraver le cours de l'évolution du fruit

[1] *Antiquités de Paris,* p. 566.
[2] Ce monstre était probablement un anencéphale.
[3] Ch. III de cet ouvrage, p. 59.

renfermé dans son sein, au point de produire un monstre.

Au chapitre suivant[1], nous avons emprunté à l'histoire de France le récit des malheurs de la reine Berthe, qui, enveloppée elle-même dans l'excommunication que Rome venait de lancer contre son époux, avait mis au monde un enfant ridiculement monstrueux : on peut douter de l'analogie que cet enfant présentait avec une oie ; mais il n'y a rien d'impossible à ce que l'impression profonde que ressentit la mère, en apprenant l'anathème papal, ait produit des désordres du côté de l'utérus et, finalement, une malformation fœtale ; cette excommunication suivit de près le mariage, et nous avons montré que l'action perturbatrice est d'autant plus énergique et donne lieu à des effets d'autant plus sensibles qu'elle se trouve plus rapprochée de la conception ; en l'absence de détails précis sur le monstre royal, il est difficile d'assigner à ce dernier une place dans la classification tératologique : « Il était fort laid et avait un col d'oie, disent les historiens de l'époque ; les prédicateurs, en chaire, faisant connaître le décret d'excommunication, le dépeignaient comme un monstre hideux. » Éliphas Lévi, qui, dans l'*Histoire de la magie*, raconte la chose, prétend qu'il ressemblait à un de ces démons que le moyen âge a rendus si laids : il est assez probable que ce devait être un anencéphale, c'est-à-dire un enfant privé de la presque totalité du crâne, ce qui facilitait

---

[1] Ch. iv, p. 77.

sa ressemblance avec une oie, attendu que les émotions vives se traduisent par un phénomène de compression qui, en agissant sur la région la plus volumineuse de l'embryon, c'est-à-dire sur la tête, la réduit et fait paraître le col plus allongé qu'il n'est en réalité.

Il est certain qu'aux époques de démonolâtrie, la frayeur que les supplices de l'Enfer ont exercée sur l'âme des femmes n'a pas été étrangère aux formes monstrueuses des enfants qu'elles engendraient, et sur lesquelles les chroniqueurs ont encore renchéri, et l'on se souvient que c'est la conclusion à laquelle nous sommes arrivé [1].

Quel est le sentiment des alchimistes sur le sujet que nous chercherons à élucider? L'un des plus célèbres, van Helmont, soutient que la terreur qu'inspire Satan est capable d'ébranler l'organisme maternel et de déterminer la production d'un enfant monstrueux. Mais van Helmont entre dans des considérations mystiques, car il lui était difficile de heurter les idées régnantes; pourtant, il est juste de reconnaître qu'il accorde à l'imagination un rôle perturbateur en l'absence de toute intervention matérielle du démon [2].

Si nous consultons les tératologues, nous voyons que la plupart d'entre eux attribuent à l'élément moral une action puissante dans la genèse des monstres.

C'est ainsi que Palfyn [3] admet son influence en

---

[1] *Démonologie*, ch. III de cet ouvrage.
[2] Ch. IV de cet ouvrage, p. 83.
[3] Ch. V de cet ouvrage, p. 95.

l'étendant non pas seulement à la mère, mais encore au père ; dans ce dernier cas, elle serait tout à fait initiale, c'est-à-dire se ferait sentir au moment même où s'accomplit l'acte générateur ; il va sans dire que c'est une simple vue théorique que l'insuffisante autorité de Palfyn ne pouvait arriver à établir et à faire passer dans la science.

Salgues (J.-B.), auteur d'un *Traité des erreurs et préjugés répandus dans les diverses classes de la société*[1], prétend que l'imagination n'est pour rien dans la production des monstres, et la raison qu'il donne, c'est que les animaux en engendrent ; mais cette preuve n'a aucune valeur. Sans doute les animaux ne sont pas doués de cette faculté dans le sens que nous lui attachons lorsqu'il s'agit de l'homme ; mais ce n'est pas non plus dans ce sens qu'il convient de prendre cette expression, appliquée au sujet qui nous occupe. Dans une note, au commencement de ce chapitre, sans être entré dans une discussion sur ce point, nous avons dit que l'imagination est cette puissance qu'a tout être doué d'un système nerveux de se sentir impressionné à la vue ou au récit d'un fait extraordinaire ; or, les animaux sont, tout autant que l'homme et souvent plus que lui, émus au spectacle de scènes auxquelles ils ne sont pas accoutumés ; de la crainte ils passent à la terreur, si le spectacle revêt un caractère épouvantable et s'ils ont conscience qu'ils courent un grand péril.

---

[1] Paris, 1818.

La proposition de Salgues contient donc une erreur physiologique, et il est assez curieux de trouver chez cet écrivain le récit d'un fait qui infirme sa manière de voir. En effet, il raconte qu'à Stap, en Normandie, vers 1775, un chat couva des œufs de cane : après quelques jours on vit éclore des êtres amphibies participant de la nature du chat et de celle de la cane.

Thomas Brown, ce célèbre médecin anglais qui, tout ennemi qu'il fût de la superstition, n'en croyait pas moins au diable et faisait condamner les sorciers, cite, entre autres préjugés très répandus dans son temps, celui qui consiste à croire qu'une femme grosse doit éviter de regarder un mort, sous peine de mettre au jour un enfant livide[1].

Quelle est l'opinion d'Etienne Geoffroy Saint-Hilaire sur ce point? On la trouve exprimée dans un article du *Dictionnaire classique d'histoire naturelle*[2].

Il commence par nier l'influence de ce qu'on appelle *les regards*. Cependant, il importe de faire à ce propos une distinction ; en effet, s'il s'agit d'un *mauvais sort* jeté par un ennemi supposé et auquel on rapporte la naissance d'un enfant monstrueux, il va sans dire que c'est là une croyance absurde, un fait de pure superstition ; mais s'il s'agit d'une prédiction sinistre lancée inopinément et susceptible de produire une impression profonde, il se peut que l'enfant en

---

[1] *Essai sur les erreurs populaires*. Paris, 1733 et 1742. traduit par Souchay.

[2] T. XI, p. 40, art. MONSTRE.

éprouve lui-même le contre-coup et naisse difforme et monstrueux.

Il ne semble pas à Etienne Geoffroy Saint-Hilaire que les peines morales influent autant qu'on la cru sur le développement des germes; il base sa conviction, à cet égard, sur les données fournies par la statistique de Paris, relativement aux naissances; il voit que, dans le cours de l'année 1821 par exemple, il y a eu près de seize mille enfants légitimes et environ dix mille illégitimes. Il estime que, parmi les milliers de mères qui ont mis au monde ces derniers, un certain nombre se sont trouvées dans des conditions physiques déplorables et ont été accablées sous le poids de la réprobation; qu'en un mot, elles ont enduré des peines cruelles et de vives émotions. Or, recherchant la quantité de monstres qui ont été signalés dans cette même année, il n'en trouve qu'un ou deux. Ce chiffre est très probablement inférieur à la réalité. En effet, le nombre des infanticides est proportionnellement plus considérable dans les grands centres que partout ailleurs, mais il est également plus facile de les dissimuler, et, dans ce nombre, il y a des cas tératologiques qui passent inaperçus. Cependant, Etienne Geoffroy Saint-Hilaire a raison de croire que des peines morales prolongées sont susceptibles de réagir sur le fruit en le rendant plus chétif, en diminuant sa vitalité, mais nullement en en faisant un monstre, ce qui suppose non plus une influence générale, mais une action exercée sur un ou plusieurs points déterminés.

Et. Geoffroy Saint-Hilaire ajoute que si on substitue à des chagrins lents une émotion soudaine et vive, les conséquences sont tout autres ; il cite comme exemples à l'appui les trois monstres suivants : le premier, connu sous le nom d'*anencéphale* de Bras, vint au monde dans des circonstances singulières : la mère, grosse de quelques semaines, est subitement frappée par un crapaud que son beau-père venait de jeter sur elle sous prétexte de la guérir de la crainte qu'elle avait toujours éprouvée à l'aspect de cet animal ; mais ce fut un vilain jeu, car elle accoucha d'un monstre et elle n'en conserva pas moins son instinctive horreur pour les reptiles.

Le second exemple est celui de Patare, anencéphale comme le précédent. Sa mère fut un soir accostée brusquement et assaillie par des malfaiteurs, qui la laissèrent évanouie de frayeur ; quelque temps après, elle enfanta un monstre.

Le troisième fait se rapporte à une femme qui, sans y avoir été préparée, apprend tout à coup que son mari vient de périr dans un incendie qui a éclaté à Bercy ; elle reste glacée de terreur, et, quelque temps après, met au jour un monstre du même type que les deux précédents, et qui, dans les descriptions des observations de cette espèce, est connu sous le nom de *l'anencéphale de la Seine*.

Et. Geoffroy Saint-Hilaire, cherchant à expliquer ces faits, admet que l'utérus entre en contraction immédiate au moment de l'émotion ressentie par la mère ; il en résulte que l'œuf est pressé de tous les côtés ;

ses enveloppes protectrices finissent par céder elles-
mêmes à l'énergie de cette pression, qui agit alors
directement sur l'embryon, dont l'extrême délicatesse
de la trame, surtout pendant les premiers mois de
son évolution, se prête très facilement aux lésions
et aux déformations.

Il existe sans doute une très grande proportion de
ces expulsions prématurées de l'embryon, dues à des
accidents de cette nature, et dont la gravité a été telle,
qu'elle a occasionné la mort du produit. Mais si ces
accidents n'eussent pas atteint ce degré, l'embryon,
continuant à se développer, serait né monstrueux.

Qu'on suppose maintenant un de ces ébranlements
qui, à certaines époques, affectaient un caractère épi-
démique, ainsi que nous l'avons vu[1] ; ce ne sont plus
alors les annexes de l'embryon qui sont les premiers
frappés, mais l'embryon lui-même, qui est atteint
dans un des organes essentiels à la vie ; cependant, il
peut encore parcourir les diverses phases de l'existence fœtale ; mais, arrivé au terme, il naît monstre et
occupe un rang plus ou moins élevé dans l'échelle de
la viabilité, suivant l'intensité du trouble tératogénique qu'il a éprouvé.

Un autre cas se présente : la perturbation ressentie
par la mère est arrivée jusqu'au fœtus, mais sans lui
imprimer de marques extérieures : c'est l'organisme
tout entier qui a été ébranlé et dont l'équilibre a été
rompu : alors, au lieu d'une monstruosité physique,

---

[1] Ch. iii et iv de cet ouvrage.

on aura un être capable de vivre, mais chétif, débile, en un mot une monstruosité physiologique, et souvent une monstruosité intellectuelle, c'est-à-dire un idiot.

Isidore Geoffroy Saint-Hilaire a lui-même discuté le problème[1] : il regarde comme indéniable l'influence des émotions immodérées et soudaines, comme indifférente ou à peine marquée celle des impressions faibles, et enfin comme nulle celle des passions ordinaires. Il fait observer que c'est principalement du côté de la tête qu'apparaît la monstruosité : à l'appui de cette manière de voir, il reproduit les exemples cités précédemment et qu'il emprunte à son père ; il y ajoute celui d'une femme superstitieuse qui, séduite par un juif, et, fort effrayée des suites d'une union qu'elle croit sacrilège, se voit aussitôt assaillie par les esprits infernaux, qui revêtent des formes hideuses et ne lui laissent aucun moment de repos : arrivée au terme, elle enfante un monstre privé de tête.

Isidore Geoffroy Saint-Hilaire ne néglige pas de dire ce qu'il pense de ce préjugé, très répandu autrefois, qui n'a point encore disparu de nos jours et qu'on retrouve hantant parfois le cerveau des femmes appartenant aux classes les plus éclairées de la société : ce préjugé consiste à établir un rapport entre certaines anomalies et la forme, la disposition, la couleur, tous les aspects enfin d'un objet qui a impressionné avec plus ou moins de vivacité la mère

---

[1] *Anomalies de l'organisation*, t. III, p. 543.

dans le cours de sa grossesse : ainsi, qu'un fruit, une
fleur, aient été ardemment désirés, et qu'on aperçoive
sur le corps du nouveau-né une tache qui tranche sur
le reste de la peau, on y verra l'image de ce fruit ou
de cette fleur.

Vulgairement, cette prétendue disposition porte le
nom d'*envie* : le médecin y voit simplement une tache
mélanienne, c'est-à-dire une accumulation de pigment, ou une modification partielle imprimée au
réseau vasculaire de la peau.

Quelques physiologistes, Everard Home, entre autres, sont tout disposés à admettre comme possible
un rapport de causalité entre ces manifestations et
les objets qui sont indiqués comme les ayant déterminées ; mais ces physiologistes avancent cette
proposition sans l'appuyer d'arguments sérieux, et
il est difficile de trouver, au fond des faits qu'ils
invoquent, autre chose que des accidents fortuits,
ne se rattachant par aucun lien logique aux causes
que seule l'imagination excitée suggère.

Isidore Geoffroy Saint-Hilaire raconte qu'une
femme, ayant vu son mari écorcher un lièvre, en fut
vivement frappée ; elle prédit que l'enfant qu'elle portait dans son sein serait atteint d'un bec-de-lièvre : sa
prophétie se réalisa.

Or, que faut-il voir dans cette aventure, en effet
assez singulière ? Le médecin appelé auprès de cette
femme la donne comme une preuve de l'influence
de l'imagination sur le fœtus ; mais I. G. Saint-Hilaire fait justement remarquer que pour une fois où

une prédiction de ce genre se vérifie, il en est un
nombre incomparablement plus grand où elle se
trouve en défaut.

Lorsque certaines passions s'en mêlent, ce ne sont
plus alors des objets indifférents qui sont allégués
comme source de ces anomalies ; on fait intervenir
des influences spéciales, caractéristiques de l'essence
même de ces passions. C'est ainsi, rapporte Isidore
Geoffroy Saint-Hilaire, qu'un enfant qu'une dame
pieuse venait de mettre au monde, avait sur un point
du corps un saint-sacrement très fidèlement dessiné [1] !
Il raconte ensuite l'histoire de cette petite fille, née
l'an III de la République française, et sur le sein
gauche de laquelle les assistants aperçurent l'image
d'un bonnet phrygien ! Et l'auteur que nous venons
de citer termine en faisant cette sage réflexion :
« Cette anomalie n'a rien de remarquable en elle-
même ; mais ce qui l'est beaucoup, c'est que le gouvernement de l'époque crut devoir récompenser, par
une pension de 400 francs, la mère assez heureuse
pour avoir donné le jour à une enfant parée par la
nature elle-même d'un emblème révolutionnaire [2] ! »

Lorsque Torkos écrivit l'histoire du monstre Hélène-
Judith, d'après les notes que son beau-père Rayger
lui fournit [3], il ne manqua pas de reproduire un détail que ce dernier, qui avait été le médecin du cou-

---

[1] *Histoire des anomalies*, t. I, p. 332.

[2] *Histoire des anomalies*, t. I, p. 333.

[3] C'est d'après ces notes que Buffon a tracé l'histoire, d'ailleurs
incomplète, de ce monstre, dont nous donnons la biographie au chapitre consacré aux célébrités tératologiques.

vent où furent élevées ses deux sœurs soudées, tenait
d'elles-mêmes : elles avaient souvent entendu dire à
leur mère que pendant qu'elle les portaient dans son
sein, il lui arriva un jour de voir deux chiens accou-
plés ; le biographe n'a garde de négliger cet événe-
ment, et c'est à lui qu'il attribue la soudure des deux
jumelles, « car, ajoute-t-il, un tel spectacle dut produire une très désagréable impression sur l'esprit de
la mère. »

La plupart des tératologues ont donné beaucoup de
retentissement à un monstre composé de deux filles
unies par le haut de la tête ; elles étaient donc oppo-
sées face à face, et il en résultait que l'une ne pouvait s'avancer sans que l'autre marchât à reculons ;
elles vécurent jusqu'à l'âge de dix ans. Mais l'une
étant morte, on crut qu'on pourrait impunément la
séparer de la survivante ; l'opération ne réussit pas.
Or, les biographes de ce monstre, et entre autres
Sébastien Munster, qui a fourni sur lui des notes très
complètes, ne manquent pas de signaler que la mère,
pendant le cours de sa grossesse, se rencontra avec
une autre femme dont le front vint heurter violem-
ment le sien, et ils ajoutent que c'est à cette circonstance qu'il convient de rapporter le genre de
monstruosité que présentait le métopage en question.

Ces idées superstitieuses dominent tellement à cette
époque, que tous les écrivains qui se livrent à des
descriptions tératologiques, recherchent et trouvent
toujours une circonstance se rapportant à l'imagination maternelle. Ces écrivains sont très nombreux ;

les plus intéressants à consulter sont G. Jouard, auteur d'un traité des monstruosités et bizarreries de la nature, dans lequel il se propose de mettre les mères à l'abri de l'influence et leur fruit à l'abri des affections de l'âme, de l'imagination, des frayeurs, des envies, des maléfices, etc., etc.

L'ouvrage de Louys de Serres, qui parut à Lyon en 1625, n'est pas moins curieux ; on y trouve l'horoscope de Louis XIV, dont l'auteur à prédit la naissance treize années d'avance. Il insiste sur les empêchements de la conception et sur la stérilité, et leur assigne pour causes les désordres de l'imagination.

En 1757, J. Blondel publia à Leyde un opuscule qui a pour titre : *Dissertation physique sur la force de l'imagination des femmes grosses sur les fœtus;* c'est un recueil d'anecdotes les plus singulières et aussi les plus invraisemblables, ayant trait au sujet que nous traitons.

Le travail de Demangeon[1], quoique postérieur à ceux que nous venons de mentionner, continue à refléter les préjugés traditionnels, qui sont autant d'obstacles à la saine critique des faits naturels. Cependant, le règne de ces préjugés touche à sa fin, et les opinions émises par les deux Geoffroy Saint-Hilaire peuvent être considérées comme l'expression de la vérité. Sans doute elles sont plutôt théoriques et ne résultent pas de recherches expérimentales, auxquelles ce problème se prête autant que les autres,

[1] *Considérations physiologiques sur le pouvoir de l'imagination maternelle durant la grossesse.* Paris, 1807.

mais elles attestent une fois de plus la sagacité et l'esprit scientifique de ces deux savants, qui font tant d'honneur à la France.

Or, ces recherches expérimentales ont été faites et ont donné des résultats tout à fait confirmatifs de leurs vues.

En effet, Müller [1] s'exprime ainsi :

« L'influence de l'esprit maternel sur le fœtus et sur sa constitution plastique existe-t-elle ? Certainement l'esprit possède cette influence sur les sensations et sur les mouvements ; mais l'a-t-il de manière à ce que l'idée d'une forme empreinte d'une couleur déterminée puisse, en modifiant le tissu de la peau, reproduire cette forme sur un point de ce tégument ? Transporté chez une femme enceinte, le pouvoir de l'esprit de la mère s'étend-il jusqu'à l'enfant enfermé dans son sein ? Certaines anomalies, comme les tumeurs verruqueuses, cèdent, dit-on, à des traitements sympathiques ; c'est là une modification du travail de nutrition, qui peut aller jusqu'à la disparition du produit anormal. Mais pour ce qui est de l'imagination des femmes enceintes, à laquelle on attribue quelque chose de positif, d'adéquate à la forme et au caractère de l'objet qui a déterminé l'impression, c'est tout différent et invraisemblable. Les rapports annexés aux monstres, que les provinces envoient à Berlin, font très souvent mention de cette influence, et ils entrent dans des détails très circonstanciés ; mais

---

[1] *Physiologie*, t. II, p. 544. 1842. Trad. franç.

l'analogie est la plupart du temps nulle. Combien y a-t-il de femmes qui éprouvent des émotions et des frayeurs sans que pour cela leur fruit s'en ressente en aucune façon? Un brusque ébranlement est capable de retentir sur le fœtus à tous les moments de la grossesse, mais sans qu'il y ait le moindre rapport entre le sujet de l'émotion et la lésion qu'on rencontrera sur le fœtus à sa naissance. »

Ainsi, le physiologiste allemand exprime une opinion qui ne diffère pas de celle des deux Geoffroy Saint-Hilaire et qui a cet avantage de s'appuyer sur des observations cliniques.

Darwin [1], reproduisant ce passage de Müller, estime que les arguments en sont très concluants; puis il ajoute que son père tient du docteur William Hunter que, pendant un certain nombre d'années, dans une des grandes maternités de Londres, on interrogea chaque femme avant les couches, dans le but de savoir si quelque chose de nature à impressionner vivement son esprit lui était arrivé pendant le cours de sa grossesse; la réponse était immédiatement consignée sur un registre particulier. Or, pas une seule fois on n'a pu rencontrer la moindre coïncidence entre les réponses des femmes et les cas d'anomalies qui se sont présentées sur les nouveau-nés. Mais, très souvent, il est arrivé qu'après avoir eu connaissance de la nature de l'anomalie, ces mères indiquaient une autre cause.

---

[1] *De la variation des animaux et des plantes*, t. I, p. 280. 1868.

Cette croyance à la puissance de l'imagination de la mère, ajoute Darwin, provient peut-être de cas d'enfants d'un second mariage, ressemblants au premier père, ce qui a lieu certainement quelquefois.

Cette dernière proposition qu'énonce Darwin a reçu le nom d'*hérédité par influence;* elle est admise par Ribot, qui la range au nombre des sept lois formulées par lui et relatives à l'hérédité directe. Le docteur Chapuis a constaté que chez le pigeon l'influence du premier mâle se manifeste quelquefois jusque dans les couvées subséquentes [1]; mais Darwin n'accepte pas ces faits comme définitifs, et il estime qu'ils méritent confirmation [2].

Si Darwin regarde cette hérédité par influence comme étant encore insuffisamment démontrée chez les animaux, nous avons vu, il y quelques instants, qu'elle lui paraît hors de doute dans l'espèce humaine, où l'intensité de l'action imaginative acquiert son maximum.

Forster soutient que l'imagination de la mère, pas plus que les chagrins ou les habitudes des parents, n'indiquent rien : cet auteur exprime, selon nous, une opinion juste, s'il entend par là le pouvoir qu'a l'imagination de produire des formes déterminées et spécifiques; mais il est en contradiction avec Müller, Darwin, etc., lorsqu'il nie la puissance perturbatrice de l'élément moral [3].

[1] *Le Pigeon voyageur belge,* p. 59. 1865.
[2] *De la variation des animaux,* t. I, p. 430.
[3] Forster, professeur d'anat. path. à Iéna, *Traité des monstruosités humaines,* in-4°.

Le sexe de la femme lui donne une sensibilité spéciale, en vertu de laquelle, dès que les facultés mentales et affectives viennent à être ébranlées, elle manifeste aussitôt des désordres généraux plus ou moins graves, et quand certaines fonctions sont en jeu, des réactions organiques puissantes; Hippocrate a fait un tableau exact de ces désordres, dans son *Traité des maladies des jeunes filles* [1].

« Dans ces cas, dit-il, l'intelligence est pervertie; la malade prononce des mots terribles; elle croit qu'on lui commande de se précipiter dans un puits et de s'étrangler; lorsqu'il n'y a pas de visions, elle éprouve un certain plaisir à souhaiter la mort de quelqu'un. En revenant à la raison, elle consacre à Diane beaucoup d'objets et surtout ses plus magnifiques vêtements, trompée qu'elle a été par les devins qui le lui ordonnent. »

Et il conseille le mariage comme le meilleur moyen de guérir cette affection, à laquelle il donne le nom de *manie,* et où l'on peut reconnaître les principaux symptômes de l'hystéro-épilepsie. Mais le mariage n'est pas d'une efficacité certaine, et on comprend que si un accès de cette nature surprend une femme alors qu'elle porte un enfant dans son sein, celui-ci sera exposé à en ressentir le contre-coup, à être déformé, à naître, enfin, avec une monstruosité.

Ces ébranlements de l'esprit amènent des résultats d'autant plus sérieux qu'ils coïncident avec une

[1] *Extrait des œuvres d'Hippocrate,* trad. Daremberg, p. 669.

époque où, quelque physiologique que soit la fonction qui s'accomplit chez la femme, cette fonction n'en entraîne pas moins des modifications dans les facultés affectives et intellectuelles.

Ceux qui sont livrés à la pratique des accouchements savent à quels phénomènes singuliers et parfois terribles ces changements peuvent donner lieu : tantôt l'amour se change en une antipathie insurmontable ; tantôt les caresses sont remplacées par des brutalités qui ne révoltent que les témoins, incapables de remonter à la véritable cause de ces actes inconscients. Un jour nous vîmes une mère demander conseil à Paul Dubois ; elle était grosse de quelques semaines ; par la main elle tenait son dernier enfant, âgé de quatre ans, qu'elle chérissait ; elle raconta à l'éminent médecin que, depuis le commencement de sa grossesse, elle était parfois prise de vertige ; alors elle roulait dans son âme un sinistre dessein ; elle voulait égorger son enfant ! — elle était jusqu'ici parvenue à résister à ces impulsions atroces en repoussant précipitamment le pauvre petit innocent hors de la chambre, puis en jetant par la fenêtre la clef de la porte qu'elle avait fermée ; car ces vertiges ne duraient que quelques instants, et elle parvenait bientôt à rester victorieuse dans la lutte où la fureur infanticide s'émoussait, pour ainsi dire, à ces efforts nécessités par l'heureux stratagème que son amour maternel lui suggérait.

Cependant, faibles au début, ces impulsions devinrent de plus en plus fréquentes et tyranniques ; il lui sembla que si elle avait été assez heureuse pour les maîtriser, elle ne devait plus tarder à en être l'esclave ; elle les sentait comme une obsession constante, comme un aiguillon s'enfonçant de plus en plus dans son âme, et l'horreur qu'elles lui inspiraient, — après le vertige évanoui, et le calme lui succédant, mais sans qu'elle eût perdu le souvenir du combat qui venait de se livrer en elle, — l'avait déterminée à demander un remède à une situation qu'elle pressentait devoir être, à un moment donné, irrésistible et fatale.

Les faits de cette nature ont été étudiés : assez rares dans le cours même de la grossesse, ils le sont moins après la parturition ; dans ce cas, ils relèvent de ce qu'on a appelé *la folie puerpérale*, et, bien qu'ils s'écartent de notre sujet, il importe cependant de les mentionner, parce qu'ils montrent combien tout ce qui touche à la fonction de la génération exerce des modifications profondes dans le système nerveux de la femme.

Les médecins aliénistes expliquent les fureurs maniaques qui éclatent après l'expulsion fœtale par des hallucinations morbides, d'où il résulte que, si le crime d'infanticide est commis dans un de ces accès de délire aigu, la femme n'est pas responsable. Dans ses considérations sur ce sujet, le docteur Marcé interprète les faits de cette nature dans le sens de la non-criminalité[1].

Le docteur Tardieu qui, dans son *Etude médico-*

---

[1] *Considérations médico-légales sur la folie des femmes enceintes*, etc. Paris, 1858.

légale sur l'infanticide[1], a consacré un chapitre sur les conditions que présente la femme accusée, a recherché si l'état mental, après la parturition, comportait en réalité l'immunité que le docteur Marcé lui accorde dans les cas d'infanticide ; il cite les faits de Gall [2], de Burdach [3] et d'autres auteurs ; il les soumet à une analyse de laquelle il résulte que ces faits n'auraient pas dû entraîner l'irresponsabilité, ainsi que cela a eu lieu pour la plupart ; il reconnaît aussi que parfois l'infanticide est l'œuvre de la folie, mais que cette folie revêt un cachet particulier, qu'elle est d'essence hystérique ou maniaque, et il reproduit à l'appui et comme contrastes avec les observations de Gall, celles du docteur Barbier d'Amiens et de Calmeil ; voici un extrait du livre de ce dernier [4] :

« La femme de Georges Wedering, âgée de vingt-quatre ans, modeste et vertueuse, met au monde une fille, le vingt-cinquième jour de novembre 1557 : le lendemain, elle se jette dans le puits de la maison ; on l'en retire, et après quelques jours elle est rétablie. A quelques semaines de là, elle se rend au puits, y précipite son enfant et rentre se coucher. La servante, effrayée, court au puits, qui lui revient à la pensée, et voit l'enfant sur l'eau. Après la prière faite au pied de son lit, la mère ouvre les yeux et commence à dire

---

[1] P. 226 et suiv. Paris, 1868.
[2] *Sur les fonctions du cerveau*, t. 1er, *Infanticide*, p. 372.
[3] *Traité de physiologie*, t. IV, p. 323.
[4] *De la folie au point de vue pathologique, philosophique, historique et judiciaire*, t. I, p. 200. Paris, 1845.

aux assistants : « Pourquoi m'avez-vous éveillée ? je jouissais d'un contentement indicible ; j'ai vu mon Sauveur ; j'ai ouï les anges ! S'estant remise à dormir, au bout de quatre heures elle s'éveille, se souvient de son enfant, et, ne le trouvant pas, s'afflige et se tourmente d'une façon pitoyable. »

Les opinions du docteur Marcé, mises à côté de celles du docteur Tardieu, sont-elles contradictoires ? — Nullement : sans doute elles peuvent créer un instant d'incertitude dans l'esprit des juges ; mais, finalement, elles profitent à la justice, en ouvrant une voie plus large aux investigations et en assurant aux faits une interprétation aussi conforme à la vérité que la science humaine le permet.

Pour nous, il ressort des derniers faits exposés que, dans la durée des fonctions génératrices, les conditions morales de la femme sont modifiées ; elle éprouve un ébranlement qui, dans la majeure partie des cas, laisse cependant s'accomplir en silence un acte physiologique, mais qui, parfois et grâce à une grande susceptibilité native ou acquise, retentit jusque dans l'organe qui est le siège de cet acte : alors le produit de la conception est plus ou moins atteint lui-même ; son évolution normale est troublée, et il peut naître affecté soit d'une anomalie, soit d'une monstruosité.

En résumé :

1° L'imagination, dans la procréation des êtres monstrueux, joue un rôle indéniable ;

2° Ce rôle est mécanique ; l'utérus en est l'agent : sa contractilité, excitée par un trouble nerveux, détermine une pression que l'embryon ne peut impunément supporter ;

3° En dehors de ces cas, l'imagination peut encore, après quelque trouble prolongé, retentir jusque sur cet embryon, mais sans produire de monstruosité proprement dite ; elle affecte l'état général, parfois l'intelligence et n'a rien alors de tératogénique ;

4° L'imagination, dont la fonction essentielle consiste à évoquer les images des objets et des êtres, n'a, en aucune façon, le pouvoir de reproduire ces images : les faits contraires sont sans valeur ; ce sont de pures coïncidences, lorsqu'ils ne sont pas dictés par la passion ou la superstition.

CHAPITRE XII.

LES MONSTRES CÉLÈBRES.

I

En dehors des monstres qui peuplent les religions et les mythologies de l'antiquité, il en est quelques-uns que l'histoire nous a transmis, et dont la science peut tirer quelque profit.

Cependant, ce n'est guère qu'aux siècles derniers qu'on rencontre des relations et des descriptions pourvues d'une somme d'exactitude et de réalité suffisante à constituer les éléments d'une discussion des divers ordres d'idées que soulève l'organisation physique, intellectuelle et morale de ces apparitions étranges.

Encore importe-t-il de ne pas se départir de la plus grande circonspection. Souvent, en effet, il arrive que des voyageurs, des savants, des anatomistes même, s'en laissent imposer par de simples apparences, et ne construisent leurs récits que d'après des matériaux insuffisants et des témoignages nuls ou incertains, sur lesquels vient encore renchérir leur imagination, égarée par la superstition et troublée par les passions politiques et religieuses, si ardentes à certaines époques de l'histoire de l'humanité.

Jean de Mandeville, par exemple, est un célèbre voyageur anglais du quatorzième siècle, qui, l'un des premiers, visita l'Asie et l'Afrique ; et cependant il raconte très gravement que certaines peuplades de l'Ethiopie n'ont qu'un pied et qu'il existe des montagnes habitées par des monstres vomissant des flammes !

Bartholin, anatomiste de premier ordre, faisant la description d'un monstre à trois têtes, affirme que l'une est bien celle d'un loup !

Une grande partie des histoires prodigieuses éparses dans les divers chapitres de cet ouvrage justifient suffisamment les réflexions qui précèdent. Que penser, en effet, du monstre gardien de Concini [1] ? que croire de cet oison que mit au monde l'infortunée et bien innocente reine Berthe ? Quoi qu'en prétende l'impitoyable bulle d'excommunication et quelque capital que pût être le péché de Robert le Pieux, qui en se mariant avec sa cousine se mettait en révolte ouverte avec l'Eglise et en contravention avec ses règlements, il est permis de n'être pas bien convaincu que la justice céleste ait dérogé aux lois naturelles au point d'infliger à une reine le châtiment d'enfanter un aussi pitoyable animal [2] !

Les mêmes réflexions et les mêmes doutes s'appliquent aux histoires de Castanenda [3], à celle des six

[1] Ch. iii, p. 65 de cet ouvrage.
[2] Ch. iv, p. 77, id.
[3] Ch. iv, p. 79, id.

petits porcins de van Helmont [1], au monstre velu qui sortit du sein de la jeune et belle demoiselle suédoise [2], etc., etc.

Cependant tous ces récits nous paraissent surpassés par celui que nous résumerons dans les quelques lignes suivantes : « Le 17 juillet 1681, le fleuve qui baigne Ciza, situé près du bourg de Bornitz, déposa sur ses rives un monstre horrible : c'est un corps de veau que surmonte un tête humaine, au sommet de laquelle se déploie un voile membraneux qui a la forme d'une mitre ; son front est très élevé, car il dépasse la hauteur d'une palme ; ses deux paupières sont tout à fait closes ; de chaque côté de la tête se dresse une oreille qui ne dépasse pas en dimensions celle d'un chat ; l'orifice gauche est complètement obturé ; les lèvres sont largement béantes, et elles laissent apercevoir deux rangées de dents ; le menton est orné d'un bouquet de poils, dont la disposition rappelle tout à fait celle de la barbe du bouc ; le cou est très allongé ; la poitrine ressemble à celle d'un veau ; les membres antérieurs se rapprochent eux-mêmes de ceux de ce dernier animal, tandis que les postérieurs ont la conformation des pieds du porc ; la peau du corps est presque partout noirâtre et glabre ; quant au sexe, il est féminin. »

Telle est la relation, due à la plume de Schreyer, qu'il n'y a aucune injustice à taxer d'excessive crédulité ; mais l'accusera-t-on d'exagération ? La chose

[1] Ch. iv, p. 83 de cet ouvrage.
[2] Ch. v, p. 85, *id.*

est délicate, car il prétend avoir vu et examiné cet
être horrible ; il ajoute qu'il eût été très intéressant
de rechercher la constitution intérieure de son corps,
mais qu'il en a été empêché par l'odeur insupportable
qui s'en exhalait ; ce détail n'a certes rien qui doive surprendre, car le cadavre du monstre avait très probablement séjourné quelque temps dans le fleuve, où
on ne s'était fait aucun scrupule de le jeter, à cause
de l'horreur qu'il inspirait. En effet, en tenant compte
des amplifications que le spectacle de cet être insolite
a suggérées à Schreyer, on ne saurait disconvenir
qu'il était encore assez affreux pour que l'on s'em-
pressât de s'en débarrasser le plus vite possible [1].

La nomenclature des monstres qui sont parvenus
à la célébrité ou tout au moins à la notoriété n'est pas
très considérable ; généralement, ils ne naissent pas
viables, en sorte que la brièveté de leur existence ne
leur laisse que de faibles chances de retenir l'attention publique ; on s'en désintéresse donc, et ils meurent peu d'instants après qu'ils ont vu le jour : quelques-uns, ceux surtout qui apparaissent dans les
hôpitaux, enrichissent les collections et les musées
spéciaux, après que le scapel a fouillé les arcanes de
leur organisation.

---

[1] Pendant toute la période des guerres de religion, il arrive très
fréquemment que la naissance d'un enfant monstrueux dans une famille catholique serve d'occasion à un écrivain protestant de se venger : le procédé qu'il emploie consiste à faire une description à laquelle
il donne pour titre : *Vitulo-monachus* ou *Porco-sacerdotes*. Il répond
ainsi, sans se compromettre trop, aux persécutions dont ses coreli-
gionnaires sont victimes.

C'est ainsi que les monstres ont leur utilité post-hume, et qu'à défaut d'une célébrité que leur éphémère apparition leur a refusée, ils sont dotés d'une sorte de légende, de tradition et de gloire scientifiques.

D'ailleurs, la plupart du temps ils sont hideux, et ceux qui, exceptionnellement, parviennent à franchir les limites que l'administration impose à leur exhibition, seraient exposés à n'être pas d'un bien grand profit pour les parents nécessiteux qui chercheraient à les exploiter.

Nous en trouvons cependant quelques-uns qui ont partagé la renommée de leurs congénères plus heureux, les monstres composés.

L'un des plus curieux est celui dont la relation nous a été transmise par Ambroise Paré et que nous reproduisons, parce que l'incompétence du grand chirurgien en matière de théorie tératologique ne saurait diminuer son exactitude descriptive.

« *Depuis quelque temps*, dit-il, *on a veu, à Paris, un homme sans bras, aagé de quarante années environ, fort et robuste, lequel faisoit presque toutes les actions qu'un autre homme pouvoit accomplir de ses mains, à sçavoir avec son moignon d'espaule et la teste, ruoit une coignée contre une pièce de bois, aussi ferme qu'un autre eust sçeu le faire avec ses bras : pareillement faisoit cliqueter un fouët de chartier, et faisoit plusieurs autres actions ; et avec ses pieds mangeoit, beuuoit et iouoit aux cartes et aux dez.* »

Il n'y a pas lieu d'être surpris que, parvenu ainsi sans bras ni mains à un tel degré de dextérité, le

pauvre diable soit devenu, grâce aussi sans doute à
de fortes aptitudes naturelles, larron, voleur et finalement meurtrier : c'est, en effet, ce qui advint ; car,
et c'est par là qu'Ambroise Paré termine son récit, le
monstre fut un beau jour pris, condamné à mort et
exécuté en Gueldre, « *à sçavoir pendu, et ensuite mis
sur la roue* ».

Une telle destinée n'a rien qui doive étonner
Ambroise Paré, qui, ainsi que nous l'avons vu, considère toute monstruosité comme fatidique et diabolique.

Vers 1739 naquit à Venise un enfant du nom de
Marc-Cattoze, qui passa la plus grande partie de son
existence à parcourir les grandes villes des diverses
contrées de l'Europe et à faire voir pour de l'argent
sa singulière monstruosité : celle-ci consistait dans
une absence complète de bras et de jambes ; mais
sur chaque épaule était greffée une main, comme de
chaque côté du bassin sortait un pied : tout cet ensemble lui donnait une grande analogie avec un
phoque. Or, ce phocomèle (tel est le nom que la
science donne à ce genre de monstres) vécut jusqu'à
l'âge de soixante-deux ans et vint mourir à Paris, où
l'on put pratiquer son autopsie. Il marchait très aisément et il pouvait même parcourir plusieurs kilo-
mètres sans éprouver de lassitude ; mais où il excel-
lait surtout, c'était dans le maniement d'un instrument
qu'il avait lui-même fabriqué, et qui, tenu par sa
main, lui permettait de se livrer aux exercices fami-
liers à un bras normal ; il ne manquait pas d'esprit,

et parlait plusieurs langues qu'il avait apprises pendant ses nombreuses pérégrinations.

Le *Recueil périodique de la Société de médecine de Paris*[1] donne le récit d'un monstre phocomèle bien plus alerte encore que le précédent ; il avait ingénieusement fait choix d'une profession pour laquelle la nature ne l'avait cependant guère favorisé, mais il n'en était que plus assuré d'attirer l'attention publique, qui l'encouragea et lui permit de devenir un acrobate habile et renommé.

Le choix de cet art est d'ailleurs traditionnel chez les phocomèles ; il existe au musée du Val-de-Grâce le squelette d'un monstre né sans bras gauche, et qui mourut à l'âge de quarante-cinq ans, laissant derrière lui la réputation d'un saltimbanque consommé.

Non moins habile était ce Thomas Schweicker, qui vint au monde sans bras ; mais, rompant avec la tradition de ses devanciers, il préféra se livrer à l'éducation de ses pieds : il arriva à pouvoir s'en servir avec la même dextérité que l'on se sert de ses mains ; il portait avec sûreté ses aliments et ses boissons à ses lèvres ; il calligraphiait très convenablement, et il employait de préférence les plumes qu'il avait lui-même taillées ; il paraît qu'il sculptait aussi et non sans quelque talent.

Dans une des séances de l'année 1806, l'Académie des beaux-arts de la ville de Bruges, ayant à décerner des prix, accorda une médaille à un jeune homme

---

[1] T. X, p. 30.

qui, privé de mains, était parvenu à tenir son crayon entre ses lèvres et à faire des dessins d'une exécution remarquable.

Qui ne connaît l'histoire de Louis Ducornet, né à Lille en 1806 ? Il vint au monde sans bras ; dès que son âge le permit, la prévoyance paternelle chercha le meilleur moyen d'utiliser les seuls membres qu'il eût de libres, et on l'exerça à la gravure de musique, qui n'exigeait que des mouvements peu étendus ; mais il n'y prenait aucun goût, et, dans les loisirs dont il pouvait disposer, il s'apprit tout seul à dessiner ; devenu plus grand, il obtint quelques succès à l'Ecole de Lille. Ces succès, et l'intérêt que sa monstruosité lui attirait, lui firent obtenir, sur la recommandation de Gérard, une pension du roi Louis XVIII. Ces nouvelles ressources lui permirent de venir à Paris ; il concourut pour le prix de Rome, mais il échoua. Cependant il ne se découragea pas et sa ville natale lui commanda une *Descente de croix* assez remarquable, qui se trouve à l'Arsenal de Lille ; la liste de ses œuvres est assez considérable, et celles-ci sont loin d'être dépourvues de mérite, bien qu'elles n'eussent pas eu autant de succès si elles n'avaient en même temps attesté ce que peut la patience et la volonté aux prises avec les difficultés les plus exceptionnelles.

Ducornet peignait, le gros orteil passé dans le trou de la palette, celle-ci s'appuyant sur le talon gauche ; entre le pouce et le deuxième orteil du pied droit, il tenait son pinceau ; lorsqu'il avait à brosser une toile, il assujettissait son pinceau entre ses dents : le travail assidu auquel il s'était livré, et le peu d'exercice qui en était la conséquence, avaient déterminé un amaigrissement des jambes, qui paraissaient quelque peu déformées; mais le pied, habitué à tenir le pinceau, ne participait pas à cette déformation : il était délicat dans sa forme, et comparable à un pied de femme ; il a été moulé et présenté à la Société d'anthropologie de Paris.

N'est-ce pas aux fonctions relevées que ce pied exerça pendant de longues années, qu'il convient de rapporter ce cachet de distinction qu'il avait fini par revêtir ? et ne peut-on voir là comme une protestation contre cette ironie de la nature qui s'était fait ainsi un jeu d'enfermer une âme d'artiste dans un corps de monstre ?

Louis Ducornet n'est d'ailleurs pas le seul peintre privé de bras qui soit arrivé à la célébrité ; on peut lire, dans Cowper, l'histoire détaillée de Kettel, qui a laissé des œuvres remarquables.

Nous glisserons rapidement sur ces deux monstres dont parle Kaw Boërhave et qui sont nés, en l'an 1754, à Saint-Pétersbourg. Leurs jambes étaient soudées, de manière à n'en plus former qu'une seule se terminant par un pied dirigé en arrière : ils présentaient donc quelque chose de la figure du poisson; cette similitude n'avait pas échappé aux anciens, qui en avaient fait leurs sirènes : c'est de là que ces monstres ont reçu le nom de *sirénomèles*. Mais l'analogie que la science a consacrée ne s'étend pas aussi loin que celle

des poètes; car leurs sirènes jouaient de la lyre et
elles en tiraient des accents si mélodieux, qu'Ulysse,
craignant de céder à leurs charmes, jugea prudent de
se faire attacher au mât de son vaisseau ; quant aux
sirènes de Kaw Boërhave, elles ne vécurent que quelques heures à peine, c'est-à-dire qu'elles atteignirent
la limite que ne transgressent jamais les monstres de
cette espèce.

Nous dirons quelques mots de ce Ledgewood que
l'on put voir à Paris, il y a quelques années.

Il était, à cette époque, âgé de près de cinquante
ans ; pour tout membre, il en était réduit à la jambe
gauche : encore cette jambe était-elle bien loin d'être
complète, puisqu'elle se terminait par quatre orteils.
Mais ce membre unique faisait de véritables merveilles, grâce à l'un de ces doigts, qui, bien qu'il fût
privé du mouvement d'opposition, avait cependant
fini par acquérir une souplesse et une flexibilité prodigieuses. Il saisissait une épingle ; il chargeait un
pistolet ; il tenait une plume, et écrivait fort convenablement ; il était parvenu à enfiler une aiguille, et
il s'y prenait de la manière suivante : il amenait à sa
langue l'une des extrémités d'un fil ; alors, saisissant
l'aiguille, il la plaçait de telle sorte que le chas se
trouvât près de cette extrémité ; puis, par un léger
mouvement d'aspiration, il faisait le vide, et aussitôt
le fil passait par le trou de l'aiguille.

Une très singulière monstruosité dont la réalité ne
peut être mise en doute, mais dont le degré et surtout la fréquence ont été exagérés par certains voya-

geurs [1], a décerné quelque célébrité à plusieurs personnages ; le docteur Prosper Lucas mentionne, d'après de Maillet, cet intrépide Cruvilier de la Cioutat, qui, après avoir fait pendant quelques années la course contre les Turcs, trouva la mort en Caramanie, sur un vaisseau qu'un marin incendia par vengeance. Son biographe dit qu'il était connu autant par l'appendice caudal qui terminait sa colonne vertébrale que par son extrême bravoure ; un de ses frères présentait la même anomalie. Cette même singularité s'est rencontrée chez un individu appelé de Barsabas, ainsi que chez sa sœur, qui avait fini par se faire religieuse. De Maillet a signalé également cette monstruosité chez un nègre qu'il a vu à Tripoli, et chez lequel l'appendice atteignait une longueur d'un demi-pied [2].

En 1875, on a pu voir à Paris un monstre à qui son barnum donnait le nom d'*homme-chien* ; c'était là une variante, car, quelque temps auparavant, ce même barnum l'avait exhibé, à Berlin, sous l'appellation

---

[1] C'est ainsi que Turner, dans ses récits, décrit une espèce d'hommes à queue vivant dans les régions lointaines de l'Asie. Ces queues, dit-il, sont fort gênantes pour eux, car, comme elles ne peuvent se ployer, ils n'arrivent à s'asseoir qu'après avoir creusé dans la terre un trou pour les placer. (*Voyage au Thibet*, 1800. 2 vol. in-8°.)

S'agit-il là d'une anomalie qui ne serait autre que celle dont il est ici question, ou bien cette espèce d'hommes ne serait-elle qu'une variété de singes qui n'auraient pas été l'objet d'un examen assez sérieux de la part du voyageur ?

[2] L'embryogénie rend compte de cette anomalie : chez le fœtus humain, le coccyx est d'abord prolongé pour contenir toute la moelle épinière ; celle-ci se retire peu à peu, et le coccyx la suit dans son mouvement de retrait, de sorte qu'à la naissance il est réduit à son

d'*homme des bois*, prétendant qu'il était issu du commerce d'une femme avec un ours.

En réalité, c'était un paysan russe, né dans le gouvernement de Kostroma, et dont le vrai nom était Adrien Jeftichjew. Son visage, sa tête et une partie de son corps étaient couverts de poils longs de plusieurs centimètres, de couleur brun-roussâtre, quelque peu laineux ; son aspect était assez celui d'un gros chien griffon ; son développement intellectuel laissait beaucoup à désirer, et, quelque présomption qu'il y eût qu'il était venu au monde très médiocrement doué, il n'est pas impossible que l'ivrognerie, pour laquelle il professait un culte ardent, entrât, pour une fort notable proportion, dans son abrutissement.

Ses passions rappelaient celles qui caractérisent le dernier des sauvages ; il semblait même être au-dessous d'eux, car il n'avait pas trop l'air de prendre le moindre souci d'un fils de trois ans qui l'accompagnait et qui était à peu près aussi velu que lui ; Fédor était le nom qui lui avait été donné à sa naissance, ou, du moins, celui que le barnum avait imposé à cet enfant-chien.

---

minimum, qui est l'état normal. Mais si ce phénomène ne se produit pas et que ce retrait soit frappé d'arrêt, le fœtus naîtra pourvu d'un appendice coccygien ou caudal.

On comprend que certains voyageurs, ayant vu des exemples de cette anomalie, en aient exagéré la fréquence, et il est très probable que les hommes à queue des Moluques et des Philippines ne sont autres que ces monstres, à moins qu'on ne les ait confondus avec une variété de singes à queue.

Les monstres de cette espèce ne sont pas très communs : Claude de Tisserant, auteur du second tome des *Histoires prodigieuses* de Boiastuau, en rapporte une observation : c'est celle d'un enfant mâle, né en 1567, à Arles, en Provence, de Pierre Conlion et de femme Verdière ; il était, au moment de la naissance, couvert de poils si abondants et si épais, que, suivant ce chroniqueur, on lui eût donné trente ans.

Dans notre chapitre sur l'imagination et sur le rôle qu'elle joue dans la monstruosité, nous avons relaté le fait de cette vierge velue qu'on présenta à Charles VI de Bohême aussitôt après sa naissance.

Buffon a réuni plusieurs exemples de cette monstruosité ; mais la plus célèbre est certainement celle que présentait Edward Lambert, qui vivait au commencement du dix-huitième siècle : tout son corps, excepté la figure, était couvert de petites écailles cornées qui bruissaient lorsque, par l'application de la main, on les pressait les unes contre les autres ; ce Lambert était connu sous le nom de *l'homme-porc-épic* [1]. Jusqu'ici, tous les écrivains qui ont reproduit son observation, s'accordent à le considérer comme un cas tératologique ; mais il se pourrait bien que Lambert, bénéficiant de l'insuffisance de la science de cette époque, et exploitant ses prétendues écailles, ne fût qu'un usurpateur du titre de monstre, et qu'en réalité il n'eût qu'une vulgaire affection congénitale ou même acquise de la peau.

[1] *Philosophical Transact.*, t. XVII, 1731, p. 299 : Tilesius, Famille Lambert. Altenburg, 1802.

En 1663, on montrait à Londres une femme dont
le visage était entièrement semé de poils : dans cette
même ville, on en exhibait tout récemment une autre
qui présentait la même singularité : son nom est Julia Pastrana ; elle surpasse en laideur l'homme-chien
de Kostroma. Il y a aussi l'histoire, racontée par Craw-
furd et par Yule, d'une famille velue de Birmanie : l'auteur de la famille, Shwe-Maon, et sa fille, Maphaon,
étaient entièrement couverts de poils ; celle-ci, s'étant
mariée, donna le jour à un enfant, lequel, vers l'âge
de dix mois, avait une moustache et une barbiche
qui, six ans après, étaient déjà fort épaisses : devenu
homme, tous les traits de son visage disparaissaient
sous des touffes abondantes, ce qui lui donnait un air
tout à fait sauvage [1].

Dans ces dernières années, l'Europe et l'Amérique
ont été parcourues par deux monstres aztèques : au
point de vue tératologique, Maximo et Bartola sont
des microcéphales, dont les têtes sont réduites à des
dimensions très étroites : aussi sont-ils idiots ; leur
humeur est douce : leur culture intellectuelle ne dépasse pas le bagage d'une vingtaine de mots, qu'ils
articulent peu clairement, et dont il est très douteux
qu'ils comprennent la signification.

La légende qui les escorte en fait des divinités du

---

[1] Il n'y a rien de commun entre ces hommes-chiens et ceux dont
il est question dans l'*Hexameron* de Torquemada, qui raconte gravement qu'Alexandre, faisant la guerre des Indes, vit plus de cent mille
hommes ayant une tête de chien et aboyant comme cet animal. A part
l'exagération du chiffre, il s'agit là de cynocéphales que l'illustre
guerrier a pu en effet rencontrer.

Guatemala ou du Yucatan ; cette profession sacrée,
qu'ils auraient, paraît-il, exercée jusqu'à l'âge de
sept ans, expliquerait la difformité de leurs jambes et de leurs pieds, car elle exigeait qu'ils se
tinssent continuellement accroupis devant la foule
de leurs nombreux adorateurs. Mais un jour, arrachés
sans doute par quelque main sacrilège de leur temple,
et dépouillés de leur caractère sacré, ils suivirent une
autre destinée, et commencèrent leurs longues pérégrinations, pour le plus grand profit de leur adroit et
rusé barnum, et aussi non sans intérêt pour la science.
Ils présentent, en effet, un exemple très prononcé
d'arrêt de développement du cerveau, et de métissage
issu d'un croisement prolongé de nègre et d'Indien.
Le docteur Hamy a fourni une intéressante notice sur
ces monstres [1].

Dans ce travail, il fait ressortir l'extrême analogie
qui existe entre eux et certaines figures des temples
de Palenqué ; il se croit autorisé à « supposer que ce
sont de véritables microcéphales que les artistes pa-
lanquéens ont figurés à côté de leurs prêtres, et que,
par conséquent, les individus frappés de cette affection,
— rendue peut-être plus commune parmi ce peuple,
à cause de l'usage prolongé d'un certain mode de déformation artificielle, — pouvaient être l'objet, chez
les anciens Américains, d'un culte comparable à celui
dont les idiots et les fous sont encore honorés, de nos
jours, chez un grand nombre de peuples ».

[1] *Bulletins de la Société d'anthropologie,* juin 1875.

Dans une des vitrines du musée Dupuytren, on peut voir un monstre en bois, qui est la représentation de celui qui a fait le sujet d'une monographie, due au docteur Hamy, et qui a pour titre *le Nosencéphale de Pondichéry*. Il s'agit d'un monstre indien, lequel, au dire du frère jésuite qui a eu occasion de le voir et d'en faire cette sculpture, avait tout à fait l'aspect d'un tigre.

Il est probable que l'imagination échauffée du frère jésuite a fortement grossi l'analogie ; mais, à en juger par le dessin placé à la fin de la monographie, ce monstre devait être hideux à voir.

Les albinos sont relativement trop nombreux pour rivaliser entre eux de célébrité ; aussi nous bornerons-nous à ne citer qu'une seule observation : c'est celle de Rosalie-Zaccharie Ferriol, qui vint au monde à Marseille, dans les premières années de ce siècle. La couleur de sa peau était d'un blanc mat; ses cheveux, plats, rudes au toucher, étaient d'une blancheur éblouissante; il en était de même des sourcils et des cils ; elle avait de grands yeux d'une extrême mobilité, laquelle tenait évidemment à une excessive sensibilité de la rétine : celle-ci, en effet, dépourvue de cette protection que lui donne le pigment de l'iris, qui n'existait pas, était continuellement heurtée par une lumière dont elle ne pouvait supporter la vivacité; Rosalie était donc contrainte de tenir ses paupières closes ou bien de ne les ouvrir qu'à une douce lumière; l'iris était d'un bleu clair, transparent, parsemé de fines stries rougeâtres; la prunelle brillait d'un vif éclat.

Toutes ces particularités imprimaient à la physionomie de cette jeune fille un caractère étrange : son père, sa mère, ses quatre frères et sœurs étaient tous châtains, robustes et intelligents ; elle-même ne leur cédait en rien sous ce dernier rapport, et cette circonstance est à noter, car les monstres albinos ont généralement une faiblesse d'esprit qui confine à l'imbécillité.

Il est peu de monstres qui aient autant fait parler d'eux que les hermaphrodites.

C'est par extension que le mot d'*hermaphrodite* a servi à désigner tout être à double sexe ; mais l'expression d'*androgyne* est la seule qui réponde exactement à cette constitution, qui n'existe physiologiquement que chez les animaux inférieurs, tandis qu'elle constitue toujours une monstruosité chez l'homme[1].

En effet, Hermaphrodite est le fils d'Aphrodite et d'Hermès, et c'est de la réunion de ces deux noms que le sien est formé.

Vénus et Mercure n'avaient pu donner le jour qu'à

---

[1] Nous avons énoncé ce fait dans un passage de cet ouvrage (note du chapitre iv, p. 150), mais Is. Geoffroy Saint-Hilaire paraît n'être pas persuadé de cette impossibilité; pourtant il est loin d'être aussi catégorique que l'auteur de l'article HERMAPHRODISME du *Dictionnaire des sciences médicales,* suivant qui on se serait trop pressé de conclure à la non-existence de la dualité sexuelle chez les mammifères et dans l'espèce humaine. Cet auteur n'est pas le seul à émettre cette opinion : Forster donne comme très authentiques onze cas d'hermaphrodisme chez l'homme; mais la preuve par le microscope n'a pas été faite. Au *Magasin encyclopédique* de Millin, de l'Institut, 1806, on trouve une observation de Laumonier, dans laquelle il est dit que cet anatomiste a présenté à la Classe l'une des monstruosités les plus singulières qui aient été vues, et la conformation la plus approchante

un superbe enfant; aussi Ovide nous a-t-il dépeint son corps comme une belle figure d'ivoire ou un lis qu'on voit à travers le cristal. Un jour, il s'approcha de la fontaine à laquelle présidait la nymphe Salmacis; celle-ci l'aperçoit, et son cœur se trouble à la vue de tant de grâces; elle le voit se plonger dans l'onde fraîche de la fontaine, car il croit qu'aucun regard n'est fixé sur lui; mais il entend aussitôt une voix qui l'appelle doucement; il s'enfuit au sein des roseaux; elle court à lui et veut l'enlacer dans ses caresses; il continue à se dérober; elle l'implore, mais en vain; son cœur reste insensible aux accents pleins de feu qui s'échappent des lèvres de la nymphe éplorée. Celle-ci s'adresse alors aux dieux, et les supplie de l'unir à Hermaphrodite, de telle sorte que tous deux ne fissent plus désormais qu'un seul être : sa prière est exaucée, et Hermaphrodite, s'adressant à son tour à Vénus et à Mercure, leur dit : « Faites que ceux qui viendront dans cette fontaine, afin de s'y baigner, éprouvent le même changement que nous! »

de l'hermaphrodisme parfait : c'était une femme qui, en outre des organes de] son sexe, avait deux glandes séminifères cachées dans l'épaisseur des grandes lèvres et aboutissant au fond de l'utérus par des vaisseaux déférents.

Cette observation peut être rapprochée de celle de Catherine Rowmann, dont on trouve l'histoire dans un article de Bernard Schultz (*Archives* de Virchow, 1868) : elle avait deux glandes séminifères avec des spermatozoaires très évidents, et elle passait pour être menstruée.

On peut donc regarder comme possible l'hermaphrodisme humain, mais à condition de n'y voir qu'un hermaphrodisme anatomique et non physiologique; or, ce dernier est le seul vrai : l'expression de *parfait* appliquée par Laumonier à la femme qu'il a présentée à l'Institut ne s'applique donc qu'à l'hermaphrodisme anatomique.

Vénus, aussitôt, répandit dans l'onde une essence qui communiqua la vertu de faire changer de sexe. C'est en souvenir de cet évènement qu'un temple fut bâti près de la fontaine de Carie[1].

Mais ce culte, qu'on y consacra en l'honneur du fils de Vénus, est bien antérieur à la Grèce ; il y a été importé d'Orient, où il occupait un rang parmi les nombreux arcanes des religions mystiques des nations hindoues.

Une fois en Grèce, qu'il y ait dégénéré et qu'il ait éprouvé le sort des cultes hystéro-phalliques, il n'y a rien qui doive surprendre : sans doute, aux époques de décadence, il a pu, surtout dans certaines classes de la société, s'incarner dans un symbole de libertinage ; mais, pour les philosophes, c'était une conception de la double nature de l'homme, que l'on considérait comme originelle, et cette conception occupait une place importante dans les enseignements des diverses écoles. Quant aux artistes, il arriva que, dans le principe, Hermaphrodite a signifié simplement une base carrée, surmontée d'une tête d'Hermès adossée à une tête d'Aphrodite ; elle était placée dans les temples des Athéniens et des Cariens, et à certaines époques de l'année on venait l'adorer. C'est alors que les artistes eurent l'idée de compléter cette représentation et d'en constituer un être nouveau, réunissant les deux perfections sexuelles, et qui se caractérisait par la grâce et la vénusté d'un corps virginal. Or, peut-on

---

[1] *Métamorphoses* d'Ovide, t. I, liv. IV, fables 7, 8, 9, 10. Traduct. de l'abbé Banier.

voir dans cette représentation un raffinement de sen-
sualité ? — Assurément non ; et il est bien plus juste de
l'interpréter dans le sens de la recherche du beau et de
l'aspiration vers un idéal physique que les qualités
éminentes de ces artistes leur permettaient, mieux
qu'à d'autres, de réaliser.

En effet, les statues d'Hermaphrodite occupent un
des premiers rangs parmi les plus beaux morceaux
de la sculpture antique, et au milieu d'elles le marbre
de Polyclès rayonne comme un chef-d'œuvre [1].

Et cependant, malgré le mérite qu'ont eu les androgynes d'inspirer les artistes et les poètes, ils
n'ont pas toujours trouvé grâce devant la sévérité au-
gurale des prêtres de l'antiquité ; Polycrite, gouver-
neur d'Étolie, s'était marié avec une femme de Locres ;
au bout de quelques jours, il mourut et il laissa sa
jeune épouse grosse d'un enfant qui vint au monde
avec tous les attributs de l'androgynisme. On s'empressa de le porter aux augures et de les consulter
sur ce que pouvait signifier l'apparition d'un tel
monstre ; ils n'hésitèrent pas à prédire une guerre
très prochaine entre les Étoliens et les Locriens ; le
seul moyen de se rendre les dieux propices, c'était,
dirent-ils, de brûler la mère et le monstre ; on allait

---

[1] Cette statue, qui représente l'Hermaphrodite couché, est située
dans la Vigne Borghèse ; elle est admirable. Gori prétend que c'est
celle de la galerie qui est l'œuvre de Polyclès. La troisième statue
célèbre de l'Hermaphrodite est celle que possédait le comte de Caylus.

Il y a à Herculanum une peinture d'Hermaphrodite debout, soulevant une draperie ; elle est aussi fort belle.

Le musée de Florence est très riche en pierres gravées de l'Hermaphrodite couché.

suivre le conseil, lorsque le fantôme de Polycrite apparut subitement; un instant, les bourreaux s'arrêtèrent, puis, remis de leur frayeur, ils s'apprêtaient de nouveau à mettre à exécution l'horrible sentence, lorsqu'ils virent le spectre se rapprocher d'eux, saisir l'enfant et le dévorer.

Épouvantés, les assistants coururent informer l'oracle de Delphes de ce qui venait d'arriver et ils lui demandèrent la signification d'une chose aussi extraordinaire; ils en reçurent cette réponse prophétique, que les Étoliens, en expiation du crime abominable qu'ils venaient de commettre en consentant à immoler deux êtres innocents, seraient vaincus et écrasés dans leur expédition prochaine.

Ce récit est évidemment une légende, à travers laquelle il est aisé d'apercevoir un avertissement et une protestation énergique de l'oracle contre une superstition et une pratique odieuses; et cependant les androgynes continuèrent à être sacrifiés aussi bien en Grèce qu'à Rome, bien que dans cette dernière ville ils aient, à certaines époques, servi aux plaisirs des débauchés. Saint Paul reproche ce vice aux dames romaines [1]; Sénèque les accable de ses imprécations; Pline rapporte qu'ils faisaient les délices de son temps [2].

D'après l'historien arabe Macrisy, le fait suivant se passa dans la ville de Tunis, dans l'année 332 de l'Hégire :

---

[1] Épître aux Romains, § I, verset 26.
[2] *Histoire naturelle*, liv. VII, § 3.

« Un homme et une femme se présentèrent devant Abd-Mohammed Abdallah, qui remplissait les fonctions de cadi ou juge de la ville. La femme requérait son époux de satisfaire aux devoirs conjugaux. Le mari fit cette réponse : « J'ai pris cette femme il y a cinq jours, « et pendant ce temps j'ai reconnu qu'elle est herma- « phrodite. » Alors le cadi envoya une matrone avec mission de vérifier le fait : celle-ci rapporta qu'en effet elle avait constaté qu'au-dessus des parties de son sexe il existait des organes d'un autre sexe ; du reste, elle était d'une très grande beauté ; il fut permis au mari de la répudier [1]. »

Dans le Dictionnaire de Bayle il est fait mention de Jehan de Molinet qui a composé un poème sur les hermaphrodites ; ce qu'il en dit ne contient rien de sérieux, mais il ne manque pas de parler de ce moine dont l'histoire est rapportée en détail dans la *Chronique scandaleuse de Louis XI* [2] et dans Robert Gaguin [3].

Cette curieuse aventure arriva au couvent d'Issoire en Auvergne ; voici d'ailleurs le texte même de la *Chronique de Louis XI* : « En 1498, advint au pays d'Auvergne que, dans une religion de moines noirs appartenant à Monseigneur le Cardinal de Bourbon, y eut ung des religieux du dit lieu, qui avoit les deux sexes et d'homme et de femme, et de chacun d'iceulx

---

[1] Ét. Quatremère, *Mémoires géographiques et historiques sur l'Égypte,* t. I, p. 321.

[2] P. 386.

[3] *Chronique depuis Pharamon jusqu'en 1499,* liv. X, p. 284.

se aida tellement qu'il devint gros d'enfant, pourquoy fut prins et saisi et mis en justice et gardé jusques à ce qu'il fut délivré de son posthume, pour après iceluy venu, estre fait du dit moine noir ce que justice verroit estre à faire. »

Est-ce sérieusement que le chroniqueur avance que le moine fut fécondé par lui-même? Quoi qu'il en soit, il se pourrait qu'on l'ait cru à cette époque ou que le bruit s'en soit accrédité dans l'intérêt de la réputation du couvent; mais Bayle ne partage pas ce sentiment et il nous dit que *ce moine ne fut pas passif et actif tout à la fois et qu'il ne sait si on le punit*. Puis un peu plus loin il s'écrie : *Quelle négligence du chroniqueur de ne pas raconter les suites de cet emprisonnement!*

Or, la vérité, c'est que ce moine était un hermaphrodite avec prédominance du sexe féminin et capable d'engendrer; *elle* eut des relations parfaitement régulières, une conception tout à fait normale, un enfantement complètement ordinaire d'un être humain bel et bien constitué : cette femme moine n'était pas responsable d'une erreur commise à sa naissance au sujet de son véritable sexe, et l'assertion sur sa dualité sexuelle, exprimée par le chroniqueur, n'est pas plus vraie que celle contenue dans le vers suivant qui parut à cette époque : *Mas, mulier, monachus, mundi mirabile monstrum* [1].

Saint Grégoire de Tours fait mention d'un cas ana-

---

[1] *Des hermaphrodites*, etc., Gasp. Bauhin, Oppenheim, 1614, in-12, p. 345.

logue à celui du couvent d'Issoire; il s'agit d'un hermaphrodite qui vécut près de trente années, dans
une communauté de religieux dépendante du diocèse
de Tours; elle mourut étant parvenue à un âge très
avancé et revêtue de la dignité d'abbé; jamais son
sexe véritable, qui était celui de la femme, ne fut
l'objet du moindre soupçon; jamais non plus Satan,
quoiqu'il fît, ne parvint à triompher de sa vertu, et
elle ne se départit pas un seul instant d'une virginité
en odeur de laquelle elle trépassa, ainsi qu'elle-même
en fit la déclaration solennelle aux religieux ; car elle
tenait à être ensevelie comme une vierge et ce fut
sans la moindre hésitation que l'on déféra à son vœu
suprême.

Nous ne reviendrons pas sur l'histoire de l'hermaphrodite Anne Grand-Jean, ni sur celle de Marie
Le Marcis, toutes deux si célèbres par leurs infortunes
et les traitements iniques qu'elles eurent à souffrir de
la justice d'alors [1].

Au commencement de ce siècle, Marie-Madeleine
Lefort a beaucoup intéressé les médecins et aussi le
public devant lequel elle fut exhibée, ce qui prouve
que la police de cette époque ne manquait pas de tolérance pour ces spectacles ; son cas fut l'objet d'une
controverse animée : les uns prétendaient qu'elle était
homme ; d'autres soutenaient qu'elle était femme. Il
était évident pour tous les savants qui purent l'examiner que son sexe était entouré d'une grande obscu-

---

[1] Ch. v de cet ouvrage, p. 105 et suiv.

rité ; cependant l'opinion qu'elle était hermaphrodite avec prédominance des attributs féminins prévalut, et elle continua à porter des vêtements de femme, qui contrastaient avec sa voix qui était celle d'un jeune homme, et surtout la barbe qui recouvrait sa figure. Vers la fin de l'année 1864 elle mourut, et l'autopsie de son corps ayant été faite, on put vérifier l'exactitude du jugement qui avait été porté en 1817 par Béclard : c'était bien au sexe féminin qu'elle appartenait, ainsi que le prouvait l'existence de tous les organes internes qui constituent ce sexe.

En 1755, dans une petite localité voisine de la ville de Dreux, naquit une enfant à laquelle on donna les prénoms de Marie-Jeanne : on la regardait en effet comme une fille, et on l'éleva comme telle. Au bout de quelques années, elle manifesta des inclinations qui n'étaient pas celles des enfants de son sexe ; arrivée à l'âge de l'adolescence, elle rechercha la société des garçons ; peu à peu elle en prit les allures : comme eux, elle se mit à fumer ; bientôt elle se livra à la boisson, et s'enivra même au point d'éveiller les soupçons des gens du village. Une circonstance fortuite vint éclairer le mystère qui planait depuis quelque temps sur elle : elle fut prise en flagrant délit de vol, arrêtée et conduite en prison ; là elle fut soumise à l'examen du médecin, qui reconnut que Marie-Jeanne était un hermaphrodite du type masculin. Ce diagnostic était juste, car elle sortit de prison et eut avec une jeune fille des relations à la suite desquelles celle-ci mit au monde un fils qui devenait ainsi un témoignage irrécusable de la masculinité de Jeanne et de l'erreur qui avait été commise à sa naissance au sujet de son sexe.

Dans le mois de janvier de l'an 1792, on apporta au curé de Bu, paroisse de la ville de Dreux, une petite fille nouvellement née ; on la baptisa, et elle reçut les prénoms de Marie-Marguerite. Elevée comme toutes les enfants du voisinage, elle n'éveilla en aucune circonstance le moindre soupçon sur l'identité de son sexe. Un jour, le fils d'un cultivateur ami de sa famille s'éprit d'amour pour elle : le mariage était décidé, et de part et d'autre on s'apprêtait pour le jour de la célébration, lorsque des raisons d'intérêt firent échouer le projet. Quelques années se passèrent, quand un autre parti vint s'offrir ; mais il eut le même sort que le précédent.

Cependant les grâces de la blonde Marie se transformaient : ses allures, sa démarche, le timbre de sa voix tournaient à la virilité ; ses parents s'en alarmèrent, à cause du scandale auquel ils se sentaient exposés et dont on ne manquerait pas de les rendre responsables ; ils prirent donc la résolution de soumettre leur fille à l'examen d'un chirurgien ; celui-ci y procéda avec soin et arriva à pouvoir affirmer que Marie-Marguerite était hermaphrodite et que, chez elle, le type masculin prédominait. Celle-ci n'eut aucune peine à en être persuadée ; si jusque-là elle avait retenu les élans de sa véritable nature, c'était dans la crainte d'être la risée de ses camarades : mais du moment où la constatation de son sexe s'appuyait sur l'autorité de la science, il n'y avait plus à hésiter : sa famille adressa donc une requête au tribunal civil; celui-ci étudia le cas et, dans l'année 1815, rendit un jugement qui rectifiait l'acte de naissance de Marie-Marguerite et lui accordait toutes les prérogatives inhérentes à son nouveau sexe; elle prit immédiatement des vêtements d'homme, ce qui lui seyait d'autant mieux que sa voix était devenue complètement virile; « cependant, ajoute la notice du docteur Worbe qui l'avait examinée, *il* conserva longtemps encore cette pudeur virginale qui, sans doute, a été la cause qu'*il* s'est longtemps ignoré lui-même. »

La jeune Jacqueline Foroni, née dans les premières années de ce siècle à Milan, a été, ainsi que Marie-Madeleine, qualifiée de *fille,* et elle a gardé la robe jusqu'à l'âge de vingt-deux ans. A ce moment, une commission académique l'examina et constata qu'elle avait tous les attributs d'un sexe différent de celui qu'indiquait son prénom ; d'ailleurs ses penchants pour les hommes étaient manifestes, quoique beaucoup de ses habitudes fussent féminines. Cette association résultait évidemment de son hermaphrodisme qui la portait du côté des hommes, et, d'autre part, de sa longue éducation qui avait incliné sa nature morale suivant une direction féminine. Jacqueline Foroni fut ainsi rendue à son véritable sexe.

L'un des faits les plus curieux et des plus récents d'hermaphrodisme est celui qui a été l'objet d'un savant mémoire publié par le docteur Louis de Crecchio, professeur de médecine légale à Naples. En juin 1820, la femme Piatta mit au monde une enfant déclarée du sexe féminin sur les registres de l'état civil ; portée sur les fonts baptismaux, elle reçut les prénoms de Marie-Joséphine-Marguerite ; au bout de quelques mois, sa mère s'aperçut que sa fille n'était pas faite comme ses sœurs, et elle la fit voir à un médecin, qui déclara qu'en effet l'enfant était crypt-orchide, c'est-à-dire que ses organes n'avaient pas effectué leur migration accoutumée, et qu'en outre il y avait dans sa conformation quelque chose d'inso-lite.

Marie grandit ; peu à peu elle se mêla à ses camarades, et quelques-unes remarquèrent qu'il y avait entre elles et leur compagne une différence singulière : bientôt les sarcasmes fondirent sur la pauvre Marie, qui ne s'en intimida nullement. Mais, vers l'âge de douze ans, sa sérénité, qui ne s'était pas encore démentie, fit place à une tristesse chaque jour croissante ; à dix-huit ans, la scène change : Joséphine sent sa barbe pousser et sa voix prendre le timbre viril ; elle fuit la société des filles et recherche celle des garçons ; elle a bientôt des aventures galantes, dont on parle et qui piquent vivement la curiosité de ses parents ; à vingt-cinq ans, elle s'énamoure d'une chambrière accorte et gentille, qui répond d'ailleurs à ses sentiments : des promesses de mariage sont échangées ; tout allait pour le mieux, lorsque Joseph — car on ne l'appelait plus Joséphine depuis l'âge de quatre ans, époque à laquelle le médecin

l'avait déclarée cryptorchide — lorsque Joseph songea
que le jour de son mariage approchait et qu'il lui
faudrait produire un extrait de naissance ; son amour-
propre allait donc être exposé au plus grand péril, et
il se demandait comment il résoudrait cette difficulté,
lorsqu'il apprit que sa maîtresse lui était devenue in-
fidèle : il rompit aussitôt, furieux sans doute d'être
victime d'une inconstance imméritée, mais trouvant
une compensation à son infortune dans sa dignité
demeurée intacte, grâce au cruel aveu qu'il n'avait
plus à faire.

Quelque brisé que fût son cœur, il se mit au travail avec une nouvelle ardeur : intelligent et d'un
esprit avide de savoir, il profitait des instants de loisirs que lui laissait sa profession de valet de ferme
pour s'initier à la littérature ; il s'était peu à peu
formé aux idées libérales et affichait sa haine pour
la politique des Bourbons de Naples ; il avait secoué
les préjugés et les superstitions de son éducation, et
il tournait en dérision les statuettes et les images des
saints qu'il rencontrait semées à profusion dans les
maisons de ses parents et de ses amis. Mais ces procédés ne pouvaient être longtemps du goût des jeunes
Napolitaines, qui finirent par le laisser de côté et par
l'éconduire ; la tristesse commença à s'emparer de
lui ; quelque effort qu'il fît pour chasser de son
esprit sa monstruosité, il en était constamment obsédé et ses souffrances ne firent que croître de jour
en jour. Alors il chercha une diversion dans l'usage
des liqueurs fortes ; mais une fois sur cette pente, il

n'eut plus le courage de s'arrêter : en peu de temps il épuisa ses forces, et il ne tarda pas à mourir de consomption.

Tel est le sort de la plupart des hermaphrodites. Ce mélange, en proportion variable, des attributs de l'un et de l'autre sexe, crée d'abord jusqu'à l'adolescence un contraste qui n'est pas sans grâce ; mais, lorsqu'ils ont atteint cet âge où, convaincus que leur conformation n'est pas semblable à celle des autres, et qu'ils auront un jour à affronter l'intimité des relations conjugales, ils deviennent soucieux, la mélancolie les envahit de plus en plus et, cherchant dans l'ivresse une distraction à la pensée qui les tyrannise, ils succombent prématurément. Marie-Madeleine et Joseph Marzo appartenaient à la classe des hermaphrodites sans prédominance sexuelle, neutres, et par conséquent impuissants et stériles.

Il existe une monstruosité qu'il serait sans doute difficile de retrouver à notre époque, mais qui existait du temps d'Hippocrate, car il en donne une description très précise[1].

Elle s'observait chez les Scythes. « Une fraction de ce peuple était, dès l'enfance la plus tendre, adonnée à l'exercice continuel de l'équitation, ce qui, dit Hippocrate, les rendait impropres à la génération ; quant aux femmes, leur stérilité leur venait de ce qu'elles menaient une vie sédentaire qui favorisait un développement exagéré de l'embonpoint et déterminait fina-

---

[1] *Des airs, des eaux et des lieux*, §§ 20, 21, 22, p. 363, trad. Daremberg.

lement cette impuissance. » Il ajoute que ces Scythes se livrent aux travaux domestiques qu'ils partagent avec les femmes, et qu'ils ont le même timbre de voix qu'elles ; on leur a donné le nom d'*anandres*, c'est-à-dire évirés, efféminés [1].

Les naturels, ajoute Hippocrate, regardent ces hommes comme atteints d'une calamité qu'ils redoutent pour eux-mêmes, ce qui ne les empêche pas de les vénérer !

Il arrive quelquefois que la nature produit des individus qui, bien qu'ils n'aient aucune malformation génitale, la font pourtant soupçonner, parce qu'ils présentent, dans des proportions variables, les apparences extérieures de la dualité sexuelle ; ils ont surtout une souplesse de manifestations intellectuelles et morales telle, qu'ils peuvent jouer alternativement le rôle d'homme ou de femme, suivant que les circonstances et leurs intérêts les y sollicitent.

Leur constitution, en se développant, n'a pas suivi de direction sexuelle nettement déterminée ; elle est restée comme hésitante, et elle offre le spectacle d'un ensemble singulier auquel il est difficile de donner une explication physiologique, à moins qu'on ne le considère comme une manifestation atavique qui reposerait sur l'androgynisme primitif de l'homme, doctrine

[1] Il y a probablement exagération dans cette réputation faite aux Scythes d'être tout à fait impuissants ; mais il n'est pas contestable que l'exercice de l'équitation, lorsqu'il est prématuré et abusif, peut avoir des conséquences fâcheuses sur la santé générale, et retentir particulièrement sur les organes générateurs et la fonction dévolue à ces organes à un âge plus avancé.

dont nous avons dit quelques mots déjà et sur laquelle nous ne reviendrons pas [1].

L'exemple le plus remarquable de ce faux hermaphrodisme est celui de cet Eon de Beaumont, dont
les faits et gestes ont eu un si grand retentissement
au siècle dernier.

Né à Tonnerre en 1728 et fils d'un avocat au Parlement, il reçut une brillante éducation. Il entra dans
la carrière diplomatique et fut chargé par Louis XV
d'une mission secrète en Russie, auprès de l'impéra-
trice, à laquelle il se présenta sous un costume de
dame ; à la faveur de ce travestissement et des traits
féminins de son visage, il put négocier un traité qui
eut pour résultat un rapprochement entre la Russie
et la France (1758).

Ce succès obtenu, il reprit des vêtements d'homme
et servit pendant la guerre de Sept ans en qualité
d'officier dans un régiment de dragons. Après quelque temps, il quitta l'armée et rentra dans les ambas-
sades ; c'est alors qu'il fut envoyé à Londres auprès du duc de Nivernais, qu'il assista dans les
négociations relatives au traité de 1763, conclu entre
les cabinets de Paris et de Londres. L'ambassadeur,
ayant été rappelé, fut remplacé par le comte de
Guerchy, avec lequel il lui fut impossible de s'entendre ; il eut avec lui de fréquentes querelles et finit
par être obligé de donner sa démission.

Mais il résolut de s'en venger et il publia un

---

[1] Voir chap. v, p. 107 et suiv.

pamphlet contre lui. Le comte de Guerchy, furieux, le fit poursuivre et condamner comme diffamateur; non content de cela, il chercha à le faire assassiner; du moins, Eon de Beaumont l'en accusa-t-il publiquement.

Toutes ces aventures désagréables ne l'empêchèrent point de continuer à séjourner à Londres, où il était l'agent secret du roi Louis XV, dont il recevait, en échange de ses services, une pension annuelle de 12 000 livres.

Bientôt il ne fut bruit que de ses scandales, et Eon reçut un jour l'ordre de retourner en France. Dès qu'il fut arrivé, le roi lui fit reprendre des habits de femme dans le but de conduire avec plus de succès certaines intrigues amoureuses où se trouvaient engagés de hauts personnages, parmi lesquels figurait la reine d'Angleterre.

En 1790, il avait épuisé ses ressources, son crédit et ses talents; c'est alors que, pour échapper à la misère, il essaya de donner quelques leçons d'escrime; mais il végéta de plus en plus et il finit par mourir de misère à Londres en 1810, où il s'était réfugié à la suite de l'émigration.

Qu'était en réalité cet Eon de Beaumont, tour à tour chevalier et chevalière, qui remplit toute l'Europe de ses scandales, qui fut un agent si précieux pour la politique secrète de Louis XV et que Beaumarchais chercha à épouser[1]? Celui-ci ayant été, pa-

[1] Eon de Beaumont l'en accuse, ainsi qu'en fait foi la lettre qu'il écrit au comte de Vergennes et qui est la vingt-deuxième des pièces

raît-il, repoussé, s'en serait vengé en formant, de concert avec Théveneau de Morande, des spéculations frauduleuses sur son sexe et en essayant de le faire passer pour hermaphrodite [1].

Mais Eon de Beaumont protesta avec une grande énergie contre une imputation qu'il prétendait être mensongère et odieuse; cependant il ne parvint pas à donner le change à l'opinion publique, qui continua à partager le sentiment plus ou moins sincère de Beaumarchais; quant à Voltaire, il était fort intrigué et il avouait ne rien comprendre aux étranges allures de ce personnage.

Aussi, la nouvelle de la mort du chevalier Eon de Beaumont ne fut pas plus tôt connue, que l'on s'empressa de soulever le voile qui avait couvert si longtemps ce mystère; on fit donc l'autopsie de son corps et le soin qu'on y apporta, ainsi que le grand concours de témoins qui y assistèrent, attestent jusqu'à quel point les doutes sur l'identité de son sexe étaient enracinés dans les esprits.

L'attestation justificative des résultats de l'examen médical est signée de Th. Copeland, chirurgien, et de

justificatives que Frédéric Gaillardet a rassemblées à la fin de son ouvrage sur ce personnage. (*Mémoires sur la chevalière d'Éon; la vérité sur les mystères de sa vie.* Paris, 1866.)

[1] Ce Théveneau de Morande est connu par ses pamphlets, dont le plus célèbre est *l'Espion anglais.* On y trouve de curieuses anecdotes sur la comtesse du Barri et de piquants détails sur les androgynes qui formaient une secte dont le président était la grande comédienne Mlle de Raucourt, et dont faisaient partie Mlle Clairon, Mme de Furiel, femme du procureur général sous le parlement Maupeou, Sophie Arnould, Mlle la chevalière d'Éon de Beaumont, etc.

M. Adair, Wilson, etc. On y voit aussi figurer celui
du Père Élisée, médecin de Louis XVIII, qui avait
été celui d'Éon de Beaumont ; il est certifié que le
corps du chevalier a été soumis à une dissection attentive et qu'on y a trouvé les organes mâles de la
génération parfaitement conformés sous tous les rapports ; le héros de tant d'aventures était donc réellement un homme qui, grâce aux attributs moraux de
l'hermaphrodisme, était parvenu à jouer tour à tour
le rôle de l'un et de l'autre sexe [1].

L'histoire fourmille de nains ; la renommée n'a
par conséquent pas été avare de ses faveurs envers
ces créatures, qui n'ont pourtant rien de bien flatteur
pour l'espèce humaine, où, chose digne de remarque,
il en paraît infiniment plus que chez les animaux.

Il ne serait pas impossible que, dans le nombre des
enfants qu'on portait au Lesché et de là au gouffre
Apothètes [2], il se soit trouvé quelques êtres qui, arrêtés
dans leur développement, seraient devenus des nains ;
ils étaient donc immolés non pas précisément parce
qu'ils étaient monstrueux de formes, mais parce que
leur constitution était défectueuse et qu'ils seraient
devenus contrefaits ; les vrais nains, que nous défini-
rons tout à l'heure, ne sont donc, en aucun temps ni

---

[1] Cette monstruosité de l'hermaphrodisme a servi souvent de donnée aux romanciers : on peut, entre autres écrits, citer *Fragoletta*,
roman politique de Henri Latouche, dont la première édition parut
en 1829.

L'hermaphrodisme a également inspiré *Mademoiselle de Maupin*,
de Théophile Gautier, et *le Cas de M. Guérin*, d'Ed. About.

[2] Voir chap. 1, p. 4.

en aucun lieu, considérés comme de mauvais augure
ni maltraités.

Cependant, sauf peu d'exceptions, ils sont bien laids;
lorsqu'on les dépouille des riches oripeaux dont ils
sont affublés en général, ils ne donnent guère que le
spectacle d'êtres rabougris, disgracieux, au dos et aux
membres tors, assez souvent sourds-muets [1], ne ra-
chetant pas même, le plus souvent, leur décrépitude
physique par quelque intelligence.

Les véritables nains existent-ils? Quelles conditions doivent-ils remplir pour mériter cette appellation?

Il faut qu'ils présentent dans toutes leurs parties
de justes proportions, de telle sorte que si leur corps
a été arrêté dans son développement par une cause
qui échappe à la vue et dont un examen attentif est
incapable de rendre compte, ils n'aient cependant
éprouvé aucune altération ni dans la vigueur, ni dans
les facultés intellectuelles et morales, ni dans la santé,
ni dans la durée de la vie, ni surtout dans l'aptitude
génératrice.

Or, lorsqu'on explore attentivement l'histoire des
nains qui se sont fait remarquer par l'harmonie de
leurs proportions, et ceux-là, bien que rares, existent
cependant, on se heurte toujours à quelque point
défectueux qui se traduit soit par l'impuissance, soit
par la nécessité de s'allier à un être bien constitué
et dont l'énergie compensera leur insuffisance, s'ils

---

[1] Cette infirmité les faisait tout spécialement rechercher et payer
fort cher par les sultans, qui les utilisaient à leur cour.

cherchent à avoir une descendance ; car entre eux il y a infécondité absolue, et ce caractère à lui seul suffirait pour nous autoriser à affirmer qu'il ne s'est jamais rencontré un véritable nain.

En effet, dans l'examen que nous avons fait de l'hérédité dans ses rapports avec les monstres, nous avons rappelé les expériences de Catherine de Médicis [1], qui, à plusieurs reprises, essaya de faire des mariages entre nains et naines, dans le but sans doute d'assurer aux monarques futurs un recrutement plus facile, et qui ne parvint jamais à les faire procréer entre eux : quant à l'électrice de Brandebourg, qui se consacra aux mêmes soins, elle ne fut pas plus heureuse que cette reine.

D'ailleurs, ces deux expérimentatrices, fussent-elles parvenues à réaliser leur but, elles n'auraient pas pour cela fait faire de bien grands progrès à la multiplication de l'espèce ; en effet les naines meurent toutes en mettant au monde leur enfant ; c'est ainsi qu'en 1785, on montrait à Londres une naine de trente-deux pouces anglais ; elle devint grosse et enfanta un fils parfaitement constitué comme le père, qui, lui, était un fort bel homme, mais elle succomba quelques instants après.

Nous sommes ainsi porté, pour notre part, à nier la réalité du nanisme tel que nous le définissions il y a un instant.

Cependant il en est qui se rapprochent plus ou moins de cet idéal, ainsi que nous le verrons, mais

---

[1] Jusqu'à Louis XIV, le nain de cour fut une charge officielle ; ce roi la supprima en même temps que celle du Fou.

à titre d'exceptions fort rares, dans l'énumération que nous allons entreprendre de ceux à qui l'histoire a réservé une place dans la galerie des Pygmées de l'espèce humaine.

Nous ne remonterons pas très haut dans l'antiquité ; tout d'abord nous laissons les pygmées de l'Écriture, car ils ne sont pas moins hyperboliques que les géants ; nous n'en dirons pas davantage des spithamiens de Pline, qui les place sur les bords du Gange et auxquels il donne trois palmes de haut [1] ; nous ne serons que plus incrédule encore à l'égard des Myrmidons, qu'Achille amena à la guerre de Troie et qui ne dépassaient pas la grosseur d'une fourmi, comme leur nom l'indique.

Mais, lorsque les mythes et les légendes sont remplacés par des faits, on se trouve alors en présence de nains sur lesquels les biographes et les chroniqueurs raconteront parfois certains détails exagérés, mais dont les portraits, dans leur ensemble, pourront être regardés comme la reproduction d'êtres qui ont réellement existé.

Nous ne reviendrons pas sur les nains Bès et Phtah des Egyptiens, dont nous avons déjà parlé au deuxième chapitre de cet ouvrage et dont le dernier surtout n'avait rien de commun avec les pygmées ou Akkas de cette époque [2].

---

[1] Spithame, mesure grecque qui équivaut à 231 millimètres, ce qui montre l'invraisemblance de la citation de Pline.

[2] Le nom Akkas est celui que portent les pygmées de l'Afrique de l'est depuis la plus haute antiquité : M. Mariette l'a lu à côté d'une

Transportons-nous maintenant dans Rome : nous y voyons ces deux chevaliers, l'un Marcus Tullius et l'autre Marius Maximus, qui n'avaient pas l'un ou l'autre trois pieds de haut ; en l'absence de détails sur leur constitution, nous nous abstiendrons sur la recherche de la cause de leur exiguïté et nous n'aventurerons pas l'hypothèse d'un vice, tel que le rachitisme ; ces mêmes réflexions s'appliquent à ce Licinius Calvus, qui fut l'adversaire de Cicéron, contre lequel il plaida quelquefois ; remarquons pourtant que ce nain, de même dimension que les précédents, porte un nom qui autorise jusqu'à un certain point la supposition que nous n'avons pas hasardée à l'égard de ces deux pygmées de la chevalerie romaine.

Alypius d'Alexandrie était encore plus petit, puisqu'il n'atteignait pas deux pieds, c'est-à-dire une taille identique à celle de Carachus, qui avait l'amitié du grand Saladin et qui la justifiait par la supériorité de son jugement. Nous sommes également privés de détails sur leur constitution physique ; mais, de ce que ces nains ont brillé par leur intelligence, il ne s'ensuit pas nécessairement qu'ils fussent sains de corps : les grands esprits ne sont pas toujours à l'abri du vice rachitique. L'illustre Pope, par exemple, sans être précisément un nain, était de très minime taille et il devait cela à une colonne vertébrale considérablement

figure de nain sculptée sur une très ancienne stèle égyptienne ; ce nom est encore porté par les pygmées actuels de cette contrée (Société d'anthropologie, février 1879. Dr Hamy).

incurvée, ainsi que l'atteste la fort désagréable réponse qu'il s'attira un jour d'un jeune homme qu'il avait injustement malmené.

Le grand poète devisait avec un de ses amis sur le sens à donner à des vers tirés d'un poème latin, et il ne parvenait pas à lever la difficulté ; un étudiant, qui se trouvait près de lui, s'approcha et lui fit très respectueusement observer que l'obstacle provenait d'un oubli dans l'impression du livre et qu'il suffirait, pour l'aplanir, de placer à la fin de la phrase un point d'interrogation.

Pope, piqué de la leçon, demanda fort aigrement à celui qui osait ainsi l'interpeller, s'il savait ce qu'est un point d'interrogation.

La riposte ne se fit pas attendre. « C'est, lui dit l'étudiant du ton le plus ironiquement aimable, un petit atome crochu qui fait des questions ! »

Ainsi, l'un des plus grands poètes de l'Angleterre était presque un nain et tout à fait un rachitique.

L'époque de la pleine floraison des nains est celle du Bas-Empire : ils pullulaient ; c'est qu'à ce moment, l'art venait en aide à la nature, car on les fabriquait.

Le procédé était des moins compliqués ; il suffisait qu'aussitôt après sa naissance, on donnât à l'enfant une alimentation appropriée, c'est-à-dire insuffisante ; il ne fallait pas longtemps pour qu'il devînt rachitique, ou, pour nous servir d'une expression empruntée au langage médical, atrepsié : c'était donc une désuétude artificielle qu'on amenaît progressivement. Tel est le secret du nanisme et de sa production systématique, sur laquelle les anciens et quelques écrivains du siècle dernier ont beaucoup devisé pour n'arriver qu'à des théories absurdes, grâce à leur insuffisante initiation à la physiologie.

Nous devons également faire mention de ce moyen qui fut employé au temps de la décadence de Rome, et qui consistait à ligaturer les membres des nouveau-nés et à les enfermer dans des caisses de manière à paralyser leur développement.

Or, tous ces moyens, à peu près aussi barbares les uns que les autres, pouvaient sans doute donner les résultats qu'on recherchait ; mais à quel prix ? c'était fort cher ; il n'est pas difficile assurément de faire d'un enfant, même bien portant, un être débile, qui ne grandira pas et dont les os ramollis vont peu à peu fléchir et finalement donner naissance à un rachitique ; mais, ce qui est moins aisé, c'est de conserver longtemps cet être ainsi arrêté et de le faire passer de l'enfance aux âges successifs.

Il en résultait donc que bien peu résistaient, et que ceux qu'on réussissait se vendaient au poids de l'or ; mais les obstacles n'arrêtaient pas les marchands, dont les clients ne regardaient jamais au prix ; car ces clients, c'étaient Tibère, Domitien, Héliogabale, dont les impériales fantaisies suffisaient à l'entretien de cette fabrication monstrueuse.

Tibère avait un nain qui avait le droit de lui parler franchement et de lui décocher même des méchan-

cetés : il avait conquis ce droit grâce aux instincts
féroces que cet empereur avait trouvés en lui. Lorsqu'il avait un crime à commettre, et l'occasion s'en
offrait assez aisément pour lui, il prenait conseil de
son nain, qui ne manquait jamais de lui tenir un langage conforme à ses désirs et de s'associer par conséquent à un nouveau forfait.

Quant à ceux d'Héliogabale, ils avaient un rôle
plus avouable : ils formaient une troupe de gladia-
teurs qui, tout petits qu'ils fussent, ne s'entre-tuaient
pas moins bien que ceux de César.

Les empereurs n'étaient pas les seuls qui assurassent
la prospérité du commerce des nains : les plus riches
Romains se donnaient également ce luxe ; l'un d'eux
en possédait un très remarquable, haut de deux pieds,
qu'il vendit à Marc-Antoine, qui l'appela Sisyphe !

Quand nous aurons rappelé le nain Conopas et la
naine Andromeda, couple possédé par la petite-fille
d'Auguste, nous aurons terminé la liste de ceux qui
ont le plus marqué dans les annales romaines ; pourtant nous mentionnerons encore celui de l'empereur
Constantin qui, suivant Nicéphore Calixte, était parvenu à en faire un excellent musicien et un délicieux
chanteur [1]. Cette assertion n'est pas indigne de confiance ; mais il est permis de la refuser au biographe, quand il donne à ce lilliputien artiste la grosseur
d'une perdrix !

La famille des souverains compte au moins un

---

[1] *Histoire ecclésiastique*, t. XII, p. 37.

nain, qui fut roi de Pologne en 1305 ; ce Vladislas Cubitalis a d'autres titres encore à la gloire : il était instruit et fit preuve, dans plus d'une circonstance, d'une grande bravoure et de sérieux talents militaires ; nous n'avons aucun renseignement sur la nature de son tempérament ni sur sa constitution.

L'épiscopat a aussi dans ses rangs un nain de grands talents : Godeau eut dans sa jeunesse très peu de goût pour la carrière ecclésiastique ; il fit de la littérature, et il acquit bientôt une haute réputation : il passait même pour l'un des plus beaux esprits de l'époque. Plus tard il entra dans les ordres, et Richelieu le nomma évêque de Grasse et de Vence ; mais il ne renonça pas pour cela à l'hôtel de Rambouillet où il avait toujours tant de succès, et il continua à y venir aussi fréquemment que son ministère le lui permettait ; il y était surtout attiré par l'estime et, suivant quelques écrivains, par un autre sentiment que ressentait pour lui la célèbre Julie d'Angennes, qui devint depuis duchesse de Montausier [1]. Il fallait vraiment que cette belle personne appréciât beaucoup son esprit pour fermer les yeux sur sa laideur, car elle était extrême, et, de plus, il était contrefait ; ce qui prouve surabondamment que son nanisme cachait le squelette d'un rachitique. Cet évêque nain, dont les aptitudes physiques s'éloignaient quelque peu des conditions requises par les prescriptions canoniques, mourut en 1672.

[1] A l'hôtel de Rambouillet, on avait l'habitude de le désigner sous le surnom de *Nain de Julie*.

Pendant longtemps, les nains furent très à la mode à la cour de France ; dans le principe, ils ne servaient pas de simple divertissement : ils remplissaient des fonctions pour lesquelles ils étaient rétribués ; ils sonnaient du cor sur le donjon du château où ils se tenaient, afin de signaler l'arrivée des dames et des chevaliers d'importance ; ils remplissaient aussi un rôle dans les joutes et les tournois : lorsque leurs bonnes manières le permettaient, ils étaient chargés de messages secrets ; outre son Triboulet, François Ier avait plusieurs nains pages.

En Italie, la tradition du Bas-Empire s'était renouée : les familles riches en possédaient toutes. Le cardinal Vitelli donnait un jour un repas somptueux, selon son habitude ; c'était dans le courant de l'année 1566. Blaise de Vigenère, qui dans ses notes sur Philostrate raconte la chose, se trouvant à Rome, y assista; tous les invités, au nombre de trente-quatre, furent servis par un nain ; mais Blaise termine le récit par un détail qui, pour nous, a un très grand intérêt : il dit, en effet, que tous ces nains, sans en excepter un seul, étaient *contrefaits et difformes*. En d'autres termes, les trente-quatre nains du cardinal Vitelli étaient un assortiment de rachitiques, dissimulant sans doute leurs membres cagneux sous de riches accoutrements.

Henri II en avait un auquel on avait donné le nom de Grand-Jean, par ironie, selon toute apparence ; il était d'une exiguïté extraordinaire, n'égalant pas néanmoins celle de ce Milanais qui vivait à la même époque et qui, pour s'affirmer mieux, se faisait porter dans une cage de perroquet, dans laquelle il était fort à son aise.

Marie de Médicis avait plusieurs et très remarquables nains qu'elle affectionnait beaucoup, et dont elle prenait grand soin ; elle prodiguait surtout ses tendresses à une petite Normande qui, à l'âge de près de huit ans, n'avait pas plus de 17 pouces.

En 1592, le duc de Parme reçut la visite d'un nain qu'on lui avait annoncé comme étant doué d'une grande finesse d'esprit : il avait trois pieds de haut. Il se présenta devant le duc d'une façon très distinguée, et qui dénotait une excellente éducation ; il s'appelait Jean d'Etrix. Le biographe ne donnant aucun renseignement sur ses qualités physiques, il est difficile de dire ce qu'il pouvait avoir du véritable nain.

Charles-Quint possédait un nain fameux qui maniait la lance avec une habileté remarquable ; un tournoi ayant eu lieu dans la ville de Bruxelles, il fit assaut et il fut jugé digne de remporter un deuxième prix.

A la cour du roi de Bavière, il y en avait un si microscopique, qu'un cuisinier imagina un jour de le blottir dans un pâté et de le servir à un festin : à un moment convenu, le pâté s'entr'ouvre avec fracas, le personnage caché dedans se redresse, saute sur la table, enjambe plats, verres et bouteilles, puis, après avoir coupé la tête à un faisan qu'il rencontre sur son chemin, il s'enfuit précipitamment, laissant les convives abasourdis d'une apparition qui ne figurait pas sur le menu.

L'une des exhibitions où fut déployé un luxe de nains qui rappelle celui du cardinal Vitelli, est la fête qu'une princesse russe, sœur de Pierre Ier, donna à Moscou : parmi ces nains, se trouvait un couple qu'elle était parvenue à appareiller et qu'elle voulut marier. Le jour de la cérémonie venu, des voitures de gala, commandées pour la circonstance et proportionnées à la taille des nains, vinrent les prendre, et l'on se rendit au lieu de la célébration du mariage. Les noces se terminèrent par un bal fort brillant, dans lequel chaque invité vint successivement complimenter le minuscule couple uni par la princesse Nathalie.

Jeffery Hudson, né à Oakham, dans le Rutland-shire, en 1619, semble ne pas appartenir à cette famille de rachitiques qui composent la presque totalité des nains qui viennent d'être mentionnés. Du moins ses biographes s'accordent tous à le dépeindre comme bien fait, et, si les bonnes fortunes attestent la possession des qualités de cette espèce, ils n'ont pas altéré la vérité, car Jeffery en eut beaucoup et du meilleur monde.

D'ailleurs, il le méritait et faisait honneur à celles qui lui accordaient leurs faveurs ; il avait de l'esprit, il était courageux et il savait se faire respecter des railleurs, qu'il traitait fort durement parfois, ainsi qu'on en verra plus loin la preuve ; sa bravoure l'avait promptement fait élever au grade de capitaine dans l'armée royale anglaise ; la reine Henriette se disposant à venir en France au moment où éclata la guerre civile, il lui demanda et obtint de l'accompagner.

Un jour, un certain gentilhomme, appelé Crofts, se permit de le plaisanter; mais Jeffery lui fit comprendre qu'il ne goûtait nullement ce procédé; le gentilhomme le traita alors du haut de sa grandeur; le nain lui envoya ses témoins; un duel s'ensuivit: l'arme était le pistolet. Arrivé sur le lieu du combat, Crofts tire de sa poche une seringue; Jeffery lui tourne le dos, rentre chez lui et lui adresse de nouveau ses témoins, chargés cette fois d'instructions telles, que son adversaire dut renoncer à renouveler la plaisanterie: il se rendit donc sur le terrain; les deux champions se battaient à cheval; on donna le signal: une balle atteignit en pleine poitrine le gentilhomme insulteur, qui tomba mortellement frappé. Lorsque la guerre civile eut cessé, Jeffery revint en Angleterre et se mit à nouer des intrigues politiques: la fortune, cette fois, ne lui fut pas propice; il fut poursuivi, pris et conduit à la prison de Westminster, où il mourut, en 1682, âgé de plus de soixante années.

Jeffery était bien près de remplir les conditions d'un véritable nain, mais il est un côté par lequel il se dérobe, car l'histoire est muette sur ses aptitudes génératrices, et ses bonnes fortunes sont insuffisantes à soulever le voile qui couvre ce mystère.

Un poète, sir William Davenant, a composé un poème appelé *la Jeffréide*, dans lequel il rapporte, comme principal exploit d'Hudson, une victoire remportée sur un coq ! Davenant a fait preuve d'injustice ou d'ignorance ; le duel qu'il eut avec Crofts dément ses vers. Mais Van Dyck a vengé Jeffery : il l'a placé debout, près de la reine, et le magnifique portrait du grand peintre se trouve dans un château du comté de Sussex, comme une protestation vivante des ironies d'un poète. Jeffery eût été digne de se mesurer avec le nain de Charles-Quint, le lauréat du tournoi de Bruxelles.

La renommée de Bébé ne le cède guère à celle de J. Hudson, et cependant une grande distance les sépare. Il n'y a en effet aucun doute à concevoir au sujet du rachitisme de Bébé, ainsi que l'atteste son squelette conservé au Muséum de Paris ; son cerveau n'était guère mieux organisé ; Diderot lui a consacré une notice dans l'*Encyclopédie* et il le donne comme un petit monstre bête et grotesque.

Son vrai nom est Nicolas Ferri ; il était l'aîné de plusieurs frères et sœurs aussi bien constitués que leurs parents ; il faisait donc tache sur la famille et, par un caprice singulier du destin, ce fut lui qui eut le plus de chances dans la vie.

Le 25 novembre 1739, il naquit au village de Plaisnes, dans le département des Vosges ; il avait sept mois à peine ; sa taille était de 8 pouces et son poids de 14 onces ; il eût été perdu dans un berceau ordinaire, aussi se contenta-t-on d'un sabot qu'on garnit d'étoupe et où il fut fort à l'aise ; un plat lui suffit également de véhicule quand on le transporta à l'église pour le baptême.

Le sein maternel étant trop large pour sa bouche, on lui donna le biberon.

A l'âge de dix-huit mois, il commença à balbutier et vers trois ans il se tenait debout et marchait à peu près. Deux ans plus tard on le montra à quelques médecins de l'endroit, qui déclarèrent que sa hauteur, qui était alors de 22 pouces, et son poids, de 10 livres, ne changeraient pas sensiblement. Ses parents furent ainsi fixés sur sa profession future et ils le présentèrent à Stanislas Leckzinski, ex-roi de Pologne, duc de Lorraine, qui le trouva de son goût, le retint chez lui et entreprit aussitôt son éducation ; mais ce fut peine inutile ; jamais on ne put rien lui apprendre, pas même la première lettre de l'alphabet ; on réussit un peu mieux avec la chorégraphie : son oreille ne se montra pas trop rebelle au rythme musical et il arriva à pouvoir danser assez correctement.

Ses qualités affectives étaient taillées à la hauteur de son intelligence ; c'est au moins ce qui paraît résulter du fait suivant : sa mère vint le voir après quelques jours de séparation et il ne fit nulle attention à elle ; était-ce oubli ou bien indifférence ? — il est permis de préférer cette dernière supposition, car il donnait souvent des preuves de méchanceté ; il était envieux, jaloux, irascible ; il avait beau être comblé de caresses et d'attentions de la part des dames, celles-ci ne parvenaient pas à changer son détestable caractère ; un jour c'était un vase précieux qu'il jetait par terre, et une autre fois c'était un chien qu'il battait ; il lui arriva d'arracher des mains de sa maîtresse une charmante levrette que celle-ci caressait et de la jeter par la fenêtre. « Pourquoi la préférez-vous à moi ? » Telle fut la réponse avec laquelle il se justifia de sa révoltante brutalité.

De tels exemples n'étaient pas faits pour pronostiquer qu'il serait un bien aimable époux ; cependant on songea à le marier avec une de ses compatriotes, née comme lui en Lorraine, naine à peu près autant que lui et qui s'appelait Thérèse Souvray. Elle vint donc voir son fiancé et on fixa le jour de la célébration des noces. Dans cet intervalle, Bébé trépassa et elle reprit sa liberté ; elle se fit voir pour de l'argent, et parvint à s'amasser un petit pécule pour ses vieux jours : en effet elle mourut âgée de près de soixante-quinze ans.

Bébé n'avait point une physionomie désagréable ; sa statuette en cire, de grandeur naturelle, placée dans l'une des salles d'examen de la Faculté de médecine de Paris, le représente en habit de cour, culotte courte, perruque Louis XV, et elle donne quelque peu l'idée d'un monstre assez bien fait ; jusqu'à quinze ans, il répondit à peu près à ce portrait ; mais, parvenu à cet âge, la scène change : son rachitisme congénital, resté latent, éclate subitement, sa colonne vertébrale se ramollit, son dos s'incurve, ses traits se flétrissent, sa peau se ride et son enjouement fait place à une maussaderie continuelle.

La décrépitude fit de rapides progrès, et le 9 juin 1764 il s'éteignit de consomption : il était âgé d'environ vingt-cinq ans.

Stanislas le regretta beaucoup ; il prenait plaisir à badiner avec lui, à le voir sauter sur la table et à folâtrer au milieu des plats pour revenir s'asseoir sur les bras de son fauteuil ; il lui fit faire de belles funérailles et ordonna qu'il fût inhumé (rapprochement singulier) dans l'église des Minimes de Lunéville, où on voit encore son mausolée avec l'épitaphe suivante, que l'auteur des *Récréations historiques* trouve de très bon goût [1] :

HIC JACET
NICOLAUS FERRI, LOTHARINGUS :
NATURÆ LUDUS,
STRUCTURÆ TENUITATE MIRANDUS,
ABS ANTONINO NOVO DILECTUS.
IN JUVENTUTE ÆTATE SENEX :
QUINQUE LUSTRA FUERUNT IPSI SECULUM.
OBIIT NONÂ JUNII,
ANNO M. DCC. LXIV.

Joseph Borwilaski a joui d'une célébrité qui n'a pas égalé celle de Nicolas Ferri, bien qu'il en fût pourtant plus digne ; en effet, s'il était de quelques pouces plus haut que lui, il n'en était pas moins un nain, et un nain de façons beaucoup plus distinguées ; c'était du reste un gentilhomme polonais ; il avait des frères et des sœurs tous bien conformés, sauf l'aîné, qui, bien qu'aussi petit que lui, ne devait cependant pas avoir le même succès. La comtesse Humieska, dame de la cour, qui en était la propriétaire, en était très entichée : il en valait vraiment la peine ; Sainte-Foix en

---

[1] T. 1, p. 51. La Haye, 1748.

dit beaucoup de bien ; il l'a vu, il s'est également entretenu avec lui, il le trouve très intelligent, parlant fort bien l'allemand et le français [1].

A vingt-deux ans, il se maria et eut plusieurs enfants, solidement constitués, sur la provenance desquels on le plaisantait ; mais il ne s'en fâchait pas. Il parvint à un âge assez avancé ; du moins quelques écrivains le disent ; mais il n'y a pas accord sur ce sujet : c'est ainsi que les uns affirment qu'il mourut de décrépitude à trente ans ; Isid. Geoffroy Saint-Hilaire dit que de son temps il vivait peut-être encore [2] ; c'est donc un point incertain et qui a cependant son importance ; car il pourrait à lui seul aider à résoudre la question du rachitisme et, par conséquent, éclairer sur le nanisme de Borwilaski ; pour ce qui est de ses enfants, leur paternité est-elle bien avérée ? des doutes sont au moins permis, de sorte que nous réserverons, quant à lui, cette question du vrai nanisme.

C'était aussi un nain très distingué que Wybrand Lolke : il naquit vers 1730, à Jelst, en Hollande, et devint bientôt un mécanicien consommé. A l'âge de vingt ans, il se maria et eut de très beaux enfants ; nul n'osa en contester devant lui-même la paternité ; mais beaucoup soupçonnèrent qu'il n'y avait aucun droit : toujours est-il qu'il en prit grand souci et que, sa profession ne suffisant que péniblement à faire vivre sa famille, il résolut de mettre à contribution la curiosité publique ; il entreprit de nombreuses pérégri-

---

[1] *Essais*, t. IV, p. 227.
[2] T. I, p. 152, ouvrage cité.

nations avec sa femme, qui était fort belle, et, après quelques années, il s'était amassé une assez raisonnable fortune.

C'est vers la même époque qu'Hopkin, natif de Bristol, parcourait les principales villes de l'Angleterre, précédé de la réputation d'être un nain modèle : à la vérité, il était fort petit et assez bien pris jusqu'à sept ans ; mais alors son rachitisme, demeuré latent, fit soudainement irruption et le rendit si hideux, que le pauvre diable dut renoncer à se montrer, et finit par mourir de misère.

La plus récente des naines célèbres est Nannette Stocker, qui vint à Paris en 1815, et qui se fit remarquer par son talent comme pianiste ; elle mourut à trente-quatre ans, le 4 mai 1819. Sur sa tombe, dans un des cimetières de Birmingham, on lit l'inscription suivante :

A LA MÉMOIRE
DE NANNETTE STOCKER,
LA PLUS PETITE FEMME DU ROYAUME ET L'UNE DES PLUS ACCOMPLIES:
ELLE N'AVAIT PAS PLUS DE 33 POUCES ANGLAIS ;
ELLE ÉTAIT NÉE EN AUTRICHE.

Nous ne ferons que glisser très rapidement sur les nains qui sont pour ainsi dire d'hier : sur Tom Pouce, par exemple, dont les mérites n'ont pas égalé ceux des héros des contes anglais, dont il avait emprunté le nom. Il joua *le Petit Poucet* sur le théâtre de la Gaîté, en 1863, et, après s'être formé un petit pécule, il alla vivre en Amérique, où il est peut-être encore.

Le prince et la princesse Colibri ont fait courir tout Paris sur les scènes où on les produisait et où l'on parvenait à dissimuler leurs jambes torses ; ce couple a toujours été infécond, et par conséquent ne se compose pas de véritables nains ; quant à leurs charmes, ils n'atteignaient nullement ceux des gracieux passereaux dont ils avaient usurpé le nom.

Nous n'avons pas épuisé la liste des nains qui ont eu une notoriété plus ou moins grande ; mais ceux qui viennent d'être passés en revue sont en nombre suffisant pour être rangés en deux catégories : dans la première, les renseignements transmis par les biographes et les historiens sont assez complets pour qu'on puisse mesurer la distance qui les sépare des véritables nains ; dans la seconde catégorie sont ceux sur lesquels il est difficile de se prononcer, faute de détails suffisants ; cependant, il nous semble ressortir de l'étude que nous venons de faire d'après les éléments que nous avons pu recueillir, que jusqu'ici il n'y a jamais eu de nains parfaits, c'est-à-dire d'êtres ne différant des autres hommes que par l'exiguïté de la taille et sans la moindre atteinte portée à l'harmonie des porportions, à l'intégrité des organes et au jeu des diverses fonctions.

Les nains qui apparaissent dans l'espèce humaine, sont donc des êtres arrêtés dans leur développement et frappés dans leur vitalité ; ce sont, en un mot, des monstres.

Les géants, non moins que les nains, occupent une place considérable dans l'antiquité, et il n'est pas nécessaire de remonter bien haut le cours des siècles pour les voir entourés encore d'un prestige que la légende, le mythe et l'Écriture sacrée, au moins d'après certaines interprétations, avaient beaucoup contribué à établir, mais qui n'a pas résisté bien longtemps à une critique sérieuse.

Au commencement du dix-huitième siècle, Henrion, membre de l'Académie, était entré dans les ordres, où il était resté quelques années pendant lesquelles il s'était consacré à l'étude de l'hébreu ; ensuite il quitta la carrière ecclésiastique, se maria et utilisa les connaissances qu'il avait acquises des textes sacrés, pour émettre une doctrine nouvelle au sujet du dogme de la chute ; il publia son travail vers 1718, deux ou trois ans avant sa mort ; suivant lui, la faute du premier être a eu, entre autres conséquences, celle de faire dégénérer l'humanité sous le rapport de la taille, laquelle se serait successivement abaissée depuis Adam jusqu'à l'apparition du Messie.

Henrion avait entrepris un travail considérable sur la restitution des poids et mesures dans l'antiquité, et c'est sur ce travail qu'il s'appuyait pour déduire la progression descendante de la taille depuis le premier homme, qui avait 125 pieds ; Ève, 118 ; Noé, 100 ; Abraham, 28 ; Moïse, 13 ; Hercule, 10 ; Alexandre, 6 ; J. César, 5.

D'après les calculs d'Henrion, une période de cent ans était insuffisante à apporter des modifications sensibles dans la décroissance ; aussi, la taille restat-elle ce qu'elle était chez César, et, lorsqu'un siècle après lui le Rédempteur parut, cette décroissance s'arrêta, et la stature humaine, définitivement constituée, se trouva fixée aux limites dans lesquelles elle s'est tenue depuis cet évènement!

Henrion était un numismate émérite, ce qui lui avait valu un fauteuil à l'Académie des inscriptions; il était également quelque peu hébraïsant; ses connaissances en mathématiques lui avaient été d'un grand, mais assez vain secours dans ses recherches sur les mesures des anciens; quant à son ignorance complète de l'histoire naturelle, elle l'avait fait se fourvoyer dans les dédales d'un système qu'il n'avait préconçu que pour complaire à l'orthodoxie religieuse; et quel profit celle-ci pouvait-elle tirer de déductions invraisemblables et grotesques et qui, après tout, n'étaient que des variantes d'élucubrations sorties déjà et à diverses reprises des cerveaux échauffés de quelques rabbins en quête de merveilleux?

Le système d'Henrion ne lui survécut pas; il était de ceux qui ne se réfutent que par l'indifférence et l'oubli.

Polyphème, qui avec les cyclopes formait, chez les Grecs, une catégorie à part, celle des demi-géants, était, paraît-il, venu mourir en Sicile, où l'on avait découvert, au quatorzième siècle, son squelette à Trépani; mais il fut reconnu plus tard que ces trois cents pieds de longueur qu'on donnait à ce squelette n'étaient qu'un conte et qu'il appartenait à un animal fossile de cette faune primitive gigantesque qui avait disparu sous le souffle des grandes révolutions du globe.

Le géant dont saint Augustin avait ramassé une des dents au milieu du sable des rivages d'Utique, appartenait également à une de ces grandes espèces ; car avec cette dent on aurait pu faire une centaine de molaires humaines !

En 1455, sous le règne de Charles VII, on découvrit dans le lit du Rhône des ossements qu'on attribua à un être humain dont la taille aurait atteint environ trente pieds ; on les recueillit avec le plus grand soin et on les transporta dans la sainte chapelle de la ville de Bourges, où ils furent d'abord l'objet d'une grande vénération qui peu à peu fit place à une complète incrédulité.

Celui qui a soulevé le plus de discussions passionnées parmi les gigantologistes est ce chef et roi des Cimbres, Teutobochus, qui livra à Verceil une bataille à l'armée romaine commandée par les deux généraux Catulus et Marius et qui fut battu par eux. Il passa ensuite dans les Gaules, où il mourut ; est-on fixé sur le lieu où il fut inhumé ? C'est ce qui semblait résulter d'une découverte d'ossements gigantesques trouvés sous le règne de Louis XIII dans le Dauphiné, non loin du Rhône. Les archéologues de l'endroit prétendirent que ces ossements avaient appartenu au vaincu de Marius ; le chiffre de trente pieds de longueur qu'ils avaient ne fit, paraît-il, qu'exalter leur zèle et les entraîner à des estimations invraisemblables.

Aussitôt une vive polémique s'engagea ; c'est alors que Jean Riolan intervint et détruisit tout l'échafaudage dès raisons alléguées pour démontrer la prétendue identité du héros ; il publia plusieurs monographies dans lesquelles il réfuta toutes les assertions de ses adversaires et, préludant en quelque sorte à l'œuvre de Cuvier, établit que ces os humains ne sont que ceux de l'éléphant, dont le squelette était encore inconnu à son époque.

Deux siècles plus tard, l'Académie des sciences rendait hommage à la merveilleuse intuition de J. Riolan en établissant que ces restes étaient ceux d'un mastodonte [1].

Mais laissons ces géants forgés par l'imagination des premiers hommes et qui se sont perpétués dans les traditions des divers peuples jusqu'au jour où la science a dissipé la superstition et les mensonges derrière lesquels ils se sont si souvent abrités.

D'ailleurs l'humanité n'a point à se glorifier de ceux qui, notablement amoindris dans leurs hyperboliques dimensions, n'en sont pas moins encore des géants comparés aux autres hommes : car le géant et le nain sont tous deux des monstres.

En effet, si nous cherchons pour eux les termes d'une définition analogue à celle qui a été donnée des

[1] Ce squelette royal fut largement exploité à cette époque : un certain Mazurier fit faire en son nom, par un jésuite de Tournon, un mémoire dans lequel il affirme être l'auteur de la découverte; il ajoute qu'il y avait sur le tombeau, long de 30 pieds, cette inscription : « Teutobochus rex. » (Is. Geoffroy Saint-Hilaire, t. I, p. 175, ouvrage cité.)

véritables nains, nous verrons que, de tous ceux dont l'histoire a recueilli les noms et les circonstances caractéristiques de leur individualité physique et morale, il n'en est aucun qui satisfasse d'une manière complète à cette définition.

Un vrai géant serait celui qui, dépassant notablement la taille des autres hommes, ne présenterait aucune défectuosité dans les caractères essentiels de son organisation;— harmonie dans le développement excessif de la taille, intelligence au moins ordinaire, énergie, vigueur et résistance proportionnées à cette taille, aptitude génératrice au moins égale à celle des êtres inférieurs en stature, puissance de transmission héréditaire, telles sont les conditions que devrait comporter le géantisme normal.

Or, l'observation a démontré que l'espèce humaine, qui est ici seule en question[1], se trouve, sous le rapport des dimensions, comprise dans des limites susceptibles d'être exceptionnellement transgressées sans qu'il en résulte un préjudice sensible pour l'équilibre organique et fonctionnel; mais cette transgression ne saurait elle-même être portée au-delà de certaines bornes sans que cet équilibre soit compromis, et sans qu'il y ait diminution proportionnelle des énergies vitales.

L'Arabe du nom de Gabarra dont il est question dans Pline, avait neuf pieds de haut et il passait pour un géant; mais cet auteur ne transmet aucun détail sur

[1] Dans les espèces animales, le géantisme est très rare, plus encore que le nanisme.

sa constitution, sur la durée de son existence, sur ses aptitudes génitales ; il en est de même de celui dont parle Del Rio et qui avait à peu près cette stature ; Vanderbrōk dit avoir vu au Congo un nègre de 3 mètres. Ces deux derniers géants donnent lieu aux mêmes réflexions que celui de Pline.

Mais à l'insuffisance des renseignements relatifs à leur organisation s'ajoutent encore les doutes qu'il est permis de concevoir sur l'authenticité des chiffres assignés à leur taille.

Lorsqu'on s'arrête à celui de 7 et même de 7 pieds et demi, il n'est pas impossible de rencontrer des géants et même des géantes, quoique les femmes grandes soient plus rares que les hommes à haute taille ; alors ces cas se rapprochent assez de la stature normale pour que la dysharmonie morphologique et fonctionnelle soit difficilement appréciable, mais alors aussi est-il inutile de faire une classe à part de ces êtres, parce que le cadre dans lequel évolue chaque espèce ne comporte pas cette rigueur mathématique.

Is. Geoff. Saint-Hilaire rapporte que l'évêque Berkeley essaya de faire un géant ; il prit un orphelin du nom de Macgrath et l'éleva d'après certains principes qui, paraît-il, n'étaient rien moins que conformes à une saine hygiène, car son sujet ne résista pas longtemps à ces manœuvres, et il s'éteignit à l'âge de vingt ans, épuisé par des infirmités de toutes sortes.

Cette expérience est pleine d'enseignements ; elle prouve que toute déviation naturelle ou artificielle des lois qui régissent l'évolution des diverses espèces est, dans les cas où l'intensité de cette déviation a atteint les sources de la vie, incompatible avec la durée de ces espèces et qu'elle ne façonne que des individus destinés à disparaître sans avoir été autre chose que des sujets plus ou moins dégradés, en un mot des monstres.

Les géants n'ont jamais joui autant que les nains des faveurs de la fortune ; on ne les rencontre ni chez les rois ni chez les grands ; ils en sont presque exclusivement réduits au prestige des exhibitions foraines. Leur amour-propre ne s'en trouve pas, d'ailleurs, exposé à une bien poignante épreuve, car leur intelligence est toujours très bornée ; ils sont même sous ce rapport très inférieurs aux nains.

Physiquement ils sont mal proportionnés ; la mollesse de leur tempérament les rend incapables d'entreprendre le moindre exercice ; ils sont presque aussitôt excédés de fatigue ; une lumière un peu vive, mais que toute autre personne supporte aisément, affecte péniblement leurs yeux ; leur longévité se tient le plus souvent en deçà de la durée moyenne de la vie propre à la race à laquelle ils appartiennent ; enfin, ils sont à peu près de la même manière que les nains, frappés d'impuissance et par conséquent d'infécondité.

Ainsi, les véritables géants, suivant les termes de la définition que nous en avons donnée, n'existent pas, et ceux auxquels on donne occasionnellement et arbitrairement cette appellation ne sont que des êtres qui relèvent de la tératologie et conséquemment ne sont que des monstres.

II

Les monstres composés, dont nous allons passer en revue les plus célèbres, présentent des particularités non moins intéressantes que les monstres simples.

Leur association sans doute est l'expression d'un fait tératologique et ils sortent par conséquent de la famille des êtres normalement constitués ; mais esthétiquement, si l'on peut se servir de ce mot lorsqu'il s'agit de monstruosités, ils sont beaucoup moins hideux que les monstres simples, surtout lorsque leur fusion ne porte que sur un point limité de chaque partie composante ; de telle sorte que si, par la pensée, on sépare l'un des sujets de celui auquel il est associé, on ne constatera aucune malformation sensible sur chacun d'eux ; du moins, en est-il ainsi pour beaucoup de ces êtres, car il y en a qui ne le cèdent en rien par leur laideur aux plus hideux des monstres simples.

Ainsi que nous l'avons fait pour ces derniers, nous ne chercherons pas à exhumer l'histoire des monstres doubles des époques anciennes.

D'ailleurs, à en croire certains écrivains d'une grande autorité, parmi lesquels se trouve Berger de Xivrey, la tâche serait facile, puisque le savant auteur des *Traditions tératologiques* s'étonne que la haute antiquité n'ait pas recueilli de faits de monstruosités doubles [1]. Ce silence indiquerait, suivant lui, qu'à

[1] *Trad. tératol.*, p. 45.

cette phase de la vie du globe la nature humaine n'en offrait pas d'exemple. N'est-ce pas là une assertion conjecturale?

Quelle raison peut-on donner à l'apparition relativement récente de ces êtres?

Que les monuments historiques n'en fassent pas mention, c'est un fait que la science a le droit d'affirmer après l'avoir établi sur des investigations sérieuses, mais le silence de ces monuments historiques est à lui seul insuffisant à trancher définitivement une question de cette nature et jusqu'à ce que des arguments tirés de l'embryogénie soient venus appuyer l'assertion, nous continuerons à admettre que la monstruosité composée a pu se produire dès que les créations normales ont pris place dans la vie du globe.

Lorsque Bérose fait une description des êtres qui existaient à l'aurore de l'humanité, il les représente avec un corps surmonté de deux têtes dont l'une était mâle et l'autre femelle; il énonce là une hypothèse derrière laquelle il est facile d'apercevoir la doctrine de l'androgynisme primitif; mais si, au lieu d'établir une systématisation et de généraliser, ainsi que le fait cet écrivain, on prend ces êtres comme des créations exceptionnelles, on se trouvera en face de composés tératologiques qui ont pu se réaliser autrefois comme ils se réalisent chaque jour, à la condition seulement de supprimer cette dualité sexuelle créée par l'imagination de Bérose; cela fait, il restera une hypothèse beaucoup plus admissible que l'assertion de Berger de Xivrey.

Quelques lignes avant la citation empruntée à l'auteur de l'histoire des Chaldéens, Berger de Xivrey reproduit le passage suivant, qu'Etienne de Quatremère a traduit d'après l'écrivain arabe Macrisy :

« L'an 337 (de l'hégire), une jeune femme tunisienne mit au monde une fille qui avait deux têtes, dont l'une présentait un visage blanc, et l'autre un visage noir ; ces deux têtes étaient portées sur un même cou ; le reste du corps était conformé comme à l'ordinaire [1]. »

Doit-on accepter à la lettre cette observation de Macrisy, ou bien cette désignation de visage noir n'aurait-elle que la valeur d'une différence d'intensité dans la coloration d'une tête qui, en réalité, ne serait ni d'un type ni d'une race autres que ceux de sa jumelle ?

Si le fait de Macrisy n'est pas une fantaisie pure, il pourrait être un argument d'une très grande importance en faveur de la théorie de la dualité primitive des germes des monstres doubles ; mais les détails de cette citation ne comportent pas, à nos yeux, un degré d'authenticité suffisant, et le fait est trop isolé, pour qu'ils interviennent utilement dans la discussion de cette question : aussi, dans l'exposé des doctrines [2], avons-nous cru devoir nous abstenir de les invoquer.

Nous n'accorderons qu'une mention très abrégée au monstre double dont il est question dans la chro-

---

[1] *Mémoires géographiques et historiques sur l'Égypte*, t. I, p. 323.
[2] Voir la fin du chapitre vii de cet ouvrage.

nographie de Théophane, et qui naquit vers l'année 375. Nous n'en dirons pas davantage de celui de Cardanus, originaire de l'Egypte, ni de celui de Paul le Diacre, qui fit grand bruit dans la ville de Constantinople, vers 1192 : ces monstres ne vécurent que très peu de temps, et si nous entreprenions d'en faire une histoire complète, nous nous heurterions, à chaque pas, à des exagérations.

Nous insisterons de préférence sur ceux qui sont arrivés jusqu'à l'âge adulte, et parfois même l'ont dépassé ; la liste n'en est pas bien longue.

L'un des plus célèbres est celui dont on doit une relation très intéressante à l'un des historiens les plus connus de l'Ecosse, dont il est aussi l'un des meilleurs poètes. Ce monstre naquit sous le règne du roi Jacques IV : inférieurement il se composait d'un seul corps qui, à partir de l'ombilic, se bifurquait et donnait alors naissance à deux poitrines, à deux paires de bras et à deux têtes : le roi les prit sous sa protection, les fit élever, et quand ils furent devenus grands, il leur donna des maîtres ; leur instruction, grâce à leur intelligence, s'accrut d'une façon remarquable ; ils apprirent plusieurs langues ; ils étaient aussi très heureusement doués pour la musique où ils finirent par exceller. Leurs désirs étaient souvent opposés et il en résultait de petites querelles qui ne laissaient pas d'être fort amusantes, et qui, du reste, n'avaient jamais de conséquences bien graves. Ils moururent à l'âge de vingt-huit ans. Berger de Xivrey, d'après une traduction de l'historien Buchanan, dit qu'un grand nombre de jours s'écoulèrent entre leur mort. D'un autre côté, Is. G. Saint-Hilaire qui relate le même fait, dit qu'ils trépassèrent à quelques jours de distance seulement ; cette dernière version nous paraît la plus plausible[1].

Tout récemment nous avons pu observer à Genève, un monstre de la même espèce, né au mois d'octobre 1877 à Locana, dans la province d'Ivrée, en Piémont ; au moment où nous l'avons examiné il pouvait par conséquent avoir un an ; il était dans d'excellentes conditions de santé ; ses parents, fort pauvres, l'exhibaient sous le nom des frères Tocci. La fusion était complète jusqu'à la région thoracique ; alors commençaient deux poitrines très distinctes. Nos investigations n'ont pu porter au-delà de ces points ; il y avait néanmoins toutes les apparences extérieures d'une unité sexuelle.

Nous nous sommes suffisamment étendu sur la relation de J. Riolan, à propos des agrippines, monstre bifemelle, nées en 1605 à Paris ; nous n'y reviendrons pas[2].

En 1701, à Szony, ville de Hongrie, une femme enfanta deux jumelles réunies par le bassin ; elles reçurent le baptême avec les noms d'Hélène et Judith ; leurs parents les montrèrent dans toutes les grandes capitales de l'Europe ; elles inspirèrent à Pope des stances fort sentimentales ; leur intelligence était remarquable et elles avaient appris avec facilité plu-

---

[1] Buchanan, *Histoire d'Écosse*, liv. XIII, p. 242. Edit. Rudiman.

[2] Voir chap. v, p. 101 de cet ouvrage.

sieurs langues étrangères ; leur dualité affective n'était pas douteuse et se traduisait même par des discussions qui parfois dégénéraient en luttes : il y avait alors échange de coups dont les conséquences ne pouvaient jamais être plus sérieuses que pour le monstre de Jacques IV. Malgré leurs longues pérégrinations et les examens multipliés auxquels elles furent soumises de la part des savants de l'époque, elles furent moins favorisées que les agrippines et ne grossirent pas la fortune de leurs parents ; aussi vers l'âge de dix ans elles acceptèrent la protection de l'archevêque de Strigonie et se réfugièrent dans un couvent de Presbourg ; Judith, qui depuis l'âge de six ans était restée paralysée de tout un côté, s'affaiblissait de jour en jour ; son intelligence devenait de plus en plus obtuse ; enfin, au bout d'une année elle fut prise d'une affection grave des poumons ; le danger paraissant imminent, on s'empressa de lui administrer les derniers sacrements en même temps qu'à sa sœur, qui continuait à se bien porter. Cependant, à force d'attentions et de soins, on parvint à la guérir ; trois ans après, elle fut reprise de la même affection, mais cette fois une complication grave survint et son état ne laissa bientôt plus d'espoir ; la maladie, en effet, avait envahi le cerveau ; Hélène ne tarda pas à perdre elle-même ses forces et toutes deux elles expirèrent à peu près au même moment[1].

---

[1] L'autopsie démontra que la duplicité organique s'étendait jusqu'aux organes sexuels internes, mais il n'y avait qu'un seul orifice vulvaire. Cette dernière particularité soulève une question médico-

Le 6 mai 1682, un monstré bifemelle vint au monde dans la ville de Bruges, en Flandre ; ces deux jumelles étaient soudées par le front ; de là il résultait que leur corps était opposé l'un à l'autre ; si l'une marchait, elle poussait sa sœur devant elle et la forçait à aller à reculons ; la moitié de ce monstre mourut à l'âge de dix ans et on chercha à l'isoler de la moitié qui survivait et jouissait d'une bonne santé ; mais quelque raisonnable que fût cette tentative, puisqu'elle constituait la seule chance pour elle d'échapper à la mort, l'opération échoua.

Vers le commencement de ce siècle, les journaux anglais firent grand bruit de l'arrivée d'un monstre né en 1804 dans une ville de l'Inde. Il était constitué par deux jumelles rattachées ensemble de manière à s'opposer face à face, à l'instar du type précédent ; mais leur fusion était bien autrement étendue puisqu'elle portait sur presque toute la région latérale de chaque corps ; elles semblaient donc, en naissant, condamnées à une quasi-immobilité ; mais elles étaient heureusement douées d'une grande vivacité et elles étaient parvenues à se déjeter de côté, de manière à pouvoir marcher sans trop de difficulté ou de gêne réciproque.

légale que nous avons posée au chapitre VIII, p. 193 de cet ouvrage, d'après une observation d'un cas récent : il s'agit de deux jumelles soudées par le bassin, nées à Mazères, dans le département de l'Ariége, et inscrites sur les registres de l'état civil sous le double nom de Jeanne et Marguerite Bombail. On trouve dans les *Mémoires de l'Académie de Toulouse* un travail des docteurs Joly et Peyrat sur ce monstre, dont la moitié mourut le jour de la naissance et l'autre moitié dix heures après (janvier 1874).

Donnons maintenant les principaux détails sur le monstre double qui naquit le 10 mars 1829 à Sasarri, petite ville de Sardaigne, et qui fut conduit à Paris dans le courant de novembre de la même année ; il avait alors huit mois ; il excita beaucoup la curiosité des savants, qui le soumirent à de fréquents examens ; aussi est-il probable que la nécessité où étaient leurs parents de s'y prêter, pour gagner leur vie, ne fut pas étrangère à la fin prématurée de ces deux pauvrettes. Leurs recettes eussent été plus fructueuses s'ils avaient pu les exhiber en public ; mais, moins heureux que ceux des agrippines, ils s'en virent refuser l'autorisation par la police d'alors ; peu à peu leurs ressources s'épuisèrent et ils descendirent à un tel état de dénuement, qu'ils ne purent pas même tenir chauffé l'humble réduit où ils végétaient ; chaque fois qu'un visiteur se présentait, il exigeait naturellement qu'on lui découvrît le monstre ; la rémunération en dépendait, on ne refusait donc pas ; mais un jour Rita prit froid, la fièvre s'alluma, et au bout de trois jours d'une agonie contre laquelle les pauvres parents ne purent rien, elle rendit le dernier soupir.

Christina avait éprouvé le même sort qu'Eng, cette moitié du monstre siamois dont nous ferons l'histoire dans quelques instants ; elle avait conservé, pendant toute la durée de la maladie de sa sœur, sa vigueur, sa santé et toute sa sérénité ; comme Eng, elle expira presque en même temps.

Parmi les monstres les plus récents dont l'histoire offre quelques particularités qui vaillent la peine d'être rapportées, se trouve ce pygopage dont M. Broca a entretenu la Société d'anthropologie en 1873. Il est désigné sous l'appellation du Rossignol à deux têtes, laquelle n'est point usurpée ; car Christine et Milie sont d'excellentes musiciennes ; la première possède une voix de soprano très étendue, la seconde est une contralto remarquable. Elles reçurent le jour en l'année 1851 dans un village du Comté de Columbus dépendant de la Caroline du Nord. Leur mère est négresse, leur père mulâtre ; aussi leur teint est-il fortement coloré ; elles ont plusieurs frères et sœurs qui sont tous bien conformés ; à part la fusion complète des deux bassins qui n'en forment plus qu'un seul considérable, aucune partie ne manque à leurs corps ; leur stature est petite, leurs regards sont doux, leurs physionomies sont expressives et dénotent l'intelligence ; elles parlent couramment plusieurs langues ; si l'une soutient une conversation en anglais, l'autre peut causer allemand, ce qui est un indice certain de leur dualité morale ; elles s'entretiennent très fréquemment l'une l'autre, et, à part quelques légers dissentiments, la plus grande harmonie est la règle habituelle de cet indissoluble couple.

Tous les savants qui ont essayé de porter leurs recherches du côté de la région fusionnée, ont éprouvé une résistance invincible ; P. Bert à Paris, Virchow à Berlin, n'ont pu y parvenir ; cependant on n'est pas tout à fait privé de renseignements sur ce point ; en effet le docteur Towsend a assisté leur mère lorsqu'elle a mis au monde les deux jumelles et cela, paraît-il, avec promptitude et facilité ; or, ce médecin affirme que la fusion porte jusque sur l'utérus ; tout récemment le docteur Pancoast a émis l'opinion que les organes sexuels sont simples ; tel n'est pas cependant l'avis du docteur Ramsbotham, d'après lequel il existerait deux utérus et deux conduits vulvaires distincts ; ces observations ont donc conduit à des résultats contradictoires qui ne sont pas sans intérêt pour la médecine légale.

Nous ne dirons que quelques mots sur la monstruosité double dont S. E. Collucci pacha a entretenu la Société d'anthropologie en avril 1875 ; il a en même temps présenté la photographie d'un composé monstrueux à corps unique inférieurement et double supérieurement né le 26 septembre 1874 dans un village de la province de Fayoum en Égypte, et mort six mois après, on ne sait trop comment ; leur mère les avait allaités avec une grande sollicitude ; c'est un fait curieux à cause de la longueur relative de la vie qui presque jamais ne se prolonge au-delà de trois ou quatre semaines, chez les monstres de cette espèce.

Celui qui dans ces dernières années a le plus occupé la curiosité du public est connu sous le nom de Blanche Dumas.

Cette fille, née le 25 avril 1860 à Segry, petite localité située près d'Issoudun, département de l'Indre, est venue à Paris vers 1877, après avoir parcouru les diverses contrées de l'Europe. Depuis la tête jusqu'au milieu du corps, Blanche est normalement constituée : elle est blonde, ses traits sont assez réguliers, sa physionomie est douce, son expression ne dénote qu'une intelligence moins qu'ordinaire, car on n'a jamais pu lui apprendre complètement la lecture ; elle semble avoir comblé cette lacune par une assez grande habileté pour les travaux d'aiguille.

La monstruosité consiste chez elle en ceci : entre les deux jambes normales, on aperçoit un troisième membre qui, à part une légère déformation du pied, ne diffère pas du membre abdominal droit ; ainsi elle a une jambe gauche et deux droites ; à côté de cette jambe surnuméraire existe le rudiment d'un quatrième membre en avant duquel s'étale une mamelle ; la marche de Blanche est excessivement pénible ; nous passerons sous silence les autres détails qui portent sur les organes sexuels et rendent ce cas aussi intéressant que difficile à analyser au point de vue tératologique. Ainsi en ont jugé les savants qui ont pu examiner Blanche et se sont posé la question de savoir à quel type il convenait de rattacher cette monstruosité qui, au point de vue où nous nous plaçons ici, est un exemple curieux de monstre double, n'ayant cependant que les apparences d'un monstre simple [1].

Nous terminerons cette liste des monstres composés célèbres par celui qui est parvenu à la renommée la plus universelle, et qui est connu sous le nom de Frères Siamois.

---

[1] Le docteur Maurice en a donné une étude détaillée dans les *Annales de la Société médicale de Saint-Étienne et de la Loire*, année 1875.

C'est vers l'année 1811 que Cheng et Eng reçurent le jour dans un village situé près de Bangkok; leur père était d'origine chinoise, leur mère était siamoise.

Lorsqu'ils vinrent au monde, ils étaient d'une petitesse exceptionnelle et ils présentaient une situation telle que l'un touchait de sa tête les pieds de l'autre; c'était la même position respective qu'ils affectaient dans le sein maternel afin d'y occuper le moins possible d'espace; pendant leur première enfance, ils prenaient parfois instinctivement cette attitude soit qu'ils dormissent, soit qu'ils se livrassent à leurs jeux.

Une humble bourgade fut la seule d'abord à savoir l'existence de ce monstre; mais un jour M. R. Hunter, négociant et résident anglais à Bangkok, ayant entendu parler de lui, se rendit auprès de ses parents et l'ayant vu, conçut aussitôt le projet de le faire connaître aux diverses contrées du monde; il pensait qu'il pourrait intéresser la science et entrevoyait en même temps une source de gain pour lui-même.

Il fit donc part de ce projet à la famille; celle-ci, contre son attente, ne voulut pas y consentir et elle lui fit savoir en outre que le roi Chao-pâ-yè s'opposait formellement au départ de Cheng-Eng.

Il revint chez lui bien décidé à ne pas abandonner sa résolution, mais aussi à attendre quelque temps avant d'entamer de nouvelles négociations.

En effet, après quelques années, il fit des propositions plus avantageuses que la première fois; les parents étaient dans une situation de fortune précaire: ils ne purent résister et après avoir obtenu du roi, leur maître, le passe-port nécessaire, ils se séparèrent de leur enfant-monstre.

Muni de son trésor, M. R. Hunter s'embarqua à destination de Boston, où il arriva dans les premiers jours d'août 1829.

Sa première visite fut pour le professeur John Waren, qui, après avoir examiné avec le plus grand soin Cheng et Eng, consigna le résultat de son étude dans un article qui parut au *Journal des annonces*, au numéro du 27 août 1829.

Désormais en possession d'un témoignage émanant d'une haute autorité scientifique, M. R. Hunter était sûr du résultat des exhibitions : sa fortune était au bout; il se mit donc avec ardeur à promener de ville en ville son phénomène et, après deux mois de plantureuses recettes, jugeant que la curiosité publique était à peu près satisfaite, il fit voile pour l'Angleterre, où il aborda dans le mois de décembre de la même année.

Précédé de si grands succès, il ne pouvait que réussir également dans ce pays; il continua donc à s'enrichir et, après cette seconde et fructueuse campagne, il se prépara à venir en France.

Il ne supposait pas qu'il rencontrerait là un obstacle à l'exhibition de son monstre; cependant l'administration lui refusa l'autorisation et, quoi qu'il fît, il dut renoncer à le produire en public et se contenter de le faire voir en particulier à quelques savants.

Mais cela ne faisait pas son affaire, ni surtout celle de Cheng et Eng; d'ailleurs ceux-ci recevaient depuis quelque temps de mauvaises nouvelles d'Amérique : les placements d'argent qu'ils avaient faits avaient mal tourné; il y avait donc nécessité de combler les déficits causés par de malencontreuses spéculations. Au lieu de revenir en Amérique, ce à quoi ils tendaient de tous leurs vœux, ils résolurent de continuer le cours de leurs pérégrinations, et, après quelques voyages en Europe, ils repassèrent par Paris. Les torts de la fortune avaient pu être en partie réparés; ils étaient décidés à rejoindre le pays qu'ils appelaient leur patrie d'adoption, et, après quelque temps de repos, ils devaient s'embarquer définitivement. Mais leur barnum n'avait pas perdu l'espoir d'obtenir à Paris ce qui lui avait été refusé une première fois; il s'adressa aux savants pour qu'ils lui aplanissent les difficultés administratives, et, grâce à Coste et à plusieurs autres personnages considérables du monde scientifique, il finit par avoir l'autorisation tant désirée; mais ce ne fut pas sans peine, ni surtout sans un stratagème que les savants eux-mêmes n'avaient pas soupçonné : il prétendit, en effet, qu'il désirait consulter le plus grand nombre de célébrités chirurgicales, afin de savoir s'il n'y aurait pas quelques tentatives à faire pour séparer les deux êtres qui composaient le monstre.

Cet expédient lui réussit donc; mais, au fond, il savait fort pertinemment que jamais Cheng-Eng ne consentiraient à une semblable opération. Déjà, une première fois, en 1829, le docteur Thomas Harris avait parlé de cela devant eux; mais il n'avait pas réussi à les convaincre; bien loin de là, il avait excité chez Eng une violente colère, et avait même failli être battu par la plus irascible des deux moitiés du monstre. Lorsque le Sauvage et Coste furent consultés sur cette question par le barnum, qui ne la fit, ainsi que nous l'avons dit, que tout platoniquement et dans l'unique but de les intéresser à la solution de la difficulté administrative, ces deux savants opinèrent dans le sens d'une tentative qu'ils considéraient comme pouvant être couronnée de succès; ils n'étaient pas les seuls, d'ailleurs, et beaucoup de chirurgiens anglais et américains avaient exprimé le même sentiment. Cependant, si l'on rapproche cette manière de voir des détails révélés par l'autopsie qui fut faite après leur mort, on voit que la bande unissante était constituée par des éléments anatomiques importants : elle était, en effet, traversée par des vaisseaux de premier ordre, dont la section aurait donné lieu à une hémorrhagie qui aurait entraîné la mort immédiate des deux sujets, à moins d'admettre, ce qui est plus que douteux, qu'on fût parvenu à s'en rendre maître par une ligature portant sur une communication vasculaire des deux foies; il entrait encore, dans la composition de la bande, des prolongements péritonéaux, dont deux appartenaient à Eng, et le troisième à Cheng; il y avait enfin des cartilages fournis par les deux extrémités des sternums.

Quelqu'habilement conduite qu'eût été l'opération, il est permis de croire qu'elle n'avait que des chances bien faibles de succès. Le sentiment du docteur Pancoast, auteur d'un travail où sont résumées les recherches des docteurs Allen et Harisson, qui ont procédé à l'autopsie, est que l'opération n'aurait pas offert plus de dangers que celles qu'on pratique dans la cavité abdominale ; il ajoute que, tout au moins, elle aurait pu être tentée dans la première enfance ; il croit aussi qu'après la mort de Cheng on serait arrivé à sauver Eng, qui jouissait à ce moment d'une parfaite santé.

Cependant, et malgré la haute autorité du docteur Pancoast et de ceux qui émirent la même opinion, nous croyons qu'il eût été un opérateur bien osé celui qui aurait plongé le couteau sur une région dont il n'aurait pas parfaitement connu les éléments constitutifs ; car, nous le répétons, il n'a pas été possible de diagnostiquer, pendant la vie, ce que l'autopsie a seule révélé.

D'ailleurs, à part quelques cas fort rares et dont l'authenticité peut être révoquée en doute, cette section de la bande unissante des monstres composés a toujours échoué. Treyling raconte l'histoire d'un monstre femelle, du type d'Hélène Judith, qui mourut après une tentative de ce genre, faite au quatrième mois. Peut-on invoquer l'observation du docteur Böhm de Gunzenhausen, qui a désuni deux sœurs soudées par la pointe de leur sternum ? L'une d'elles, il est vrai, a survécu à l'opération ; elle était âgée de cinq ans en 1866, et jouissait d'une bonne santé ; mais en admettant que le sacrifice de la moitié de ce monstre ait été suffisamment compensé par la

liberté rendue à l'autre moitié, on ne doit pas comparer la bande qui les unissait à celle qui existait
chez Cheng-Éng.

Quant aux jumelles suisses, qui naquirent en 1869,
et qui auraient été séparées aussitôt après leur naissance avec succès, les détails de l'observation et
surtout ceux qui concernent la constitution de la partie par laquelle elles étaient jointes, sont trop peu
précis pour qu'on puisse accorder une bien grande
confiance à ce cas.

Aussi, il est parfaitement avéré que jamais Cheng
et Eng ne se fussent décidés à affronter les dangers
d'une opération. Est-ce à dire que leur résistance
fut, comme le prétend I. G. Saint-Hilaire, puisée dans
l'affection mutuelle qu'ils ressentaient l'un pour
l'autre ?

Sans doute, cette affection a existé, mais peut-être
pas au point où I. G. Saint-Hilaire la porte dans son
récit lorsqu'il écrit que ce fut plutôt le bonheur qu'ils
éprouvaient à se sentir constamment l'un près de
l'autre, que la crainte de la mort qui leur fit repousser les propositions des chirurgiens. L'habitude de ce
mutuel esclavage auquel était condamnée chacune
de leurs actions, même les plus secrètes, les plus intimes, n'avait-elle pas plutôt fini par émousser leur
sensibilité? Ou bien n'est-ce pas depuis leur plus
tendre enfance qu'ils s'étaient formés à cette alliance
qu'un secret instinct leur faisait entrevoir comme ne
pouvant être rompue qu'à la condition de les exposer
à mourir tous les deux?

Elle est vraiment touchante la peinture que cet écrivain fait de l'harmonie qui, suivant lui, n'a cessé de régner entre eux depuis leur enfance; il y a là tout le canevas d'un épithalame; il les compare à deux instruments qui résonnent à l'unisson lorsqu'on en fait vibrer les ressorts; et cette harmonie ne résulte pas de l'individualité physiologique que l'on pourrait supposer être unique dans ce double corps, puisque l'un peut ressentir des malaises sans que l'autre éprouve la moindre indisposition; quant à leur individualité morale, elle est elle-même très nettement isolée ainsi qu'en témoigne l'expression simultanée des sentiments les plus opposés; Cheng est triste lorsque Eng est joyeux; Eng se laissera aller à un mouvement de colère quand Cheng demeurera calme; Cheng suivra un entretien dont le sujet sera tout à fait sans rapport avec celui de la conversation que Eng aura engagée avec une autre personne; la mort enfin, lorsqu'elle surprendra Cheng, ne créera pas le plus léger trouble dans la santé d'Eng, et, si ce dernier n'a survécu que quelques heures à son frère, c'est que la nouvelle fatale l'a surpris sans qu'il y eut été préparé et qu'elle a produit une sidération nerveuse qui l'a foudroyé [1].

[1] L'état physiologique et psychologique des monstres composés est d'un haut intérêt; son étude peut jeter de vives lumières sur les controverses relatives au mode de formation des monstres de cette espèce; au chapitre VII, quand nous avons exposé les diverses théories embryogéniques, nous n'avons pas fait intervenir cet ordre de considérations, parce qu'il nous a paru que la science n'était pas en possession d'éléments suffisants.

Quant à ce qui est des frères siamois, dès leur arrivée à Paris en

Mais revenons à eux et reprenons-les à cette phase de leur existence où ils jugèrent que le moment était venu pour eux d'en finir avec leur vie nomade et d'aller se fixer pour toujours dans leur patrie adoptive. Les brèches de leur fortune avaient été à peu près réparées ; ils pouvaient acheter une propriété, se marier, vivre libres et heureux ; ils s'embarquèrent donc pour l'Amérique du Nord et arrivèrent à une localité appelée Mount-Airy, située sur l'un des riches versants des montagnes Bleues.

Là, ils firent l'acquisition d'une ferme et s'y établi-

1835, les journaux ont discuté ce problème et lui ont consacré de nombreux articles. Les feuilles politiques soutinrent qu'il y avait chez ce monstre une fusion morale, c'est-à-dire que la dualité n'allait pas au-delà de son corps ; les savants, Coste et Virey entre autres, admirent l'autonomie psychique de chaque moitié : les détails que nous donnons dans notre notice biographique ne nous semblent pas pouvoir laisser la moindre hésitation sur l'existence de la dualité de Cheng-Eng.

Dans sa *Physiologie*, Müller a tiré de cet ordre de considérations des arguments qui ont trait à la question de la théorie touchant le mode de formation de ces monstres. Il pense que l'accomplissement d'une volonté unique par deux organes similaires porte à faire admettre la scission primitive d'un germe unique de préférence à la fusion de deux germes distincts, dans le cas d'un monstre à une seule tête terminant un corps double. S'il s'agit d'un monstre à deux têtes placées sur un corps simple inférieurement, l'observation, suivant Muller, aurait démontré que chacune des deux têtes n'a pas d'influence sur tout le reste du corps ; la tête droite n'en a que sur la moitié correspondante de ce corps, et la gauche sur la partie gauche ; réciproquement, l'irritation provoquée sur le pied droit n'est perçue que par la tête droite ; sur le pied gauche que par la tête de ce côté. Il en résulterait, selon ce physiologiste, que ces derniers monstres proviendraient plutôt d'une soudure de deux germes distincts que de la division d'un germe unique. (*Physiol.*, t. II, p. 543.)

Si l'on applique ces données aux frères siamois, on arrivera à conclure qu'ils résultent d'une fusion de deux germes.

rent comme cultivateurs, sous le nom des frères Bun-
ker ; leurs goûts très prononcés pour les travaux des
champs en firent promptement des agriculteurs très
entendus. Une fois leur situation bien assise, ils cher-
chèrent à se marier et ils épousèrent les deux sœurs,
comme s'ils eussent voulu resserrer plus fortement
les liens qui les unissaient ; de ce côté encore le destin
leur fut favorable, car ils eurent des enfants dont le
nombre atteignit vingt-deux, tous bien constitués,
robustes et sains.

Dans les moments de loisirs que leur laissaient
leurs occupations agricoles, ils n'avaient pas de passe-
temps plus agréable que de se livrer à l'exercice soit
de la pêche, soit de la chasse ; rien enfin n'était
encore venu troubler la félicité de cette intéressante
famille de la ferme de Mount-Airy.

Mais un jour, un point noir assombrit ce beau
ciel ; Cheng fut frappé de congestion cérébrale ; depuis quelque temps, il s'était adonné à des libations
copieuses et son intempérance avait fini par prendre
de telles proportions, qu'il devait arriver tôt ou tard
à en être victime.

L'affection ne fut pas mortelle, grâce aux soins
assidus et dévoués dont il fut entouré, mais il lui
resta une paralysie de tout un côté du corps.

Averti par ce coup qui avait failli l'abattre, il eut
la force de se corriger ; il devint sobre, et après quelques années il ne lui restait de son hémiplégie que
quelques traces insignifiantes ; plusieurs années de
félicité leur furent encore accordées et rien ne faisait

prévoir que l'heure fatale approchait, lorsqu'un soir, après une partie de chasse, Cheng, dont la santé n'avait jamais été douée de la même résistance que celle de son frère, fut pris d'un refroidissement auquel la grande fatigue de la journée n'était pas étrangère; il se mit au lit, passa une mauvaise nuit et présenta, le matin, tous les signes d'une fluxion de poitrine.

La maladie fit des progrès rapides; tout son entourage fut assiégé de tristes pressentiments; Eng seul ne se doutait pas de l'évènement sinistre qui se préparait; le quatrième jour la situation avait manifestement empiré; l'oppression était devenue plus grande, la fièvre plus marquée; il rendit enfin le dernier soupir dans la nuit du 17 janvier 1874, et cela, sans que son frère s'en fût aperçu et sans que cette catastrophe eût interrompu son sommeil.

De grand matin, l'un des fils pénètre dans la chambre, il s'approche doucement du malade et il remarque qu'il ne respire pas; comprenant bien que le dénouement prévu était arrivé, il réveille Eng qui, à la vue du cadavre de son frère, s'écrie avec angoisse : Je suis perdu !

Il entre alors dans une violente agitation, son cerveau s'embarrasse, il balbutie des paroles incohérentes auxquelles succèdent le délire et l'agonie; la mort vient, après quelques heures, mettre fin à cette scène où toute la famille fut frappée dans ses affections les plus chères.

Aussitôt que la nouvelle du décès de Cheng-Eng

fut parvenue à Philadelphie, les médecins du collège de la ville se mirent en mesure d'obtenir l'autorisation de faire l'autopsie du corps. Ils s'adressèrent pour cela aux deux veuves, qui n'y mirent aucune opposition, mais posèrent comme condition formelle que les médecins ne porteraient pas le scalpel sur un autre point du corps que sur la bandelette unissante, et que, cette recherche une fois terminée, ils renverraient leurs défunts à Mount-Airy.

L'examen fut pratiqué par les docteurs Harisson et Allen; les incidents et les détails les plus intéressants ont été exposés dans les pages qui précèdent. Ici se termine la notice biographique que nous avons consacrée à cet intéressant omphalopage siamois, jusqu'ici le plus célèbre peut être de tous les monstres.

CONCLUSION.

De toutes les superstitions qui ont joué et jouent encore un rôle si néfaste dans le développement de l'humanité, il n'en est pas qui, au même degré que celle des monstres, ait donné lieu aux conceptions les plus étranges, aux doctrines les plus insensées, aux procédés les plus iniques, et jusqu'aux crimes, enfin, les plus odieux.

Ces assertions reposent sur de nombreux témoignages que nous a fournis l'histoire et sur tout un ensemble de faits que nous avons vu se détacher de la lugubre liste des aberrations sorties de l'esprit humain depuis que la raison, dégagée des ténèbres de l'instinct pur, n'a pris son essor que pour se trouver en lutte incessante avec l'esprit de la superstition.

La science moderne n'est contemptrice ni des enseignements de la métaphysique ni des efforts tentés pour concilier ses données avec ces enseignements ; mais le mouvement, qui est sa loi, est incompatible avec l'immobilité, qui est celle du dogme ; elle est sans doute exposée aux défaillances de la raison ; mais une raison plus éclairée redresse ces erreurs : tel est le procédé d'après lequel s'élève graduellement l'édifice des connaissances humaines, telle est la genèse du savoir humain ; mais quelle règle, quelle discipline y a-t-il pour l'imagination égarée dans les régions du mysticisme ?

Les progrès de la science sont donc liés à l'autonomie de la raison, dont la puissance n'a pour limites que le point où cessent les manifestations sensibles des phénomènes et où commence le domaine particulier de la métaphysique ; celle-ci plane dans la région des causes premières : la science s'arrête au seuil des investigations qui relèvent de l'expérimentation ; lorsque la métaphysique a donné une formule au mode suivant lequel l'évolution des êtres se produit, elle a aussitôt arrêté la marche de cette partie fondamentale de la biologie, et la connaissance des lois de l'embryogénie est demeurée stationnaire jusqu'au jour où cette étude est entrée dans la sphère d'action de la science expérimentale ; nous en avons fourni d'irréfutables preuves dans cet ouvrage.

Mais l'énumération des superstitions et des faits qui en constituent la trame serait destituée de tout intérêt si ces faits n'étaient envisagés dans leurs rapports avec les conceptions scientifiques, philosophiques et religieuses ; aussi, en prenant la superstition des monstres, avons-nous recherché ses relations avec les doctrines et les idées régnantes chez les peuples où nous avons pu en suivre le développement.

Partant de l'antiquité, nous avons montré les phases diverses de cette superstition et nous l'avons conduite jusqu'au moment où l'édifice d'erreurs accumulées par tant de siècles s'est écroulé au souffle de la science.

Ce moment est celui où paraissent les immortels travaux des deux Geoffroy Saint-Hilaire, dans lesquels sont formulées les lois qui régissent l'organisation des êtres anormaux : la science des monstres est définitivement fondée, et c'est à eux qu'en revient l'honneur.

Désormais va se dissiper cet inextricable chaos où s'étaient si longtemps confondus les mythes, les fictions et les réalités : l'esprit mesure maintenant la distance qui sépare le merveilleux du vrai, les êtres fantastiques de ceux que crée la nature.

Cependant, si la science est parvenue à saper la superstition des monstres, elle ne songe point à s'attaquer aux légendes. Les superstitions ne sont pas de la même famille que les légendes : souvent elles se mêlent à elles, mais par surprise et en s'imposant comme les mauvaises compagnies s'imposent aux bonnes. Les mythes sont les échos des âges naïfs de l'humanité primitive : les superstitions sont les expressions de ses terreurs ; les mythes n'altèrent ni le calme ni la sérénité de l'âme : les superstitions l'assombrissent, elles rendent les hommes haïssables entre eux.

La science n'a point à donner un corps aux fictions des âges qui ne sont plus : son domaine n'est pas celui de la poésie ; mais la science et la poésie sont sœurs : si leurs regards sont opposés, leurs mains se touchent ; les blondes fées continueront à rester fidèles aux berceaux des petits enfants, à répandre sur leurs rêves leur poussière d'or et à caresser leurs fronts de la baguette magique qui dispense le bonheur, la fortune, le génie.

Ésope, Phèdre, Perrault, La Fontaine, sont immortels.

Mais la science a entrepris d'écraser Satan et son infernale cohorte, les mensonges et les superstitions, spectres plus noirs, monstres plus hideux que ceux dont nous avons essayé d'esquisser l'histoire.

FIN.

BIBLIOGRAPHIE

BIBLIOGRAPHIE.

ACCARIAS (C.). Précis de droit romain, 2e édit., t. Ier, liv. I et II, des Institutes. *Paris*, 1874, in-8°.

ACKERMANN (J.-F.). Infantis androgyni historia et iconographia. *Ienæ*, 1805, in-fol., pl.

ALDROVANDUS (Ulysses). Opera omnia. *Bononiæ*, 1599-1668, 13 vol. in-fol., fig.

> Le volume qui traite des monstres : *Monstrorum historia, cum paralipomenis historiæ omnium animalium*, a été publié en 1648. Les cinq premiers volumes ont seuls été écrits par Aldrovande ; les autres, notamment le volume des monstres, ont été composés d'après ses manuscrits par divers auteurs.

ALLEN THOMSON. Remarks on the early condition and probable origin of double monsters, 1844, in-8°.

ANCILLON. Traité des Eunuques dans lequel on explique toutes les différentes sortes d'Eunuques, quel rang ils ont tenu, et quel cas on en a fait, etc. On examine principalement s'ils sont propres au mariage, et s'il leur doit être permis de se marier, et l'on fait plusieurs remarques curieuses et divertissantes à l'occasion des Eunuques, etc., par M... D... *S. l.*, 1707, in-12.

> Ancillon, qui se piquait pourtant d'érudition, s'est laissé prendre à la plaisanterie de Fontenelle, publiée sous le titre : *Relation de l'isle de Bornéo*.
>
> « *Mreo*, reine de l'isle de Bornéo, dit-il, page 65, veut que tous ses ministres soient eunuques ; *Eenegu*, princesse qui lui dispute le trône, ne veut point d'eunuques dans sa cour. » Il ne s'est pas douté que ces deux noms n'étaient que les anagrammes de Rome et de Genève.

ANDRY (N.). Traité de la génération des vers dans le corps de l'homme. *Paris*, 1700, in-12.

— Eclaircissements sur le livre de la Génération des vers dans le corps de l'homme. *Paris*, 1702, in-12.

> Au tome II de la troisième édition de ce livre, *Paris*, 1741, 2 vol. in-12, p. 754, se trouve la traduction d'une thèse en latin, par Geoffroy, l'un des ancêtres d'Etienne Geoffroy Saint-Hilaire : *An humanis primordia vermis?* 1704 ; il y appuie la préexistence des germes. A cette thèse fait suite une série d'objections de M. Tauvri, membre de l'Académie des sciences, dans l'une desquelles il énonce et explique comment une troisième espèce peut provenir d'accouplements différents.

ANTIGONI Carystii historiarum mirabilium collectanea, gr. et lat., Ioan. Meursius recensuit et notas addidit. *Lugd. Bat.*, 1619, pet. in-4°.

> Réimprimé pour la partie grecque, avec un commentaire de Beckmann, à Leipzig en 1791, in-4°.

ARISTOTELIS Liber de mirabilibus auscultationibus explicatus a I. Beckmann, additis annotationibus varior., subjectis sub finem notulis Heynii, etc. *Gottingæ*, 1786, in-4°.

> L'édition de l'*Antigonus* de Beckmann (voir ci-dessus) renferme des observations sur le *Liber de mirabilibus* d'Aristote.

ARNAUD DE RONSIL (Georges). Dissertations sur les hermaphrodites. *Londres*, 1765, in-8°.

> Cet ouvrage a été traduit en allemand, à Strasbourg, en 1777, sous le titre : *Anatomisch-chirurgische Abhandlung über die Hermaphroditen*, in-4°, planches.

AUGUSTIN (Saint). La Cité de Dieu (trad. de P. Lombert). *Paris*, 1675, 2 vol. in-8°.

— (Trad. de l'abbé Goujet). *Bourges*, 1818, 3 vol. in-8°.

— (Trad. par E. Saisset). *Paris, Charpentier*, 1855, 4 vol. in-18.

BAER. Ueber doppelleibige Missgeburten oder organische Verdoppelungen in Wirbelthieren. (*Mém. de l'Académ. imp. des sciences de Saint-Pétersbourg*, 6e série, t. IV, 1845.)

BANIER. Dissertation sur les Pygmées, par l'abbé Banier.

> Tome V des *Mémoires de l'Académie des inscriptions et belles-lettres*.

BARKOWIUS (I.-C.-Léop.). Monstra animalium duplicia per anatomen indagata descripsit, iconibusque illustravit. *Lipsiæ*, 1828-35, 2 part. in-4°, pl.

BARTHOLINI (T.). De unicornu observationes novæ. *Amsterdam*, 1678, pet. in-12; fig. de Romain de Hooghe.

BAUHINUS (Gasparus). De hermaphroditorum monstrorumque partuum natura ex Theologorum, Jureconsultorum, Medicorum, Philosophorum et Rabbinorum sententia Libri duo. *Oppenheimii, typis Hieronymi Galleri, ære Iohan. Theod. de Bry*, 1614, in-8°, portr. et 6 fig.

> Les pages 574 à 594 qui terminent ce volume et qui manquent souvent à ce livre rare, plus curieux qu'utile, ont un titre spécial : *Icones hermaphroditorum et monstrorum*.

BEAUBLÉ. Garçon et fille hermaphrodites, vus et dessinés par un des plus célèbres artistes et gravés avec tout le soin possible pour l'utilité des studieux. *Paris*, 1772, in-8°, plaquette de 13 pages, titre et texte gravés ; deux belles figures non signées.

> Le titre est signé : Beaublé scripsit.

BEAUVOYS DE CHAUVINCOURT (de). Discours sur la Lycanthropie ou la Transmutation des hommes en loups. *Paris,* 1599, in-8°.

Ce gentilhomme angevin en affirme la possibilité.

BÉCHET (J.). Essai sur les monstruosités humaines. *Paris,* 1829, in-4° (thèse).

BÉCLARD (P.-A.). Leçons orales sur les monstruosités. *Paris,* 1822, in-8°.

BELLET. Lettres sur le pouvoir de l'imagination des femmes enceintes, où l'on combat le préjugé qui attribue à l'imagination des mères le pouvoir d'imprimer sur le corps des enfants renfermés dans leur sein la figure des objets qui les ont frappées. *Paris,* 1745, in-12.

Ce livre a paru sans nom d'auteur. La bibliothèque de M. le docteur Danyau, ancien professeur et chirurgien en chef de la Maternité, renfermait un exemplaire de cet ouvrage, sur la garde duquel on lisait : « A Madame la présidente d'Aligre, de la part de son très humble serviteur, Bellet. » Bellet (Isaac), médecin de l'Académie de Bordeaux, était inspecteur général des eaux minérales de France.

BENEKE. Disquisitio de ortu et causis monstrorum. *Gottingæ,* 1846, in-4°.

BÉRARD (J.). Causes de la monstruosité et autres anomalies de l'organisation humaine. *Paris,* 1835, in-4°.

Thèse.

BERGER DE XIVREY (Jules). Traditions tératologiques ou récits de l'antiquité et du moyen âge en Occident sur quelques points de la Fable, du merveilleux et de l'histoire naturelle publiés d'après plusieurs manuscrits inédits grecs, latins et en vieux français. *Paris, Imprimerie royale,* 1836, in-8°.

Ce volume renferme quatre traités dont le premier : *De monstris et belluis,* d'après un ms. du dixième siècle, et le dernier : *Proprietez des bestes qui ont magnitude, force et pouvoir en leurs brutalitez,* extraites d'un ms. de Saint-Germain-des-Prés (roman d'Alexandre), ont plus spécialement trait à la tératologie.

BETBEDER. Mémoire sur un enfant monstrueux ayant deux têtes.

Publié dans les *Mémoires de l'Académie des sciences,* 1756.

BIANCHI (Giamb.). Storia del monstro di due corpi, che nacque sul Pavese in giugno 1748 ; riferita da G. Bianchi. *Torino, Ant. Campana, s. d.* (1749), in-8°, fig.

BLACKSTONE (Sir W.). Commentaire des lois anglaises. *Dublin,* 1797. 3 vol. in-8°.

(Commentaries on the laws of England. Oxford, 1765-68. 4 vol. in-4°.)

BLONDEL (J.). Dissertation physique sur la force de l'imagination des femmes enceintes sur le fœtus. (Trad. de l'anglais par Alb. Brun.) *Leyde,* 1737, in-8°.

Ce volume contient les anecdotes les plus bizarres.

BODIN. La Dé...onomanie des Sorciers. *Paris, Jacques Dupuy*, 1582, in-4°.

> Nous avons eu aussi entre les mains une édition de Lyon, 1598, in-8°. Le chapitre VI du livre II est consacré à la lycanthropie. Cet ouvrage a été traduit en latin, à Bâle, en 1581, et à Francfort en 1590.

— Le fléau des Démons et des Sorciers, par J.-B. (Bodin). *Nyort*, 1616, in-8°.

BOERHAVE (Abr.-K.). Historia anatomica infantis cujus pars corporis inferior monstrosa. *Petropoli*, 1754, 2 part., in-4°.

BOETHII Deidonani (Hectoris) Historiæ Scotorum a primâ gentis origine libri XIX, cum continuatione Joan. Ferrerii ad annum 1488. *Parisiis*, 1574, in-fol.

BOIASTUAU ou **BOYSTUAU** (Pierre). Histoires prodigieuses extraites de plusieurs fameux auteurs grecs et latins, par Boiastuau, C. de Tesserant, Fr. de Belleforest, Rod. Hoyer et J. D. M. (Jean de Marconville). *Paris*, 1597-98, 6 vol. in-16, fig. sur bois.

> La première partie est seule de Boiastuau. — La cinquième renferme la traduction du traité des monstres, d'Arnauld Sorbin, par de Belleforest.

BOILLOT (Jos.). Nouveaux pourtraitz et figures de termes pour user en l'architecture, composez et enrichiz de diversité d'animaulx representez au vray selon l'antipathie et contrariété naturelle de chacun d'iceux. *Imprimé à Lègres, par Iehà des prey, s. d.* (1592), in-fol.

> Ce livre a été reproduit en grande partie à Paris, en 1750, par Mariette. In-8°.

BORDELON (abbé). Histoire des imaginations extravagantes de M. Ouffle, causées par la lecture des livres qui traitent de la magie, du grimoire, des démoniaques, sorciers, loups-garoux, incubes, succubes et du sabbat, des fées, ogres, esprits follets, etc. *Amsterdam*, 1710, 2 vol. in-12, fig.

> Deuxième édition sous la date de Paris, 1754.

BOREL (P.). De monstris. Manuscrit.

> Pierre Borel, qui fut médecin, chimiste et antiquaire (1620-89), laissa un grand nombre de manuscrits.

BOUCHAUD (Math.-Ant.). Commentaire sur la loi des XII Tables. *Paris*, 1803, 2 vol. in-4°.

> La première édition est de 1787.

BRAUNE. Die Doppelbildungen und angebornen Geschwülste der Kreuzbeingegend (Des Formations doubles et des grosseurs innées de l'os foundamental). *Leipzig*, 1862.

BRESCHET. Déviations organiques. (Art. *Dictionn. de médecine*, t. VI. *Paris*, 1823.)

BRILLON (Pierre-Jacques). Dictionnaire des Arrêts ou Jurisprudence universelle des Parlements de France. *Paris*, 1727, 6 vol. in-fol.

> Tome II, p. 435, *Portentum, ostentum, monstrum.* Page 150, § 13, *Loi des XII Tables.* Tome III, p. 98, § 26, *Enfant monstre.*

BROCA. Sur les doctrines de la diplogénèse et discussion sur les monstres doubles. (*Bull. Soc. anthr.*, 2e série, t. IX, 1874.)

BROOM (Herb.) and **HADLEY** (E.). Législation anglaise. *Londres*, 1869, in-8°.

BROWN (Thomas). Enquiries in to vulgar and common errors (6e édit.), 1673, in-4°.

> La première édition remonte à 1646. C'est à l'abbé Jean-Baptiste Souchay que Barbier attribue la traduction de l'édition française, publiée sous le titre : *Essai sur les erreurs populaires, ou Examen de plusieurs opinions reçues comme vraies, qui sont fausses et douteuses.* Paris, 1738, 2 vol. in-12.

BUFFON. Histoire naturelle générale et particulière. *Paris, imprim. royale*, 1749-1804, 44 vol. in-4°.

> Voir le supplément IV de l'*Hist. naturelle* (1777).

BUNZELIUS (J.-G.). De gigantibus. *Altdorfi*, 1698, in-4°.

CALMES (Aug.). Traité sur les apparitions des esprits et sur les vampires. *Paris*, 1751, 2 vol. in-12.

> La première édition est intitulée : *Dissertations sur les apparitions des anges, des démons et des esprits, et sur les revenants et vampires de Hongrie, etc.* Paris, 1746, in-12, fig.

CAPADOSE (Abr.). Dissertatio physiologica, pathologica de fœtu intra fœtum. *Luyd. Bat.*, 1818, in-8°.

CASSANIONE (Joan.). De gigantibus, eorumque reliquiis, atque iis quæ ante annos aliquot nostra ætate in Gallia repertæ sunt; ubi etiam de admirandis prodigiosisque quorumdam viribus agitur, qui ad gigantum naturam proxime videntur accedere; obiter etiam Joannis Gorropii error perstringitur, qui in sua Gigantomachia nulla gigantum corpora tanta, quanta dicuntur fuisse affirmat. *Basileæ*, 1580, pet. in-8°.

> Il existe une édition sous la date de 1587, *Spire*, in-8°. — L'ouvrage de ce paléontologue italien a été traduit en allemand par J. Vogel, sous le titre : *Bericht von den alten Riesen, etc.* Grolitz, 1588, in-4°.

CHAMPEAU. Réflexions sur les hermaphrodites, relativement à Anne Grandjean, qualifiée telle dans un mémoire de Me Vermeil. *Avignon et Lyon*, 1765, in-8°.

> Voir VERMEIL.

CHARLIER. Monstre sans cerveau, par Charlier, 1865.

> Collect. Hamy.

CHARVET. Recherches pour servir à l'histoire générale de la monstruosité. *Paris*, 1827, in-4° (thèse).

CHAUSSIER et **ADELON**. Monstruosité. (Art. du *Dictionn. des sciences médic.*, t. XXXIV. *Paris*, 1819.)

CHIAJE (Delle). Istoria anatomico-teratologica intorno ad una bombina rinocefala-monocola. *Neapoli*, 1840, 4 pl.

COYER (l'abbé). Lettre au docteur Mathy sur les géants patagons. *Bruxelles (Paris)*, 1767, in-12.

DARESTE (C.). Recherches sur les origines de la monstruosité double chez les oiseaux. (*Ann. sc. nat.*, 5e série, t. III.)

— Mémoire sur la Tératogénie expérimentale et Communications sur les monstres doubles. (*Mém. Soc. anthr.*, 1873-1874.)

— De la Production artificielle des monstruosités, ouvrage couronné par l'Académie des sciences. *Paris, Reinwald*, 1878, in-8°.

> M. Dareste avait déjà publié, en 1862, un *Mémoire sur la production artificielle des monstruosités de l'espèce de la poule.*

DAVAINE (C.). Monstres. (Art. du *Dictionn. encyclop. des sciences médicales*, 2e série, t. IX. *Paris*, 1875.)

DEMANGEON (Dr. J. D.). Considérations physiologiques sur le pouvoir de l'imagination naturelle durant la grossesse. *Paris*, 1807, in-8°.

— De l'imagination considérée dans ses effets directs sur l'homme et les animaux et dans ses effets indirects sur les produits de la gestation. *Paris*, 1829, in-8°.

DENIS (Ferdinand). Le monde enchanté. Cosmographie et histoire naturelle fantastiques du moyen âge. *Paris*, 1843, in-18.

> Homme monstrueux qui s'ombrage de son pied. — Hommes cornus.— Hommes à cinq yeux. — Hommes à pieds de chevaux. — Hommes à queues. — Géants. — Nains, etc.

— Sciences occultes au moyen âge et à la Renaissance. *Paris*, 1852, in-4°.

> Ce travail est un tirage à part du grand ouvrage : *le Moyen Age et la Renaissance*, publié par P. Lacroix et F. Seré. Paris, 1848-51, 5 vol. in-4°, fig.

DEUSING (Ant.), med. ac philosophi fasciculus dissertationum selectarum. *Groningæ*, 1660, pet. in-12.

> Dissertation sur la lycanthropie, l'unicorne, la manne, le sucre, le bézoard, le pélican, la mandragore, etc.

DEVERGIE. Monstruosité. (Art. du *Dictionn. de médecine et de chirurgie pratiques. Paris*, 1834, t. XI.)

DINOUART (l'abbé). Abrégé de l'Embryologie sacrée ou Traité des devoirs des prêtres, des médecins, des chirurgiens et des sages-femmes, envers les enfants qui sont dans le sein de leurs mères. *Paris*, 1769, in-12, figures.

> Réimpression sous la date de 1775.

DOEVEREN (G. Van). Specimen observationum academicarum, ad monstrorum historiam, anatomen, pathologiam, et artem obstetricam præcipue spectantium. *Groningæ*, 1765, in-4°, pl.

DOMAT. Les Loix civiles dans leur ordre naturel, le droit public et le *Legum delectus. Paris,* 1777, in-fol.

> Voir, sur les monstres, Livre préliminaire, tit. II, sect. I, nomb. 14 et 15. — Liv. I, sect. II, nomb. 4. — Liv. II, tit. I, sect. I, nomb. 8.

DORAT. L'androgyn, né à Paris le XXI juillet MDLXX, illustré des vers latins de Jean Dorat, poète du Roy. *Lyon*, 1570, in-8°, 1 figure.

> Le poëme de Dorat est suivi de la traduction de diverses épigrammes de poètes anciens relatives à des monstres. La figure placée dans le volume représente deux enfants attachés par le ventre.

DORFEUILLE. Dissertation sur l'existence des dragons. *Paris,* an VII, in-8°.

> M. Jouyneau-Desloges a cité cet opuscule dans les *Mémoires de l'Acad. celtique.*

DORNIER (D.). Description d'une miniature humaine ou Tableau historique d'une fille naine, remarquable par la petitesse de sa structure, la régularité des formes, etc., etc. *Paris*, 1847, in-8°, fig. color.

DUBE (P.). Histoire de deux enfants monstres, nés dans la paroisse de Sept-Fonds, au duché de S. Fergeau, le 20 juillet 1649; par Paul Dube, docteur en médecine à Montargis. *Paris*, 1650, in-8°.

DURET (Claude). Histoire admirable des plantes et herbes esmerveillables et miraculeuses en nature, mesmes d'aucunes qui sont vrays zoophytes ou plant' animales. *Paris,* 1605, in-8°.

> Volume rempli de figures représentant des plantes et des arbres ayant des formes d'animaux divers.

DUVAL (Jacques). Des Hermaphrodits, accouchements des femmes, et traitement qui est requis pour les relever en santé et bien élever leurs enfants, où sont expliqués la figure du laboureur et verger du genre humain, signes de pucelage, défloration, conception, etc. *Rouen,* 1612, fig.

> Cet ouvrage a été saisi par arrêt du Parlement du 4 avril 1612.

— Responce au discours fait par le sieur Riolan, contre l'histoire de l'hermaphrodite de Rouen. *Rouen, J. Courant, s. d.,* in-8°, portr.
> Voir RIOLAN.

EHRMANN (C.-H.). Description de deux fœtus monstres, dont l'un acéphale et l'autre monopode, du musée d'anatomie de la Faculté de médecine de Strasbourg. *Strasbourg,* 1852, in-fol., 4 pl. lith.

ELBEN (Ern.). Dissertatio anatomico-physiologica de acephalis sive de monstris corde carentibus. *Berolini,* 1821, in-4°, 22 pl.

ESCHBACH. Simple note sur les prétendus monstres, conservés dans quelques ouvrages de droit. *Paris*, 1847, in-8°.

    Extrait de la *Revue de législation* de Wolowski, février 1847. Nouv. série, t. VII.

FARINATOR DE VYENA (Mathias). Liber moralitatum elegantissimus magnarum rerum naturalium, lumen animæ dictus. *Augustæ, Ant.-Sorg*, 1477, in-fol.

    Zoologie fantastique du moyen âge : Description des dragons, des sirènes, des unicornes, etc. Le carme Farinator n'aurait été que l'éditeur de ce livre, dit Liron dans ses *Singularités historiques*. Paris, 1738-40, 4 vol. in-12. Ferd. Denis le considère comme le traité le plus complet sur ce sujet.

FAUST (B.-C.). Anatomische Beschreibung zweier Missgeburten, nebst einer Untersuchung der wahrscheinlichen Entstehung der Missgeburten überhaupt (Description anatomique d'un monstre, avec une dissertation sur l'origine des monstres en général). *Gotha*, 1780, in-8°.

FORSTER (A.). Die Missbildungen des Menschen systematisch dargestellt (Les monstruosités humaines exposées systématiquement). *Iéna*, 1861, gr. in-4°, 26 pl.

FREDERICI (Gottlieb). Monstrum humanum rarissimum... *Lipsiæ*, 1737, in-4°, pl.

GAILLARDET. Mémoires sur la chevalière d'Eon. *Paris*, Dentu, 1866, in-8°.

    Nouvelle édition d'un livre paru pour la première fois en 1836, 2 vol. in-8°, sous le titre : *Mémoires du chevalier d'Eon*, et une seconde fois sous celui de : l'*Hermaphrodite*. Paris, 1861, in-18.

GATIEN DE SEMUR. Traité des erreurs et des préjugés. *Paris*, 1843, in-12.

GEOFFROY SAINT-HILAIRE (Etienne). Philosophie anatomique des monstruosités humaines. *Paris*, 1822, in-8°, pl. in-4°.

    Ce volume forme le deuxième de l'ouvrage publié sous le titre : *Philosophie anatomique*. Le premier, publié en 1818, traite des organes respiratoires et des squelettes des vertébrés.
    Et. Geoffroy Saint-Hilaire a donné ; 1° Aux *Annales générales des sciences physiques* (1821), un mémoire intitulé : *Considérations d'où sont déduites des règles pour l'observation des monstres et pour leur classification ;* 2° aux *Mémoires du musée d'histoire naturelle*, t. VII, un travail sur plusieurs déformations du crâne de l'homme, suivi d'un Essai de classification des monstres acéphales ; t. XII, une Étude sur de nouveaux anencéphales humains, confirmant par l'autorité de leurs faits d'organisation la dernière théorie sur les monstres ; t. XIII des *Considérations zoologiques et physiologiques* relatives à un nouveau genre de monstruosité, nommé *Hypognathe ;* t. XV, un Mémoire sur un enfant monstrueux né dans le département de l'Indre-et-Loire, et déterminé sous le nom d'*Hétéradelphe de Bénais ;* 3° au *Jour. comp. des sc. méd.*, t. XXXIII, un rapport sur un monstre nommé *Synotus ;* 4° au *Dict. class. d'hist. nat.*, t. XI. Paris, 1827, l'article intitulé : *Monstre*.

GEOFFROY SAINT-HILAIRE (Isidore). Histoire générale et particulière des anomalies de l'organisation chez l'homme et chez les animaux, comprenant des recherches sur les caractères, la classification, l'influence physiologique et pathologique, les rapports généraux, les lois et les causes des monstruosités, les variétés et vices de conformation, ou traité de tératologie. *Paris, J. B. Baillière,* 1832-36, 3 vol. in-8° et atlas.

La thèse de médecine soutenue par I. Geoffroy Saint-Hilaire est intitulée : *Propositions sur la monstruosité considérée chez l'homme et les animaux.* Paris, 1829. Il a en outre publié l'article : *Tératologie,* dans le *Dict. d'hist. natur.* de d'Orbigny, Paris, 1848, et il a donné en 1855, aux *Mém. de l'Acad. des sciences,* une description d'un *Omphalopage.*

GERVAIS (Henri). Le Monstre hétéradelphe de Vervins. *Paris, Arthus Bertrand,* 1877.

GIMMA (Hyacinthe). Dissertationes academicæ et hominibus et animalibus fabulosis et brutorum anima et vita. *Neapoli,* 1714, 2 vol. in-4°.

GODEFROY (J.) Fragmenta tabularum XII, restituta. *Paris,* 1616, in-4°.

GRÆTZ (J.-H.). Dissertatio physico-medica de monstroso abortu dessaviensi. *Servestæ,* 1694, pet. in-4°, 1 pl.

GRAFENBERG. Monstrorum historia memorabilis monstrosa humanorum partuum miracula stupendis conformationum formulis ab utero materno errata, vivis exemplis, observationibus et picturis referens. *Francof., Becker,* 1609, in-4°, fig.

GUBERNATIS (Angelo de). Mythologie zoologique, ou les légendes animales, trad. de l'anglais par Regnaud. *Paris,* 1874.

GUIBELET (Jourdain). Trois discours philosophiques. *Evreux,* 1603, in-8°, fig.

Le frontispice et les deux figures anatomiques sont remarquablement gravés par Léonard Gautier. Le médecin Guibelet discute des questions fort singulières : dans un des chapitres il examine si l'homme peut être engendré par des démons incubes ou succubes, et dans un autre, si les démons s'emparent de l'homme mélancolique et par quel moyen on reconnaît les possédés.

HABICOT (Nicolas). Gygantostéologie ou discours des os d'un géant. *Paris,* 1613, in-8°.

Ces ossements, trouvés en Dauphiné en 1613, donnèrent naissance à la brochure suivante : *Histoire véritable du géant Theutobochus, roy des Teutons, Cimbres et Ambrosius, défait par Marius, consul romain, etc.* (par Jacques Tissot), Paris, s. d. (1613), in-8°. — Envoyés à Paris pour être examinés par les anatomistes, Habicot prétendit que c'étaient bien les os d'un géant de 13 pieds. J. Riolan attaqua vivement l'opinion du professeur sous le pseudonyme d'*un escolier en médecine,* et il démontra que ces ossements ne pouvaient appartenir qu'à un mastodonte.

Ce squelette donna lieu, de 1613 à 1618, à toute une polémique dont voici les principaux écrits, devenus fort rares aujourd'hui :

1. Gigantomachie pour répondre à la gigantostéologie par un escolier en médecine (par Riolan). *Paris*, 1613, petit in-8°.

2. Discours apologétique touchant la vérité des géants contre la GIGANTOMACHIE d'un soi-disant écolier en médecine, par L. D. C. O. D. R. (l'un des chirurgiens ordi⸱ aires du roi, Charles Guillemeau). *Paris*, 1614, in-8°.

3. Imposture descouverte des os humains supposés et attribués au roy Teutobochus (par Riolan). *Paris*, 1614, in-8°.

4. Réponse à un discours apologétique touchant la vérité des géants, par Nicolas Habicot. *Paris*, 1615, in-8°.

5. Jugement des ombres d'Héraclite et de Démocrite sur la réponse d'Habicot au discours attribué à Guillemeau. *Paris*, 1615, in-8°.

6. Gigantologie : discours sur la grandeur des géants, où il est démonstré que de toute anciennetté les plus grands hommes et géants n'ont esté plus hauts que ceux de ce temps, par J. Riolan. *Paris*, 1618, pet. in-8°.

7. Antigigantologie ou contre-discours de la grandeur des géants, par Habicot. *Paris*, 1618, in-8°.

8. Correction fraternelle sur la vie d'Habicot où l'on fait, en passant, la critique de ses ouvrages, notamment de la gigantostéologie et les autres écrits sur le même sujet. Pet. in-8°, *s. l. n. d.*

9. Touche chirurgicale attribuée à Habicot, avec une satire en vers français, contre M. Riolan, docteur dichotomiste, et des vers latins sur l'anagramme de son nom, *Joannes Riolanus* en *laurus in asino*, en *Asinus in lauro, sine lauro inane*, pet. in-8°. *s. l. n. d.*

Voir sur cette question, qui a occupé les savants de 1613 à 1812, le *Dictionnaire historique* de Marchand. *La Haye*, 1758, in-fol., p. 88 à 91. — *L'Echo du monde savant*, 1835, p. 234, par de Blainville. Les Mémoires de l'Académie des sciences, 1842, et les *Variétés historiques*, annotées par Ed. Fournier. *Paris*, 1859, t. IX, p. 241 à 257.

HALLER (Alb.). Descriptio fœtus bicipitis ad pectora connati. *Hannoveræ*, 1739, in-4°, pl.

Voir aussi, dans le tome III des *Opera minora* du même, le traité : *De monstris*

HÉDELIN (F.). Des satyres, brutes, monstres et démons, de leur nature et adoration, contre l'opinion de ceux qui ont estimé les satyres estre une espèce d'hommes distincts et séparez des adamicques. *Paris*, chez *N. Buon*, 1627, in-8°.

Après avoir établi qu'il n'y avait point de satyres dans l'arche de Noé, l'auteur examine si les incubes peuvent engendrer ; il s'étend sur le bouc, « animal infect et hiéroglyphique de toutes saletés... »

HEINRICH (C.-F.). Commentatio academica qua hermaphroditorum, artis antiquæ operibus illustrium, origines et causæ explicantur. *Hamburgi*, 1805, in-4°.

T.-Fr. Winckler a consacré une étude à ce travail qui a été publié dans le *Magasin encyclopédique* de Millin Ferrier, 1806, p. 363 à 381.

HENRION. Origines des sylphes. (Mémoires philosophiques du citoyen Henrion.) *Paris, s. d.*, 1793, in-8°.

Ce volume contient aussi l'origine des gnomes, des salamandres, des nymphes, etc.

HERACLITI et anonymi de incredibilibus libellus. *Lemgoviæ*, 1796, in-8°.

> Cette édition a été publiée par Teucher; Westermann a inséré l'étude du mythographe Héraclite dans ses *Mythographi* publiées à Brunswick en 1843.

HERBELOT (Barth. d'). Bibliothèque orientale ou Dictionnaire universel, contenant tout ce qui regarde les peuples de l'Orient. *Paris*, 1697, in-fol.

> *Og*, célèbre géant, roi de Basan, qui se sauva en montant sur le toit de l'arche de Noé.— *Magog*, géant, chef des anciens Scythes; *Bab-ol-Abna, Debend-Hasna* le *Badiat Goldar* (le désert des Monstres), etc., p. 291, 318, 438, 470, 528, 735.
> Nouvelle édition de cet ouvrage, avec le supplément de Visdelou. *Maestricht*, 1776-80, 2 vol. in-fol. — Edition avec les corrections et additions de Schultens, le Supplément de Visdelou et les Paroles remarquables des Orientaux, par Galand. *La Haye*, 1777-81, 4 vol. in-4°.

HÉRICOURT (Louis de). Lois ecclésiastiques de France. *Paris*, 1761, in-fol.

HEUSNER (Ch.). Descriptio monstrorum avium... dissert. inaug., *Berlin*, 1824, in-4°.

HIPPOCRATE. Œuvres complètes, traduction nouvelle avec le texte grec en regard, introduction, commentaires médicaux, variantes et notes philologiques, par E. Littré. *Paris, Baillière*, 1839-1853, 8 vol. gr. in-8°.

— Œuvres choisies traduites sur les textes manuscrits et imprimés, par Daremberg, 2e édit. *Paris*, 1855, in-8°.

HORSTII (J.). De aureo dente maxillari pueri Silesii et de Noctambulonum natura, differentiis et causis. *Lipsiæ*, 1595, 2 part. in-8°.

> Van Dale prétend que le professeur Horstius, de l'Académie de Helmstad, se laissa lourdement tromper à la prétendue dent d'or (voir le dernier chapitre du livre I *de Oraculis*, p. 423, édit. de 1700.)

HUBER (J.-J.). Observationes atque cogitationes nonnullæ de monstris. *Cassel*, 1748.

JACOBI (Sam.). Commentatio de monstris, quoad medicum forensem. *Halæ*, 1791, 1791, in-8°.

JACOBY (Frid.). De Mammalibus hermaphroditis alterno latere in sexum contrarium vergentibus. *Berolini*, 1818, pet. in-8°.

JADELOT (J.-Fr.-Vic.). Description anatomique d'une tête humaine extraordinaire. *Paris*, 1799, in-8°.

JALABERT. Revue critique de législation, t. **XXXIX**. *Paris*, 1873.

JOLY. Etude d'un monstre, polydactyle et hermaphrodite, né à Toulouse en 1861. *Coll. Hamy.*

— Une Lacune dans la série tératologique, remplie par la découverte du genre ILÉADELPHE. (*Comptes rendus de l'Académie des sciences*, t. LXXXI, 1875.)

JONSIS. Jacqueline Foroni rendue à son véritable sexe, ou rapport, réflexions et jugements présentés à l'Académie de Mantoue, par la classe de médecine sur le sexe d'un individu vivant, suivi d'une lettre du docteur Jonsis de Crémone, sur Christine Zanneboni (autre hermaphrodite). *Milan*, 1802, pet. in-fol., 5 pl.

Ce mémoire a été traduit de l'italien par E.-M. Siauve. L'exemplaire de Leber, qui fait partie de la Bibliothèque de Rouen, renferme trois autres figures d'hermaphrodites.

JOUARD (G.), docteur en médecine. Des monstruosités et bizarreries de la nature. *Paris*, 1806, 2 vol. in-8°.

JOURDAN. Monstruosité. (Art. du *Dictionn. abrégé des sciences médicales*, t. XI. *Paris*, 1824.)

JULIA DE FONTENELLE (J.-S.-Eug.). Notice sur les deux jumeaux Siamois attachés ventre à ventre et sur Rita Christina. *Paris*, 1829, in-8°.

Sur ce fait tératologique, consulter le rapport de Geoffroy Saint-Hilaire, inséré au *Moniteur universel* du 29 octobre 1829. C'est un extrait de celui fait à l'Académie des sciences à l'occasion d'une communication du docteur Niles.

KIRCHMAIER (G.-G.). De Basilicophœnice, Behemoth, Dracone araneo, Tarentula, dissertationes aliquot. *Wittebergæ*, 1669, petit in-8°.

KNACKSTEDT (C.-E.-H.). Anatomische Beschreibung einer Missgeburt welche ohne Gehirn und Hirnschädel lebendig geboren wurde (Description anatomique d'un monstre qui naquit vivant, sans crâne ni cervelle). *Saint-Pétersbourg*, 1791, in-8°, 1 pl.

KNIGHT (Richard Payne). Le culte de Priape et ses rapports avec la théologie mystique des anciens, suivi d'un essai sur le culte des pouvoirs générateurs durant le moyen âge, traduits de l'anglais, par E. W. *Luxembourg*, 1866, pet. in-8°, 40 pl.

Cette édition n'a été tirée qu'à 100 ex. L'édition originale de la première dissertation a été publiée à Londres en 1786; les exemplaires en sont fort rares, l'auteur, membre de la Chambre des communes, en ayant détruit le plus grand nombre à cause du scandale que produisit cette publication. La deuxième partie, anonyme, est contemporaine.

KNOCH. Über Missbildungen betreffend die Embryonen des Salmonen und Coregonus Geschlechts (Sur les monstruosités relatives aux embryons des saumons). *Bull. de la Soc. imp. des natur. de Moscou*, 1873.

LA CHAU et **LE BLOND.** Description des principales pierres gravées du cabinet de Mgr le duc d'Orléans. *Paris*, 1780, 2 vol., pet. in-fol., fig.

Hermaphrodite, t. I, p. 105-114.

LAFITAU (J.-Fr.). Mémoire concernant la précieuse plante du Gin-Seng de Tartarie découverte au Canada. *Paris*, 1718, in-12.

> Il est question, dans ce mémoire présenté au Régent, de la *Mandragore*.

— Mœurs des Sauvages américains, comparées aux mœurs des premiers temps. *Paris*, 1724, 2 vol. in-4°, fig.

LANCRE (Pierre de). Tableau de l'inconstance des mauvais anges et démons, où il est amplement traicté des sorciers et de la sorcellerie. *Paris*, 1610 et 1613, in-4° (avec la figure du Sabbat).

— L'incrédulité et mescréance du sortilège pleinement convaincue où il est traicté de la fascination de l'attouchement. *Paris*, 1622, in-4°.

> L'auteur mentionne des procès intentés à des lycanthropes.

LAUTH (Fréd.). Mémoire sur 23 fœtus monstrueux. *Strasbourg* (vers 1820).

LENOIR (Alex.). Mémoire sur le dragon de Metz, appelé Graouilli, *Paris*, 1808, in-8°.

> Extrait des *Mémoires de l'Académie celtique*, t. II.

LE ROUX DE LINCY. Introduction au livre des légendes. *Paris*, 1836, in-8°.

> Pages 136 et suiv. Légendes relatives aux animaux, aux géants et aux pygmées.

LESAUVAGE. Mémoire sur les monstruosités dites par inclusion. *Caen*, 1829.

LEUCKART (Rud.). De monstris eorumque causis et ortu. *Gottingæ*, 1845, in-4°.

LEYSER (Aug.). Meditationes ad Pandectas, édition annotée par Hartleben. *Francfort*, 1778-81, 2 part., in-4°.

> Au titre I est posé le problème tératologique au point de vue du droit.

LICETUS (Fortunio). De monstrorum natura, causis et differentiis libri II, æneis iconibus ornati. *Patavii*, 1634, in-4°.

> La première édition est de 1616; la meilleure a été publiée après la mort de Licetus, à Amsterdam en 1665, in-4°, sous le titre : *De monstris*, ex recens. Gerardi Blasii. Licetus admet la métamorphose des femmes en hommes, des hommes en ânes et de l'existence des androgynes parfaits.
> Palfyn a traduit son livre en français. Voir à ce nom.

LUTHER (Martin). Les propos de Table, traduits pour la première fois par Gustave Brunet. *Paris*, 1844, in-18.

> Il est traité dans ce livre curieux des incubes et des succubes, des monstres, des eunuques, des vampires, etc. L'édition originale : *Tischreden*, a été publiée après la mort de Luther, par Aurifaber, à Eisleben en 1556, in-fol. Rebenstock en donna une traduction latine en 1571, en 2 vol. pet. in-8°.

LYCOSTHÈNES. Prodigiorum ac ostentorum chronicon... adjectis re-

rum omnium veris imaginibus, conscriptum per Conradum Lycosthenem Rubeaquensem. *Basileæ, Henr. Petri*, 1557, pet. in-fol.

> On trouve dans ce volume environ 1500 figures, dont plusieurs portent le
> monogramme des maîtres de l'école allemande. C'est l'ouvrage le plus complet
> et le plus curieux, sinon le plus croyable sur cette matière. Lycosthènes, philo-
> logue allemand, est né en Alsace en 1518, il est mort à Bâle en 1551, il s'appelait
> Wolffhart (Conrad).

MAGITOT. Traité des anomalies du système dentaire chez l'homme et
les mammifères. *Paris,* 1878, in-8°.

MALACARNE (Vincent). Di' mostri umani, de caratheri fondamentali,
su cui se ne potrebbe stabilire la classificazione. (*Mem. della Soc.
ital.*, 1801.)

MANGET (J.-J.). Bibliotheca medico-practica. *Genevæ*, 1695, 4 vol.
in-fol.

> Pages 450 et 454, un monstre sans cerveau avec inversion des poumons.
> Comme tératologue, Manget est un plagiaire de Licetus.

MARCONVILLE (J. de). Recueil d'aucuns cas merveilleux advenus de
nos ans et d'aucunes choses estranges et monstrueuses advenues
es siecles passez. *Paris, Dallier,* 1563, in-8°.

> Ce recueil est tout différent de celui du même auteur qui forme la 6ᵉ partie
> des *Histoires prodigieuses.* (Voir Boiastuau.)

MARTIN (Dʳ Ernest). Mémoire sur un monstre de sexe neutre. (*Journal* de Robin, janvier 1878.)

MARTINUS. Epistola de monstri generatione. *Venetiis*, 1738, in-fol.

MATTHES (Henr.). Specimen anatomico-pathologicum de vitiata ge-
nitalium genesi quæ hermaphrodita dicitur. *Amsterdam*, 1836,
in-8°, pl.

MAYER (J.-B.). Die Geburt zweyer an den Baüchen ganz zusammen-
gewachsener Kinder (Description de deux enfants joints ensemble
par le ventre). *Francfort,* 1772, pet. in-8°, 1 pl.

MECKEL (J.-F.). De duplicitate monstrosâ commentarius. *Halæ*, 1815,
in-fol, pl.

— Descriptio monstrorum nonnullorum. *Lipsiæ*, 1826, in-4°, pl.

MIGNE (Abbé). Encyclopédie théologique, t. LII. (Article *Démon*.)

MIRABEAU. Erotika biblion. *Bruxelles*, 1866, pet. in-8°.

> L'édition originale est de 1783. Cette nouvelle édition renferme les notes
> attribuées au chevalier Pierrugues, l'auteur du *Glossarium eroticum linguæ
> latinæ.*

MOLLERI (J.). Discursus duo philologico-juridici, prior de Cornutis,
posterior de Hermaphroditis , eorumque jure. *Francfort,* 1692,
in-4°.

> Nouv. édit. *Berolini,* 1708, in-4°.

MONGEZ. Mémoire sur les cygnes qui chantent. *Paris*, 1783, in-8°.

> Cet ouvrage rappelle la dissertation de Henri Morin, insérée dans les *Mémoires de l'Acad. des Insc. et B. L.*, sous le titre : *Pourquoi les cygnes qui chantaient autrefois si bien, chantent aujourd'hui si mal ?*

MONTAIGNE. Essais de Michel de Montaigne. (Liv. II, chap. xxx, D'un Enfant monstrueux.)

MOQUIN-TANDON. Eléments de tératologie végétale ou histoire abrégée des anomalies de l'organisation dans les végétaux. *Paris*, 1841, in-8°.

MORAND (J.-Fr.-Cl.). Recherches sur les Nains, précédées de l'histoire de Bébé, nain du roi de Pologne, pet. in-4°, *s. d.*

> Manuscrit appartenant au fonds Leber (Bibliothèque de Rouen). Morand, médecin, né en 1726, est mort à Paris en 1784.

MULLER (Jean). Ueber die phantastischen Gesichtserscheinungen (Sur les hallucinations de la vue). *Bonn*, 1826, in-8°.

> Ce célèbre physiologiste publia, la même année, un autre traité de physiologie comparée du sens de la vue (*Zur vergleichenden Physiologie der Gesichtssinnes*. Bonn, in-8°).

MUNSTER (Seb.). La cosmographie universelle de tout le monde recueillie par plusieurs auteurs : Munster, Belleforest et autres. *Paris*, 1575. 2 vol. in-fol., fig.

> La première édition, donnée par Munster en langue allemande, est de 1541, *Bâle*, in-folio ; les autres sont de 1550, 1569, 1574, 1578, 1592, 1598 et 1614.
> La traduction française est recherchée pour les augmentations dont Belleforest a enrichi l'édition.

NICAISE (Cl.). Les Sirènes ou discours sur leur forme et figure. *Paris*, 1691, in-4°, fig.

NYNAULD (J. de). De la Lycanthropie, transformation et extase des sorciers, où les astuces du diable sont mises tellement en évidence, qu'il est presque impossible, voire aux plus ignorants, de se laisser dores envant séduire, etc. *Paris, J. Millot*, 1615, in-8°.

OBSEQUENS (Julius). Prodigiorum liber, nunc demum per Conr. Lycosthenem integritati suæ restitutus ; Polydori Vergilii de prodigiis libri III ; Jos. Camerarii de ostentis libri II. *Basileæ*, 1552, pet. in-8°, fig.

> Le texte d'Obsequens a été publié pour la première fois à Venise, par Alde, en 1508, pet. in-8, dans un volume contenant *Plinii epistolæ*. Réimpression sous la date de 1518. Beatus Rhenanus donna la deuxième édition à Strasbourg en 1514 ; Robert Estienne, la troisième à Paris, en 1529 ; Scheffer en publia une à Amsterdam en 1679 ; d'Oudendorp, une à Leide en 1720, et en 1823 Hase reproduisit le texte dans la *Collection des classiques latins* de Lemaire, avec les commentaires des deux derniers éditeurs.
> Ce livre fut traduit pour la première fois en français, par George de la Bouthières, à Lyon, chez J. de Tournes, en 1555, pet. in-8°, avec fig. sur bois, et en 1825, Victor Verger en publia une nouvelle traduction. *Paris, Audin*, in-12.

OTTO (Adolphe). Mémoire sur six monstres humains. *Francfort*, 1821. *Coll. Hamy.*

OTTO. Sexcentorum monstrorum descriptio anatomica. *Breslau*, 1841 (cum 30 tabulis).

OVIDE. Les Métamorphoses, trad. par l'abbé Banier, figures de B. Picart. *Amsterdam*, 1732, 2 vol. in-fol.

> Tome Ier, p. 123. Hermaphrodite.

PALFYN. Description anatomique des parties de la femme qui servent à la génération, avec un traité des monstres, de leurs causes, par Licetus. Additions de monstres nouveaux et rares, tels que le *satyre indien* et la *femme cornue*, description de la disposition surprenante des parties de deux enfants joints ensemble par les troncs. *Leyde*, 1708, in-4°, fig.

PANTHOT (J.-B.). Traité des dragons et des escarboucles. *Lyon*, 1691, in-12.

> Panthot, né en 1640, était médecin de l'Université de Montpellier.

PARÉ (Ambroise). Deux livres de chirurgie : 1° de la génération de l'homme... ; 2° des monstres tans terrestres que marins avec leurs portraits, plus un petit traité des plaies faites aux parties nerveuses. *Paris*, 1573, pet. in-8°, portr. et fig.

> Dans l'édition des œuvres complètes d'Ambroise Paré, publiées par Malgaigne, *Paris, Baillière*, 1840, 3 vol. gr. in-8°, le dix-neuvième livre est consacré aux monstres et prodiges.

PINTO (Fern. Mendez). Voyages adventureux, traduits de portugais par Bernard Figuier. *Paris*, 1628 ou 1645, in-4°.

> Réimpression de ces voyages merveilleux à Paris, en 1830, 3 vol. in-8°. — Description d'idoles à têtes d'animaux fantastiques.

PLANCI (Joan.) De monstris ac monstruosis quibusdam epistola. *Venet.*, 1749, in-4°, fig.

PLANCY (J.-A.-Sim. Collin de). Dictionnaire infernal ou bibliothèque universelle sur les êtres, les livres, les faits, les choses qui tiennent aux apparitions, à la magie, aux prodiges, aux erreurs, etc., 2e édit. *Paris*, 1825, 4 vol. in-4°.

> La première édition est de 1818, 2 vol. in-8°; les autres éditions ont été expurgées.

— Dictionnaire critique des reliques et des images miraculeuses. *Paris*, 1821-22, 3 vol. in-8°.

PLINE. Histoire des animaux, texte et traduction par Guéroult. *Paris*, 1845, in-18.

POISSONNIER (Pierre). An ab origine monstra? *Paris*, 1743.

> Poissonnier a été reçu docteur en médecine à Paris en 1743.

PRIEUR (Claude). Dialogue de la lycanthropie ou transformation d'hommes en loups, vulgairement dits loups-garous, et si telle se peut faire, par Cl. Prieur de Laval-au-Mayne. *Louvain*, 1596, pet. in-8°.

> Il affirme cette transformation.

PROVENCHÈRES (Siméon de). Histoire de l'inappétence d'un enfant de Vauprofonde prez Sens, de son désistement de boire et de manger quatre ans unze mois et de sa mort. *Sens*, 1616, in-8°.

> Cet enfant extraordinaire se nommait Jean Godeau, il mourut le 16 avril 1616.

QUATREFAGES (De). Des monstres doubles dans la classe des Poissons. (*Compt. rend. Acad. des sc.*, 1855.)

RAYNAUD. Eunuchi nati, facti, mystici, ex sacrâ humanâ litteraturâ illustrati : Zacharias Pasqualigus *puerorum emasculator* ob musicam quo loco habendus... Auct. Heriberto Cæmeliense. *Divione*, 1655, in-4°.

> Traité curieux des eunuques et des castrats musiciens. Ce livre est de Théophile Raynaud, qui a pris le masque d'Heribert de Cimiès, ancienne ville du comté de Nice, pays où il naquit.

REGNAULT. Les écarts de la nature ou recueil des principales monstruosités que la nature produit dans le genre animal, peintes d'après nature, gravées et mises au jour par le sieur et dame Regnault. *Paris*, 1775, in-fol., fig. color.

> Ouvrage non terminé; il se compose de 42 pl. Il a été fait un nouveau tirage de ces planches en 1808, et Moreau (de la Sarthe) les a accompagnées d'un texte intitulé : *Description des principales monstruosités dans l'homme et les animaux, précédée d'un discours sur la physiologie et le classement des monstres.*

RICHERAND. Des Erreurs populaires relatives à la médecine. *Paris*, 1810, in-8°.

> Il y est traité des hermaphrodites et des monstres.

RICKMANN (Chr.). Von der Unwahrheit des Versehens und der Hervorbringung... (De la fausseté de l'opinion de ceux qui attribuent à l'imagination de la mère les marques imprimées au nouveau-né.) *Iéna*, 1770, pet. in-8°.

RIO (Martinus del). Disquisitionum magicarum libri VI, quibus continetur accurata curiosarum artium et vanarum superstitionum confutatio. *Venetiis*, 1747, 3 vol. in-4°.

> La première édition, selon Brunet, remonte à 1599 (*Louvain*); selon Graesse, elle remonterait à 1593 (*Mayence*). André Duchesne en a donné une traduction à Paris en 1611, in-8°, sous le titre : *Controverses et recherches magiques*, traduites (et abrégées) du latin de Del-Rio.

RIOLAN (Joan.). De monstro nato Lutetiæ, anno Domini 1605, disputatio philosophica. *Parisiis*, 1605, in-8° (avec la figure de l'enfant).

5
5

5

RIOLAN (Joan.). Discours sur les hermaphrodits où il est démontré contre l'opinion commune qu'il n'y a point de vrays hermaphrodits. *Paris, Pierre Ramier,* 1614, pet. in-8°.

> Voir, à Duval, la réponse à ce discours.—Voir à Habicot pour la *Gigantologie.*

RITSON (J.). Fairy Tales first collected, to wich are prefixed two dissertations : 1° on Pygmees ; 2° on Fairies (Contes de fées recueillis pour la première fois et précédés de deux dissertations : 1° sur les Pygmées, et 2° sur les Fées). *London,* 1831, in-8°.

RIVIL a Bonel y Paeyo (D.-Jos. de). Desvias de la naturaleza o tratado de el cricen de los monstros. *Lima,* 1695, in-4°, fig.

ROLAND (Jacques, Sʳ de Belebat). Aglossotomographie ou description d'une bouche sans langue, laquelle parle et faict naturellement toutes ses autres fonctions. *Saumur,* 1630, pet. in-8°.

> On trouve parfois, jointe à ce volume, une autre plaquette intitulée : *Défense du livre que le Sʳ Belebat a nouvellement mis en lumière sur le subject d'un enfant qui parle sans langue.* A Saumur, 1630, petit in-8°.

RUEFFIUS (J.). De Conceptu et Generatione hominis..., de Partu et Parturientum..., de Differentiis non naturalis partus, de Abortibus et monstris diversis... libri VI. *Francofurti,* 1587, pet. in-4°, fig. sur bois.

> Les figures fort singulières sont d'Amman Jost. Première édition sous la date de 1580.

SADEUR (Jacques). La terre australe connue, c'est-à-dire la description de ce pays inconnu jusqu'ici, de ses mœurs, de ses coutumes. *Vannes (Genève),* 1676, in-12.

> Voyage imaginaire composé par Gabriel de Foigny, ex-cordelier.
> Réimpression sous le titre de : *Nouveau voyage,* etc. Paris, 1692. Le *Journal des savants,* en 1692, a donné, comme sérieux, un extrait de ce voyage. « Les Australiens, dit l'auteur, ont les deux sexes, et s'il arrive qu'un enfant naisse avec un seul, ils l'étouffent comme un monstre. Ils vivent sans ressentir de ces ardeurs animales les unes pour les autres, ils se suffisent pleinement à euxmêmes... »

SALGUES (J.-V.-Arth.). Des erreurs et des préjugés répandus dans les divers rangs de la société. *Paris,* 1819, 3 vol. in-8°.

SALVERTE (Eus.). Des Dragons et des serpents monstrueux. *Paris,* 1826, in-8°.

> Tirage à part de la *Revue encyclopédique.*

— Des sciences occultes. *Paris,* 1829, 2 vol. in-8°.

> Il existe une troisième édition avec introd. par Littré. *Paris, J.-B. Baillière,* 1836, in-8°.

SANGUTELLI (Ant.). De gigantibus nova disquisitio historica et critica, edente God. Schutz. *Altonæ,* 1756, in-8°.

SANSON. Traité de zootechnie. *Paris,* 1878.

SANTO FATTORI. De' Feti che racchiu dono feti, detti volgarmente gravidi. *Pavia,* 1815, in-fol., pl.

SEERIG (A.-G.-H.). Dissertatio anatomico-pathologica de hydroencephaloceles specimine eximio. *Uratislaviæ,* 1822, in-4°, 1 pl.

SERRES (Louys de). Discours de la nature, causes, signes et curation des empeschemens de la conception et de la stérilité des femmes. *Lyon,* A. Chard, 1625, pet. in-8°.

SERRES (Et.-R.-Aug.). Recherches d'anatomie transcendante et pathologique, théorie des formations et des déformations organiques, appliquées à l'anatomie, et de la Duplicité monstrueuse de Rita-Christina. *Paris,* 1832, in-4°, atlas de 20 pl. in-fol.

> Ce travail est extrait du tome XI des *Mémoires de l'Académie des sciences.* L'auteur avait publié précédemment dans les *Mém. du Muséum,* t. XV, 1827, un mémoire sur l'organisation anatomique des monstres hétéradelphes. On a encore de lui des observations sur la duplicité monstrueuse dans les *Comptes rendus de l'Acad. des sciences,* 1855, et un livre intitulé : *Principes d'embryogénie, de zoogénie et de tératogénie,* Paris, 1860, in-4° (tirage à part des *Mém. de l'Acad. des sciences,* 1859). Il existe un mémoire manuscrit de de Serres, présenté à l'Académie en 1825. Il est intitulé : *Anatomie comparée des monstruosités.*

SOMMERING (S.-Th.). Abbildungen und Beschreibungen einiger Missgeburten. (Figures et description de quelques monstres.) *Mainz,* 1791, in-fol., 12 pl.

SORBINI (A.). Tractatus de monstris. *Parisiis,* 1570, in-16, fig.

> Ce volume a été traduit dans les *Histoires prodigieuses,* par Belleforest. Voir ce nom.

STENGELIUS (G.). De monstris et monstrosis quam mirabilis, bonus et justus in mundo administrando sit Deus monstrantibus. *Ingolstadii,* 1647, pet. in-8°.

TARDIEU (A.) et **LAUGIER** (M.). Contribution à l'histoire des monstruosités. *Paris,* 1874, in-8°.

> Tirage à part des *Ann. d'hygiène pub. et de méd. légale.*

THOMASSEY (Thomas). Idée du Jardin du monde, trad. de l'italien en françois par Nic. Le Moulinet. *Paris,* 1648, pet. in-8°.

> Observations sur les curiosités de la nature animale et végétale.

TORKOS. Observationes anatomico-med. de monstro bicorporeo virgineo, etc., 1787.

> Mémoire publié par la revue : *Philosophical Transactions* (of the Royal Society of London) from 1665 to 1842. 151 vol. in-4°. Année 1787.
>
> L'auteur décrit, dans ce mémoire célèbre, un des cas les plus remarquables de la tératologie; il fait connaître les caractères anatomiques d'*Hélène* et de *Judith,* monstre bi-femelle, né en 1701, à Szony, bourg de Hongrie, mort en sa

vingt-deuxième année, au couvent de Presbourg, et dont les deux têtes parlaient deux langues.

TORQUEMADA (Antonio de). Jardin de flores curiosas, etc. *Salamanca*, 1570, pet. in-8°.

> Première édition du livre cité dans la Revue de la bibliothèque de Don Quichotte. Il a été traduit en français par Gabr. Chappuys, sous le titre : *Hexameron ou Six journées contenant plusieurs doctes discours sur aucuns points difficiles en diverses sciences, avec maintes histoires notables.* Lyon, 1579 ot 1582. Paris, 1583. Rouen, 1618, in-16, pet. in-8° et in-12.
>
> L'auteur traite dans ce livre des *hommes-chiens,* confondus, par tous les écrivains anciens, avec les *Cynocéphales.*

TRESSAN. Mémoire sur un nain. *S. l.*, 1760, in-8°.

> Mémoire envoyé à l'Académie des sciences.

TURNER (D.). The Force of the mother's imagination upon her fœtus in utero (La force de l'imagination de la mère sur le fœtus dans l'utérus). *London*, 1730, in-8°.

TURNER (S.). Voyage au Thibet (trad. de l'anglais par Castéra). *Paris*, 1800, 2 vol. in-8°.

TYSON (Edw.). Anatomy of a pygmy compared with that of a monkey, on ape and a man, with an essay concerning the pygmes, etc., of the ancients... to which his added the anatomy and description of a rattle-snake. *London*, 1751, 3 part., gr. in-4°, fig.

> La première édition de 1699, sous le titre : *Orang-outang sive homo sylvestris, or anatomy of a pygmie, etc.*, ne contient que les deux premières parties.

VARCHI. La Prima Parte della lezzionni di Benedetto Varchi, nella quale se tratta della natura, della generazione del corpo humano e de'mostri. *Fiorenza,* ‹...›, in-8°.

VERMEIL. Mémoire pour Anne Grandjean, connu sous le nom de J. Bte. Granjean, accusé et appelant contre M. le procureur général, accusateur et intimé. *Paris*, 1765, in-4°.

> La question débattue dans ce mémoire judiciaire est la suivante : Un hermaphrodite qui a épousé une fille peut-il être réputé profanateur du sacrement de mariage, quand la nature, qui le trompoit, l'appeloit à l'état de mari? Voir CHAMPEAU.

VERNEAU (R.). Monstruosités. (Art du *Nouveau Dict. de méd. et de chir. pratiques*, t. XXIII. *Paris*, 1877.)

VIGENÈRE (Blaise). Les Images ou Tableaux de plate peinture des deux Philostrates, sophistes grecs, et les statues de Callistrate. *Paris*, 1637, in-fol., fig.

> Page 370. Hermaphrodite.

VIGNEUL DE MARVILLE. Mélanges d'histoire et de littérature. *Paris*, 1725, 3 vol. in-12.

> Hermaphrodites des Indes Orientales. Vigneul de Marville est le pseudonyme

de Bonaventure d'Argoune, mort en 1704. La première édition, en un vol., est de 1699. L'édition de 1725 a été publiée par l'abbé Banier.

VILLENEUVE. Description d'une monstruosité consistant en deux fœtus humains accolés en sens inverse par le sommet de la tête. *Paris*, 1831, in-4°, fig.

VINCENT DE BEAUVAIS. Speculum quadruplex, naturale, doctrinale, morale, historiale. *Argentinæ, Joannes Mentelin*, 1473-1476, 7 vol. grand in-fol.

> Cet ouvrage a tous les caractères d'une véritable encyclopédie du treizième siècle, qui présente ce grand avantage de donner de nombreux et curieux extraits de livres qui ne sont pas parvenus jusqu'à nous.
>
> Ce recueil, dont il existe plusieurs éditions sous les dates de Nuremberg, 1483-86 ; de Venise, 1493 et 1494 ; de Douai, 1624, a été traduit pour la première fois en français par Jean de Vignay, *Paris, Vérard*, 1495-1496, en 5 vol. in-fol.
>
> Cette traduction, dont un bel exemplaire se trouve à la bibliothèque Sainte-Geneviève, se compose de 32 livres.
>
> Le livre XXX traite du premier état de l'homme, de l'union des sexes, du péché originel ; le trente et unième, de la génération de l'homme après la chute, du fœtus, de la vie intra-utérine, de la naissance. Au chapitre CXVIII de ce livre il est question d'un cas de monstruosité que Geoffroy Saint-Hilaire appelle *Dicéphale monomphalien.*

VIREY. Monstre. (Art. du *Dict. des sc. méd.*, t. XXXIV. *Paris*, 1819.)

VROLIK (G.). Tabulæ ad illustrandam embryogenesin hominis et mammalium tam naturalem quam abnormem. *Amsterdam*, 1844, in-4°, pl.

> Voir du même auteur l'article : Teratology, dans *the Cyclopædia of Anat. and Physiol.*, 1852.

WEINRICH (Martin). De Ortu monstrorum commentarius, in quo essentia, differentiæ, causæ et affectiones explicantur. *Breslæ*, 1595, in-8°.

WERTHER (G.-C.). Disputatio medica de monstro hungarico. *Lipsiæ*, 1707, pet. in-4°, 1 pl.

WIER (Jean). De præstigiis dæmonum et incantationum ac venefi-ciis lib. VI. *Basileæ*, 1563, in-8°.

> Il existe des éditions sous les dates de 1566, in-12, 1577, in-4°. — Une traduction française a été publiée sous le titre : *Jean Vier, cinq livres de l'imposture et tromperie des diables, des enchantements et sorcelleries*, par J. Grevin, de Clermont en Beauvoisis, médecin à Paris. *Paris*, 1569, in-8°. — Une autre traduction plus complète a été donnée à Genève en 1579, sous le titre : *Histoires, disputes et discours des illusions et impostures des diables*, etc., le tout compris en six livres avec deux dialogues de Ch. Erastus touchant le pouvoir des sorcières.
>
> Jean Wier ou Weyer était surnommé *Piscinarius*. C'était un médecin belge, né en 1515, mort en 1588.

WITHOF (J.-Ph.-Laur.). De Castratis commentationes quatuor. *Lausannæ*, 1762, pet. in-8°.

ANONYMES.

Bildniss und Gestalt einer erschrecklichen unnartürlichen Geburt eines Kindes zu Grevesmülen (Dessin et forme de la naissance épouvantable et contre nature d'un enfant à Grevesmülen). *Rostock,* 1578, in-4°.

C'est le secret de l'histoire naturelle contenant ses merveilles et choses mémorables du monde, et signamment les choses monstrueuses qui sont trouvées en nature humaine, selon la diversité des pays, contrées, régions, etc. *Paris, Kerver,* 1504, in-4° goth.

> Livre curieux, dont il existe plusieurs éditions faites en 1510, 1524, 1527, 1529 et 1534, à Paris et à Lyon.

Conseil très utile contre la famine, et remèdes d'icelle. Item, régime de santé pour les poures, facile à tenir. *Paris, J. Cazeau, à l'Escu de Colongne,* MDLXVII, in-76.

> On voit à la page 11 : « Nous lisons que en Inde at une maniere d'homes sans bouche qui vivent de seul odeur de pomes sauvages. »

Description d'un enfant né sans cerveau et d'une figure extraordinaire. Opuscule, 1723. (*Bibl. de Rouen, fonds Leber.*)

Description d'un enfant surnaturel 1757. Placard in-fol.

Dialogue de la Galligaya et de Misoquin, esprit follet, qui lui amène son mary ; ensemble la rencontre dudit esprit avec l'ange gardien de M. le prince, avec les figures. *Paris,* 1617, in-8°.

> Pamphlet contre la maréchale d'Ancre, accusée de sorcellerie. — Voir aussi *la Magicienne estrangère,* tragédie par un bon François nepveu de Rotomagus. Rouen, 1617, et Moulins, 1618. — *La Médée de la France dépeinte en la personne de la marquise d'Ancre.* Paris, s. d. — *Destinée de la mareschale d'Ancre,* par Publius Virgilius de Mantoue. Paris, 1617, etc.

Discours prodigieux d'une fille de chambre, laquelle a produit un monstre. *Paris,* in-8°, *s. d.*

Drey merkwurdige phys. abh. von der Enbildungs kraft der Schwangern Weiber (Trois curieuses dissertations sur l'imagination des femmes enceintes). *Strasbourg,* 1756, pet. in-8°.

Enfant à deux langues. Opuscule, 1723. (*Bibl. de Rouen, fonds Leber.*)

Les grandes et effroyables merveilles veues près la ville de Authun, en le duché de Bourgongne, de la caverne aux Fées et la déclaration de ladite caverne, tant des fées, seraines, géants et autres esprits, le tout veu par le seigneur de la Gaultière et le tesmoignage de deux paysans, lesquels luy firent ouverture en ladite caverne. *Suivant la copie imprimée. Rouen,* 1582, pet. in-8°.

> Livre très rare et un des plus curieux qu'aient enfantés les préjugés populaires des quinzième et seizième siècles.

Histoire de deux monstres nouvellement veus à Paris. 1655, in-4°, fig.

Histoire d'un homme monstrueux, qui pesoit 640 livres. *S. l. n. d.,* pet. in-8°, port. en pied, gravé sur bois.

> Cet homme monstrueux, né à Malden en 1720, s'appelait Edouard Bright.

Maladie d'une femme sans cœur. Opuscule, 1728. (*Bibl. de Rouen, fonds Leber.*)

Miracle arrivé dans la ville de Genève, d'une femme qui a accouché d'un veau. *Paris, s. d.,* in-8°.

Monstra et alia mirabilia animalium variorum auctorum. 1685, in-4°. 20 planch.

Monstres humains, géants, nains, centenaires, hommes extraordinaires, singuliers et autres bizarreries de la nature. (Recueil de pièces gravées en différents lieux, auxquelles sont jointes des notes explicatives. (*Bibl. de Rouen, fonds Leber.*)

La naissance d'un monstre épouvantable, né d'une belle et jeune femme de Mark, à deux lieues de Calais. *Paris,* 1649, in-4°

Placard populaire in-4°, distribué en France sur les champs de foire en 1596.

> Enfant né sans bras et avec une seule jambe, à Engerhaue, près Emden (Frise Orientale), âgé de cinq ans. (*Bibl. Rouard.*)

Le pourtrait des enfants jumeaux envoyés au roy. *Paris,* 1570, in-4°, fig.

Précis historique sur Babel Schreier, dite *la Lilliputienne,* et sur quelques autres naines. *Paris,* 1818, in-8°.

Prodigiosi Avvenementi successi nel paese Turchesco, d'un fanciullo nato contro corna, tre occhi, due orechhe d'asino, col naso d'una narice, etc. *Roma,* 1624.

Traité merveilleux d'un monstre engendré dans le corps d'un homme, nommé Ferd. de La Febve, habitant de Fereyra, au marquisat de Cenete, par des ensorcellements qui lui furent donnés en un breuvage; il fut mis sur terre par la partie extraordinaire, le 21 juin 1606. Imprimé premièrement à Madrid. *Paris, Menier,* 1606, in-8°.

> Le portrait du monstre se trouve au recto du premier feuillet.

ERRATA.

Page 35, ligne 21, *lisez* l'Ecriture, *au lieu de* 'Ecriture l.

— 44, — 18, *lisez* Pic de la Mirande, *au lieu de* Pic...

— 53, — 1 de la note, *lisez* chaque vice, *au lieu de* chaque démon.

— 75, — 2, *lisez* de Lisbonne à Tibère, *au lieu de* Lisbonn eà Tibère.

— 86, — 2 de la note, *lisez* après J.-C., *au lieu de* avant J.-C.

— 97, — 7, *lisez* un avis, *au lieu de* un conseil.

— 103, — 12, *lisez* par proposer, *au lieu de* à proposer.

— 105, — 22, *lisez* l'outrage au bon sens, *au lieu de* l'outrage, au bon sens.

— 107, note 2, *lisez* Poppula, *au lieu de* Pappula.

— 109, avant-dernière ligne, *lisez* mise, *au lieu de* mies.

— 127, ligne 19, *lisez* Harvey, *au lieu de* Hervey.

— 177, — 5, *lisez* ainsi, *au lieu de* aussi.

— 223, — 4, *lisez* Rathke, *au lieu de* Rathkal.

— 295, — 4, *lisez* suffisantes, *au lieu de* suffisante.

— 324, — 8, *lisez* où ils sont convaincus, *au lieu de* où, convaincus.

TABLE DES MATIÈRES.

CHAPITRE XII.

LES MONSTRES CÉLÈBRES.

I

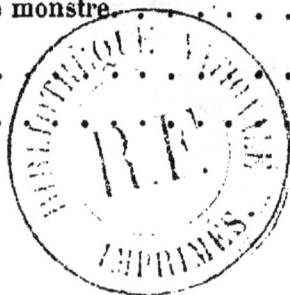

Paris. — Typographie A. HENNUYER, rue d'Arcet, 7.

Défauts constatés sur le document original

Contraste insuffisant ou différent, mauvaise qualité d'impression

Under-contrast or different, bad printing quality

Texte manquant ou pris dans la reliure; reliure trop serrée

Missing text or text caught in the book-binding; too tight book-binding

www.ingramcontent.com/pod-product-compliance
Lightning Source LLC
Chambersburg PA
CBHW072002270326
41928CB00009B/1514

9 782012 552944